今日に抗う

過ぎ去らぬ人々

中村一成

三一書房

まえがき

「言葉」と出会う喜びに憑かれて、職業ライターを続けて来た。目には見えないけれど人にとって本当に大切なもの、それは何かを伝える言葉、人間として譲れぬ一線を示す言葉、瓦礫の中から掴み出された言葉、不当極まる弾圧のどん底から次の一歩を踏み出す時の言葉、この汚辱塗れの世界に見出した美を表す言葉、「生きるに値する世界」を描き出す言葉……。

多くは闘いの人生の中から、あるいはその闘いのただ中で紡ぎ出された言葉だ。そうした言葉に出会えた時の背中が痺れる感覚。胸中に熱源を抱いたような、居ても立ってもいられなくなる高揚は、何ものにも代え難い。ここに至れば自分の中に言葉の断片が溢れ出してくる。飛び回るこれらの断片を掴み取り、理性で文章にするのが執筆だ。私にとって文章は「書く」のではなく、他者の「言葉」――それが単なる呼気を震わすものとして発せられたり、文字として残されていないものも含め――との出会いによって「書かせてもらう」ものだ。

これまで数々の人と出会い、かけがえのない言葉を受けとってきた。それを人に伝えたくて文章を書いてきたが、特に新聞記者時代は紙幅の制限や、記事のテーマから外れていたなどで、残念ながら活字にできなかった言葉も少なくない。書き切れなかった彼彼女らの言葉を書き遺さなければ……そんな焦燥感は、出会いを重ねるごとに膨らんでいった。

雑誌『月刊イオ』から連載エッセイ「在日朝鮮人を見つめて」の提案をいただいたのは二〇一七年秋のこと。恰好の機会だと思った。東京朝鮮第二初級学校近くの煙草臭い喫茶店で、編集長と最初の打ち合わせをした時に先ず思ったのは、先人と共にした豊饒な時間と言葉を書き遺すこと。いうなれば「点鬼簿」である。故人の追悼は当然として、遺された者の一人である私には、彼彼女らの言葉を記録し、後の人たちが触れられる形にする義務がある。

他者蔑視のナショナリズムと排外主義を煽り立て、安倍晋三が二度目の宰相の座についてから五年近くが過ぎていた時期だ。嘘と開き直りが常態化し、他者を敵視し、蔑み、人と人を分断する言葉が大手を振るう。「言葉」が徹底的に破壊され、レイシズムの蔓延と歴史否認・改竄の横行に歯止めがかからなくなっていた時期である。倫理の底が抜けた社会だからこそ、不条理に立ち向かった先人たちの思いを残したい。彼らはどのように生き、どんな「世界」、どんな「明日」を展望してきたのか、そしていかに状況を打開してきたのか。そして私、私たちにどのような「問い」を残して逝ったのか。

そうして始めた連載だった。記憶と記録を紐解き先人と対話する。執筆は毎回、暗い時代の中に煌めきを見出すような時間だった。在日高齢者無年金訴訟の原告、鄭福芝《チョンボッチ》さん、鄭在任《チョンジェイム》さん、玄順任《ヒョンスニム》さん。ウトロの語り部、姜景南《カンギョンナム》さん、金君子《キムクンジャ》さん。「反入管法闘争闘士」、高英三《コヨンサム》さん。「忘れられた皇軍」、姜富中《カンプジュン》さん。元大陸浪人で釈迦の弟子、宋斗会《そうとかい》さん。「済州島四・三」遺族の康実《カンシル》さん。朝鮮人被爆者の「救済」に生涯を捧げた李実根《リシルグン》さん。私に「思想」の意味を教えてくれた朴鐘鳴《パクチョンミョン》さん。親鸞の弟子、高史明《コサミョン》さん……。

先立った方々だけではない。イエスを生きる元死刑囚、李哲《イチョル》さん。「日本籍朝鮮人」として、自らの生き方を創造し続ける朴実《パクシル》さん。韓国で正義の実現を待つ強制動員被害者、梁錦徳《ヤングムドク》さん、李春植《イチュンシク》さん。「京都朝鮮学校襲撃事件」「徳島県教組襲撃事件」を闘い抜いた当事者たち。連載と時を同じくして進行していた闘いについても書いた。「高校無償化裁判」「ウトロ放火事件」「ネットヘイト訴訟」「入管法改悪反対運動」「パレスチナ解放闘争」など。

『イオ』の連載は二〇一七年一二月からタイトルの変更を挟み二〇二四年一月まで。本著にはこれら全てを収めた。「人物」から書き起こしたものもあれば、特定の「事件」から斬り込んでいった文章もあるが、すべて、「言葉」との出会いに突き動かされて形にしたものだ。ひとつの裁判を追って、数年にわたり飛び飛びに書いたものもあり、同じテーマごとに再構成して収録することも考えたが、時事エッセイの側面を活かしたいと思い、本書では掲載時の時系列のままに並べた。説明の重複もあるがご容赦願いたい。ヘイトとの闘いが拓いてきた展望の数々、そしてそれらの闘争が、過去最悪を更新しつづける「いま」の中で取り組まれ、煌めきを放ってきたことが少しでも伝わればと思っている。書籍化に際して加筆修正を施したが、情報は初出時点までの内容に限定し、それ以降の動きは項目ごとの注に記した。作業を進める中で、私自身がこの間、書き語ってきた言葉の「原型」を再発見することも多々あった。人間は出会った言葉の蓄積でできているとの認識を新たにしている。日本、そして世界の頽落は止め処ない。本書の最初と最後がパレスチナになったことは、その最悪の形での証明になっている。「いまとは違う未来」「生きるに値する世界」を求める者たちの生き方、人間であることを語る言葉には「新しい普遍性」（徐京植《ソギョンシク》）に向けた可能性が詰まっている。ぜひ紐解いて欲しい。思いを分かち持ちたいと願う者にとってそれは、帰る場所、そして道標となるはずだ。

もくじ

もくじ

二〇二二年

二〇二三年

＊本文中の写真は、クレジット表記のないものはすべて中山和弘撮影

01

アル＝ソムード、そこにとどまって闘う――ジュリアーノ・メル＝ハミース

京都府宇治市の在日朝鮮人集落「ウトロ地区」。形成の起源は大戦中、逓信省と民間の飛行機製造会社が計画し、京都府が進めた軍事飛行場建設工事にある。広大な土地を造成し、二本の滑走路と関連施設を建てる。大半は手作業だった重労働の主力は日本各地から集められた朝鮮人労働者だった。彼らを住まわせた飯場が後のウトロ地区である。

日本が降伏すると日本人監督らは労働者を放置して逃げ去り、ウトロは巨大な失業者の集落となった。住民に「土地所有権」はなく、地権者は買い取りか明け渡しを求めた。だがそもそも住めと言われて住んだ場所なのだ。資力のない者も多かった。交渉は成り立たず、土地所有者は立ち退きを求めて提訴。二〇〇〇年、最高裁で住民敗訴が確定した。

法的には強制執行が可能になったが、それでも住民は自らの「歴史的正当性」を手放さず、地元の朝鮮総聯支部や支援者らと連携しながらウトロに止まり続けた。この闘いに韓国の若者たちが応答し、韓国政府の支援金と民間募金による地区南東部分の買い取りが実現。強制立ち退きの危機を脱した。我関せずだった日本政府や京都府、宇治市も重い腰を上げ、住民側の土地に公営住宅二棟を建設し、希望者全員が移転することになった。

最高裁決定を覆した闘い、その象徴が地区入り口の空き家である。立ち退き訴訟を起こされ

た直後の一九八九年二月一三日朝九時頃、足場板を積んだトラックに分乗し、解体業者が地区内に入って来た。この一軒を解体するという。男たちが仕事に出た後の時間を狙ったのだろう。だが集まった女たちは業者に激越な怒号を浴びせ、車の前に横たわり、業者を追い払った。

抵抗の歴史を刻んだ空き家の周囲は、二〇一七年一一月の今も立て看板が取り巻いている。かつてその中の一枚に、マジックで書かれたアラビア文字のサインがあった——「アル=ソムード」。「そこに踏み止まり、不退転で闘う」との意だ。書いたのは俳優のジュリアーノ・メル=ハミース。ユダヤ人の女優で人権活動家のアルナを母に、そしてパレスチナ人を父に生まれた彼は、癌に斃れた母の遺志を継ぎ、パレスチナ難民の子に演劇を教える取組をしていた。

なぜ芸術か。在日朝鮮人にも通じる現実がある。パレスチナの子どもは成長するに連れて気付くのだ。パレスチナ人である限り、自分は差別や暴力の標的で、自己実現など覚束ない現実と、世界がその不正を看過している構造に。展望のない暮らしは疫病のように彼らの心を蝕み、「暴力」や「憎悪」「諦め」や「順応」の側へ彼らを追い込んでいく。

だから母子二人は暴力ではない芸術による自己表現を訴えた。それは「恥」の感覚を擲ち、差別と暴力に手を染めてパレスチナ人を迫害する「敵」の似姿に堕すことへの抵抗であり、敵を打ち負かすとは別次元の「勝利」を目指す闘いだった。

ジュリアーノは二〇〇五年一〇月、アルナと子どもの出会いと別れを刻んだドキュメンタリー『アルナの子どもたち』を手に来日、東京と京都を訪れた。京都企画には私も関わり、上映後のシンポジウムでは、日本の公立学校に通う朝鮮ルーツの子が、朝鮮語や文化に触れる場

「民族学級」の拡充に取り組む金光敏《キムグァンミン》さんとの対談を催した。暴力によって「自尊感情」や「展望」を否定された子どもに「教育」は何が出来るか、これがテーマだった。

日本で朝鮮人学校が弾圧され、済州島で大虐殺が起こり、朝鮮の南北分断が決定的となった一九四八年は、イスラエル建国でパレスチナ人が離散と追放を強いられた大破局（ナクバ）の年でもある。自らの歴史的責任を一ミリも認めない姿勢や「他者なき社会」を希求する病理など、日本とイスラエルは相似形を成している。その日本での「闘い」に出会い、ジュリアーノは高揚していた。歴史的な加害者と被害者の間に生まれた彼の出自は、朝鮮人と日本人の間に生まれた私と似通う。懇親会でその話を向けると彼は勢いよく言った。「僕はハーフじゃない。一〇〇％ユダヤ人で、一〇〇％パレスチナ人なんだよ」と。双方を生き、引き受けるとの強固な意志と覚悟に、私は「ダブル」の意味を教わった。

翌日の日曜日は観光予定だったが、在日の集住地域があると告げると、彼は言下に、「ぜひそこに行きたい」。ウトロ訪問が決まった。

当時は元気な一世も多かった。解体屋のトラックの前に身を投げ出し、「ウチを轢き殺してから家を潰せ！」と叫んだ姜慶南《カンギョンナム》さん（一九二五年生）や、秋とは思えぬ日差しの中、汗を滴らせながら看板を書いていた古参活動家、金善則《キムソンチク》さん（一九二三年生）……。彼らと対話し、地区内を歩き、ジュリアーノは、「ここは難民キャンプだ！」と繰り返した。短い滞在の最後、看板に一筆を請われ、しばし逡巡した後に記したのが例のサインだった。

その「アル＝ソムード」、実は綴りが間違っている。

住民に請われ、ウトロの看板にメッセージを寄せる俳優ジュリアーノ・メル＝ハミース。
名前に沿えた一文は「そこに踏みとどまって闘う」を意味するアラビア語「アル＝ソムード」。最高裁敗訴後、住民が掲げたスローガン「われら、住んでたたかう」に呼応していた＝京都市宇治市で 2005 年 10 月 17 日

イスラエルは公教育で自国の加害を教えることを禁じている。変わりに教え込まれるのはユダヤ人の苦難の歴史と「勝ち取った」建国、「祖国」防衛の数々であり、彼らは兵役を通じてパレスチナ人への蔑みと敵視、恐れを肉化していく。そんなレイシズム社会で育った彼は、一度は「イスラエル人」を選んでいる。「過激な左派活動家」の母を見て育った反動もあったのかもしれない。兵役で検問所に立ち、抗議するパレスチナ人を打擲《ちょうちゃく》した経験もある。

だが彼は「なり切れなかった」。上官の命令に背き除隊となった後、彼はジュリアーノ・メルに父の名ハミースを冠し、ダブルを生きると決意、自らパレスチナの歴史や言葉を身に着けていった。だからこそ彼は、在日の闘いに共鳴したのだ。言葉や文化、歴史を継承し、証人であり続ける者たちに敬意と共感を示し

た連帯の言葉、それが覚束ないアラビア語で書かれた「アル＝ソムード」だった事実に、朝鮮語が出来ない私は心震える。もし私がパレスチナで寄せ書きを求められれば、たとえ間違っても朝鮮語で書くはずだから。

「そこに踏みとどまり」の「そこ」とは「土地」だけではなく、人間としての「生き方」をも意味していた。それは今の世界を成り立たせている不正に「順応」しないこと。「もう一つの世界」を諦めないこと。そして「勝者」たちが棄て去った「他者への想像力」を最期まで手放さないことだった。ここには文学や映画の根源的な存在意義が含まれている。

その六年後、ジュリアーノは何者かに射殺された。彼が「もう一つの世界」への夢を子どもたちと分かち持った活動拠点「ジェニン自由劇場」前でのことだ。彼とサインの意味を話すことは叶わないが、あの「アル＝ソムード」をこの地で書き継ぐことが、遺された者としての彼への応答だと思っている。

02 果たせなかった約束を抱える——在日高齢者無年金訴訟（鄭福芝さん）

未明、真っ暗な部屋で鳴動する携帯電話を寝ぼけ眼で開くと、荒々しい息遣いが聞こえてくる。「ゼェゼェ、ゼェゼェ……」。数秒の沈黙を経て「まだですか？　いつですか？」の問いかけが続き、その声が瞬く間に怒気を帯びてくる。在日朝鮮人一世の鄭福芝《チョンボッチ》さん。在日高齢者無年金訴訟の元原告である。

「国民皆年金」を掲げて一九五九年、国民年金法が成立した。当時、多くが被用者年金とは縁遠い就労状況にあった在日朝鮮人にこそ必要な制度だったが、政府は法に国籍条項を設け、日米間の条約で内国人待遇を義務付けられていた米国人以外の外国籍者を排除した。

その後、仏米の責任で生まれた「インドシナ難民」の受け入れを巡り、欧米からその消極姿勢や、難民申請者、認定者の人権状況を批判された日本は、一九八一年、難民条約の批准に追い込まれる。内外人平等を明記した条約への加入で、年金法の国籍条項は撤廃された。だが日本政府は、国籍による排除の影響で、受給に必要な二五年の加入期間を満たせない在日への経過措置をほぼ行わず、一九八六年六月時点で六〇歳を超えていた在日と、一九八二年一月の段階で成人に達していた在日「障害者」は完全無年金状態となった。

反面、日本政府は米国に占領されていた小笠原諸島と沖縄の「復帰時」には加入時期の読み換えや追納を実施。中国帰国者や拉致被害者には支援立法を行った。生存権を支える根幹的制度から排除する基準は日本人であるか否か。明確な外国人差別、民族差別だった。

当事者団体などが是正措置を求めても政府は動かない。最後の手段が司法だった。京都では二〇〇〇年三月に「障害者」七人が障害年金の不支給処分取り消しと慰謝料を求めて、二〇〇四年一二月には鄭さんら在日一世の高齢者女性五人が国に慰謝料を求め、それぞれ京都地裁に提訴した。高齢の一世にとってこれはいわば最後の戦後補償裁判だった。

鄭さんと出会ったのは提訴の年の初頭。後に『声を刻む　在日無年金訴訟をめぐる人々』としてまとめることになるルポルタージュの聞き取りでだった。ＪＲ二条駅近くで暮らしていた彼女を訪ねた。猛々しい人と聞いていた。改善しない無年金状況に業を煮やし、「運動が弱いからや」と民族団体の活動家を怒鳴りあげ、「年金を！　さもなければ仕事をくれ！」と京都市長に手紙を出し続けた。でも目の前の鄭さんは既に八六歳、イメージとは違っていた。

玄関には車いす。転倒に備えマットやクッションを敷きつめた部屋を這うように移動する姿を今も覚えている。幾度も訪問して個人史を聞いた。

一九一八年、慶尚南道の南海に生まれた。小学校を出て綿工場で働いた後、日本への渡航を決意する。「行けば何かあると思った。要は『大志を抱いた』んやな」。工場で働き、同郷の男性と結婚した。彼はモグリの「歯医者」。同胞の虫歯や、折れたり欠けたりした歯を手当てして報酬を得ていた。趣味は狩猟で、銃を担いで山に入ると何日も家に戻らなかった。

「子どものことも全部私に押し付けてや。一度はイノシシを引っ張って、自慢気な顔で道を歩いてくるのがみえんねん。腹立ってな。家の鍵閉めたら隣の家に入ってな、人呼んで大騒ぎや。『このイノシシ、なんでこんな美味いんや』とか『こんな美味い肉食べられへん人間は不幸や』

とか聞こえるようにな。腹立ってな、『そんな肉絶対に食べへんわ！』って壁越しに怒鳴ってん」。大事にしていた宝物を取り出すように、満面の笑みで語る姿が忘れられない。二人で記憶の引き出しを開ける作業は、私にとって至福の時だった。

解放後も日本で暮らした。そして一九五九年、朝鮮民主主義人民共和国への帰国事業が始まる。「祖国」を夢見る夫は息子を連れて旅立ったが、鄭さんは残った。「同胞たちに借金があったんや、返してから行こうと思ってな」。「大志を抱いて」渡日し、「無資格医」を夫とし、「借金」で日本に止まった鄭さんは、「モデル被害者」とは異質な存在だった。マスメディアは経歴に「突っ込みどころ」がなく、「より悲惨」な体験をした「被害者」を求める。マジョリティに伝わり易いと思うからだ。当時、鄭さんを取材したがその個人史ゆえに掲載を躊躇し、別の原告を記事化した社もあった。だが「モデル被害者」ばかりを求めることは、得てして被害を切り縮め、当事者間に分断をもたらす。

異郷に残った鄭さんはひたすら働いた。四六歳で車の免許を取得。大阪・船場の問屋街で仕入れた軍手や下着類を飯場や寄せ場で転売し、自らも土木作業に出た。その合間には畑仕事である。語らいながらも手は絨毯の毛玉を毟り続ける。雑草を抜く癖だった。横に大きく「く」の字に曲がった指はそんな農作業の痕跡である。

それでも仕事は楽しかった。機知機転がものを言う行商も面白かったが、それよりも畑仕事が好きだった。「世話したら野菜はちゃんと育つねん」。植民地主義の暴力に翻弄され、ままならぬ人生を強いられてきた彼女の思いが伝わった。

提訴の翌年、動脈が破裂、生活保護を申請した。外国人にも自治体の判断で適用される制度だが、それは「権利」ではない「恩恵」に過ぎない。「施しは絶対に嫌」と言い張ったが、既に働くことは不可能だった。この国は、どこまでも在日朝鮮人の「正当性」と「自尊心」を踏みにじる。訴訟は二〇〇九年二月、最高裁で敗訴した。「理屈」はお決まりの「立法裁量論」である。外国人への社会保障の適用は立法府に広範な裁量権があるというのだ。少数者の権利の砦として行政や立法の差別をただす。そんな司法の気概は欠片もなかった。

間もなく電話がかかってくるようになった。日雇い労働者だった彼女の朝は早い。電話は決まって朝四時過ぎ。起きて最初に思うのが無年金の現実なのだ。毎日かかる週もあった。受話器の向こうの言葉は「まだ出えへんのか！　いつなんや！　日本は私が死ぬの待ってるんやろ！」の怒号と化していく。私を怒鳴っても詮無いことは彼女も承知している。だが言わずにはいられなかったのだ。「すいません」と繰り返す以外、私には何もできなかった。この時間帯の電話は朝刊で他社に抜かれたか、事件事故の呼び出しが基本で、精神衛生上も良くない。たたき起こされれば腹も立ったが、状況を動かせぬ自らの非力に情けなくて涙が出た。

「一〇〇歳まで生きる、生きて年金もらう」。そう語った鄭さんは二〇一一年冬、死去した。九三歳だった。無年金問題は二〇一七年末現在も未解決のまま、原告五人のうち四人は、荒廃し切ったこの世界から逝った。平等や自由を求めて闘い、その途上で逝った人たちの報に接するたびに、彼女の叫びが蘇ってくる。「まだか！　まだなんか！」

生きるとは遺されることだ。果たせなかった約束を抱え続けることだ。

03 やっぱり同胞やで、民族やで――ウトロで生き、ウトロで死ぬ（金君子さん）

テーブルには小皿に分けたキムチやミョンテ、獅子唐とジャコの炒め物が並び、傍らには発泡酒の缶が鎮座する。いつもと同じ焼酎の湯割りを手に、在日一世の金君子《キムクンジャ》さん（一九二八年生）は遠い目をして呟いた。「やっぱり民族やで、同胞やで」

二〇〇七年一〇月一五日、「万策尽きたウトロの立ち退き問題」打開のため、韓国政府が土地買い取りの予算案を上程した。日本の最高裁が住民を見放して七年、ついに土地問題解決への道筋がついたのだ。吉報を受けたウトロ町内会の会見は午後七時から。その二時間ほど前、私は君子さんを訪ねた。高齢者無年金訴訟で知り合って以来、ウトロで最も多くの時間と言葉を頂いたのが彼女だ。私はこの前進を先ず、君子さんと喜び合いたかった。

彼女は一九四六年一月、結婚でこの地に入った。一七歳だった。極貧集落での生活は厳しかったが、集落の日々は楽しかった。「（夫を）仕事に送り出した後はよう家の前に新聞紙ひいて、家で作った料理を近所のみんなで持ち寄って、食べて歌って踊ったわ」。だが生活は暗転する。夫が交通事故に遭い、二九歳で死去した。病院に運ばれたのだが、医療費の負担や収入が途絶えるのを気にして帰宅し、手遅れになったのだ。内臓破裂だった。

時は一九五〇年代終盤である。「戦後」復興が進み、既に「才覚次第」の時代は終わっていた。在日朝鮮人への就職差別は植民地期を上回り、警察は密造酒や闇煙草の取り締まりを強化。

五六年には在日を狙った生活保護の打ち切りも強行された。日本で生きる展望を潰し、「帰国」に流し込む、陰湿な「国外追放」策だった。それでもウトロの人びとは土方に出て、残飯を豚と分け合い、屑鉄を拾った。君子さんも力仕事で子どもと夫の家族を養い、飯場跡に「家」を建てた。家の話になるといつも、「ウトロでは一番目に建てた家や」と胸を張ったものだ。元手は夫が遺した金員と彼が黙認していた君子さんのへソクリ。二人で建てた「城」だった。

ウトロに行く度に私は君子さんを訪ねた。古希を過ぎても肉体労働に明け暮れる彼女は晩酌が欠かせなかった。玄関横の六畳間に顔を出せば、「ほなイッパイやろか！」で居酒屋「君子」が開店する。話はよく亡夫の思い出になった。「私には過ぎた人やった。残念なのは余りに命が短かった……」。夫の面影と戯れる姿が忘れられない。「辛くてな、一年の三〇〇日くらいは泣いてたけど、みんなが助けてくれてな。ウトロやからやってこれた」。法や制度から排除された半難民たちは、家族や同胞の紐帯を支えにして生きてきたのだ。

極貧の集落も変貌していく。杉板の枠に杉皮や藁を乗せた飯場跡はバラックとなり、次第に家になった。七〇年代に入ると、「陸の孤島」にも経済成長の波が届き、ついに瓦屋根の家が登場した。住民たちに「これまでで一番嬉しかったことは？」と訊けば、幾人もが「瓦を敷いたこと」と答えた。「うちがムラで最初や」と主張する人には何人も出会った。施主は概ね二世である。それは懸命に生き抜いた一世への「恩返し」でもあった。

だがその土地は、逓信省と共に軍事飛行場建設計画を担った民間飛行機製造会社の後身「日産車体」に引き継がれていた。同社がウトロの「有力者」に、権利問題の解決を持ち掛けたこともあったようだが、意味するのは買い取りである。そこは「住めと言われて住んだ」場所なのだ。貧困層も多く、購入する資力のある者は限られてくる。出口は見えなかった。そんななか、ある男性住民が、民団京都の団長を保証人に借り入れた資金で、ウトロを購入していたことが発覚する。指弾された彼は、住民による「分割購入」を目指して土地を得たなどと弁明したが、不可解な「立ち回り」は住民の疑念と怒りを招いた。彼は民団団長の資金で設立した不動産会社に土地を売却しており、一億五千万とも言われる利ザヤを得て地区から消えた。

土地は転売され、地上げ屋との攻防が始まった。「夜中にダンプの音がするとな、怖くて寝られへんようになるねん」。君子さんはこの時期、突発性難聴で片耳の聴力をほぼ失った。

立退き裁判で住民側は敗訴、強制執行の危機が迫ったが、事態は思わぬ形で動く。二〇〇四年九月、韓国で開かれた国際居住問題研究会議での住民の訴えに、民主化運動家らが応答した。彼らは募金運動や進歩政権への働きかけを重ね、ついに韓国政府をも動かしたのだった。

そこで迎えたのがこの日の上程だった。赤ら顔で君子さんは微笑んだ。「やっぱり民族やで、同胞やで」。ウトロに通うようになって知ったのだが、少なからぬ住民の怒りと悲しみは、実は苦境を放置してきた「祖国」に向いていた。日本になど倫理も情も期待していなかった。「日本で差別され、祖国に見捨てられた」。君子さんを含む一世女性数人から聞いた言葉だ。

ウトロは韓国軍政と対立してきた左派朝鮮人運動の拠点であり、朝鮮総聯が住民福祉を担ってきた歴史がある。民団京都の古参にも、ウトロを「先鋭分子の巣窟」と呼び、色眼鏡で見る者は多かった。住民から「韓国」や「民団」への不信感を聞くこともままあった。問題を泥沼化させた住民も民団京都の幹部だったし、資金調達から彼を全面支援したのは団長だった。その中で、民主化を果たした韓国の青年たちが応答し、祖国を動かしたのだ。

そして彼女は最近観たという金明俊《キムミョンジョン》監督の映画『ウリハッキョ』（二〇〇六年）に言及し、祖国訪問で女生徒たちが船から降り立つ様を語った。抽象的存在だった「祖国」と子どもらが出会うシーンである。そして涙を流して言った。「やっぱり同胞やで、民族やで」。同胞の懐に抱かれた高校生たちに、君子さんは南の同胞から支援を受けた自らを重ねていた。

韓国の青年たちはウトロをはじめ在日の問題に取り組む理由を「韓国人としての過去精算」と語った。軍政時代、在日を見棄てた歴史を持つ韓国の国民としての譲れない一線である。その姿を間近で目の当たりにした一人が君子さんだった。遠い目をして彼女は言った――「解けたわ」。恨《ハン》が解けたのだ。その六年半後に彼女は逝った。

内外の支援で買い取った土地には公営住宅が建ち、今年二〇一八年一月から入居が始まった。三〇年に及ぶ在日と日本人の共闘が問題を動かした事実は一つの展望である。しかしそこには、「歴史的責任」で日本政府を動かせなかった疼きが付きまとう。

韓国の動きが加速する中で、住民側は日本政府にも要請活動をしていた。しかし所管する国交省の大臣は、「戦後補償、歴史問題」としての旗を降ろすことを暗に求めた。でなければ与党内を説得できないとの意味だ。あくまで「恩恵」だった。日本政府に解決の道を開かせ、君子さんがこう言うのを聞きたかった――「やっぱり正義やで、道理やで」

いつもの湯割り焼酎を呑みながら、遠い目をして夫の思い出と戯れる金君子さん。公営住宅建設と移転は、夫の遺産とヘソクリで建てたこの家の解体を意味した。「ええねん。皆で一緒に住めるんやったらな。でも私は住宅、間に合わんやろなあ」＝京都府宇治市で 2009 年 1 月 11 日

04 異端こそが道を拓く——在日ハンセン病回復者を生きる（金泰九さん）

平等かつ無条件に保障されるからこそ「人権」なのだが、権力はそれを「対価」や「恩恵」にすり替え、「施す者」として自らを誇示する。岡山県の国立ハンセン病療養所「長島愛生園」にいた金泰九《キムテグ》さん（一九二六年生）は、そんな「施しとしての生」に抗い抜いた一人だ。

出会いは私が香川県で新聞記者をしていた一九九六年、発症者の絶対隔離と収容所での「絶滅」を定めた悪法「らい予防法」が廃止された年だった。香川県と対岸の岡山県には全国一三の国立療養所のうち三園が集中しており、何度も取材した。なかでも金さんのいる愛生園には足繁く通った。訪問はいつでもウェルカムだが、口酸っぱく言われたのが必ず事前に連絡することだ。「もてなし」の準備だった。配食弁当のおかずや自家製チャーハン……シメは手製の「スジ肉の汁」だ。牛の筋肉を手配し、下準備して煮込む時間が必要なのである。

配食の「ツキメシ」をスプーンで崩し、たっぷりのニンニクに多めの青唐辛子を散らした「汁」と共に頬張ると、スジ肉のコクと大根の風味、青臭い辛味が口腔に広がる。

一泊二日でお話を聞き、療養所内を案内して頂くのが定番だった。驚いたのは朝鮮人入所者の多さである。「らい菌」は脆弱で、感染しても劣悪な栄養、衛生状態に置かれなければまず発症しない。朝鮮の発症者は日帝強占下で増加した。特に強制連行、強制労働の被害者に多かったともいわれる。ハンセン病とは「植民地病」だった。

写真提供：斉藤貞三郎さん

金さんは慶尚南道陜川の出身。一二歳で海を渡り、父のいる宮崎に身を寄せた。そこで「解放」を迎えたが、彼は帰郷を急ぐ両親と別れて大阪の西成に向かう。たまたま看板を見た在日本朝鮮人連盟の支部に入って二階に下宿し、事務所番にも就いた。

業務は様々だった。同胞の生活相談はもちろん、多かったのは隣接する「飛田遊郭」からの「救援要請」だった。「要するに用心棒。時と場合に応じては荒っぽいこともやる。これも組織の『仕事』なのかと（笑）」。色街で幅を利かせるヤクザとの衝突もあった。

公認会計士を目指して大阪商科大学（現・大阪公立大学）に入学、日本人女性と結婚し、大阪・新世界で食堂を始めた。店は繁盛したが、思いもよらぬ災厄が降りかかる。胃潰瘍で病院に行った際、治らぬ肘のシコリを医者に診せると、別室に通された。入念な検査の後、医師は沈痛な面持ちで言った。「レプラだと思う……」

入所を拒み、漢方や呪術紛いの民間療法にも手を出したが進行は止まらない。顔が腫れ、洗顔すると眉毛が抜け落ちた。強制隔離後の妻を案じて必死で働いた。焦燥の日々は唐突に終わった。ある夜、警察に職務質問され、そのまま長島へ。一九五二年のことだった。

当時の園長は日本の「らい政策」を主導した光田健輔氏。初体面の金さんに彼はこう言い放った。「お前、半島人か？」。怒りが噴き出した。「半島という国はない。朝鮮人だ。撤回しろ！」。三年後、義姉から手紙が来た。金さんの帰りを待つ妻が新興宗教にのめり込み、全財産をつぎ込んだ挙句、心を病んだという。彼は一時外出を申請。既に無菌であることも確認されたが、光田氏は「お前、まだ三年だろ」と却下した。「口答え」への意趣返しだった。光田退官後の一九五七年、申請が認められて駆け付けたが、妻は前年、死去していた。

「救癩《きゅうらい》の父」と称する向きもあるが、光田氏は優生主義に凝り固まった右翼レイシストだった。彼が主張した「対策」は患者の完全隔離と絶滅だ。実現はしなかったが、一九一〇年代には西表島に全国の発症者を集める「患者村」を構想した。「村長」は彼である。司法手続き抜きの処罰や監禁、強制堕胎の横行など、医療行為とは対極だった日本の「らい政策」を牽引した彼は、いわばコッポラ描く『地獄の黙示録』のカーツ大佐だった。特効薬プロミンが開発された後の一九五一年国会でも、更に強硬な強制収容が出来る法改定を政府に求め、「患者、患者の一族、係累」の断種を奨励した。彼が守ろうとしたのは患者ではなく、自身の「王国」だった。

「でも信者も多いんだ」と金さんは苦笑した。私も園中心部にある光田像を拝む入所者を何人も見た。「生かして貰えた」「患者を守るための隔離だった」との声も聴いた。生きるためには抵抗など諦め、自らの現実を肯定する方がいい。与えられた生に順応した人は変化を恐れる。金さんはそれを「施設病」と総称した。そして言った。「光田に一時外出を却下された時、私は抗っても無理と諦めた。ある意味で私も『施療病患者』になっていたんだよ」

「武断統治」だけではない。信仰や趣味、結婚、文藝活動も入所者支配の手段だった。「社会に目を向けなくさせるんだ」。もちろん文化活動で内面を深め、優れた作品を生み出した者は少なくない。一九九八年、熊本地裁に提起された「らい予防法違憲国家賠償請求訴訟」の契機は、そんな作家の一人が弁護士に送った手紙だった。その上で私は、人間を解放し、生を実り豊かなものにするはずの営為が順応の道具に使われ、数万人の「人生被害」を支えた事実に慄く。芸術や文化が、人をして自らが虜囚であることを忘れさせる装置となったのだ。

翌一九九九年の春、金さんから電話で訴訟参加の意志を告げられた。「訴訟団の目指す『全入所者五千人中、一割の原告参加』に寄与したいんだ」という。逆に言えば当初、九割以上が距離を置くほど「国に弓を引く」訴訟への反発は強かった。ましてや長島愛生園は光田氏の地元だ。すぐに非難の声が聞こえて来た。「朝鮮人風情が」「金目当て」「恩知らず」……。

心配になり園を訪ねると金さんは語気強く言い切った、「異端こそが道を拓くんだよ！」。最初は私の目を見て、次は自らに言い聞かせるように宙を見つめて。

金さんらは熊本訴訟に参加、原告数はほどなく目標の一割を超えた。二〇〇一年、熊本地裁で原告が勝訴。国は控訴を断念した。補償法が制定されたが、植民地時代、朝鮮に作られた療養所が対象外とされると、金さんは韓国に渡って闘争を呼びかけ、一定の補償を勝ち取った。療養所でも異端だった彼ゆえの、歴史的責任に対する根源的な問題提起だった。一方で旧植民地の人々に政府の謝罪はなかった。この国はまたも生き直しの機会を打ち棄てた。

異端が拓いた人間回復の軌跡は、自伝『わが八十歳に乾杯』（二〇〇七年、牧歌舎）として残された。そこには出会った人々への感謝と共に、社会復帰を断念して施設に戻ったことや、養母、妻、父の死に目に会えなかった申し訳なさなど、自らの「逡巡」や「葛藤」「痛恨」が率直な言葉で綴られている。二〇一六年一一月、九〇歳で死去。「正しさ」や「気概」をかざすのでなく、自らの「弱さ」を見つめ、葛藤の中から言葉を紡いだ人だった。

05 オレの心は負けてない——人間回復の記録（宋神道さん）

二〇一七年一二月に九五歳で死去した在日朝鮮人の元「慰安婦」、宋神道《ソンシンド》さんのお別れ会が二〇一八年二月二五日、東京・水道橋の在日本韓国ＹＭＣＡであった。三〇分ほど前に着くと会場はほぼ満員である。受付を済ますと、祭壇に手向けるための花が配られた。私のそれはカーネーションだった。「母の日」を象徴するピンクと白の花に、証言や書籍などでその一端を知った、宋さんの体験の数々を思い出してはっとする。

白やピンク、薄紫の花輪に囲まれて微笑むチョゴリ姿の遺影を前に、生前の映像記録が放映されたあと、宋さんを見つけ出し、その闘いを支え、三・一一で被災した彼女と暮らしを共にし、最期を看取った者たちの話が続き、宋さんの言葉の数々が会場を満たしていく。

じっくりお話を聞く機会はなかったが、彼女はまさに「言葉の人」である。剥き出しの東北弁で紡がれる言葉の数々には比類ない説得力と強度があった。

支援者との出会いから裁判闘争終結までの十数年を刻んだ記録が、ドキュメンタリー『オレの心は負けてない　在日朝鮮人「慰安婦」宋神道のたたかい』（安海龍《アンヘリョン》、二〇〇七年）だ。

対面であれ映像、文字資料であれ、生前の宋さんを知らない人は彼女の「毒舌」ぶりに驚くかもしれない。「オレ」と自称し、「クソ」や「バカ」を連発する。男性に混じっての肉体労働

写真提供：『月刊イオ』

で身に付けた「バンカラ」な言葉で喜怒哀楽を表現し、会見では居並ぶ記者を挑発した。映像には取材にあたった新聞記者、市川速水さんの戸惑いが記録されている。「もう何か、何言ってんだかわかんない。およそ被害者らしくない。怒りとか笑いとかね（……）こっちが同情しようとすると、とんでもないことといって拒否するみたいなね」

社会の多数派の常識で理解できないのは当たり前だろう。朝鮮人女性が想像を絶する体験を強いられ、貶められてきたのだ。多数派の常識の範囲で生きていけるほど、この社会はマイノリティに優しくない。宋さんの常識破りはそれだけではない。マイクを持てば十八番は何と軍歌である。彼女は「マスメディア（＝多数派の常識）」が求める「清く、正しく、美しい」犠牲者像、いうなれば「モデル被害者」のイメージを裏切り続けた。

その「猛々しさ」が向いたのはメディアだけではない。支援者たちが出会った頃の宋さんは、まさに猜疑心の塊だったという。実は本作には出会いから最初の五年間の映像がない。彼女が周囲に心を開くまで、カメラを向けるまでにそれだけの時間がかかったのだ。

その心は強張りきっていた。「支援者」に金をせびり、やたらと無理難題を持ちかけ、悪態をついて相手の反応を観る。「『針の穴の隙もないほどの鎧を身に着けている人』っていう印象」「正直、私、この方と一緒に裁判をやってけるのかという自信がなかった」と、支援者の一人である梁澄子《ヤンチンジャ》さんは振り返る。「人間」存在への不信は、他人からの被害だけではない。それは宋さん自身にも根ざしていた。

宋さんは一九二二年、朝鮮・忠清南道の論山に生まれた。「戦地にいけば結婚しなくても一人で生きていける」と騙されたのが数え一六歳の時。生理も始まらないうちから毎日、多い時は何十人もの兵士にレイプされる生活が七年も続いた。兵士に殴打され、鼓膜が破れた左耳は「解放後」もほとんど聴こえなかった。わき腹には刀で切りつけられた跡もあった。身体に刻まれた痛みだけではない。何より残酷なのは、日常と化した「例外状態」の中で宋さんが強いられた「選択」の数々である。「慰安所」暮らしの中、彼女は子どもを二度産んでいる。一人は死産、二人目は出産したというが、「慰安婦」としての生活しながら育てることは不可能だった。現地の中国人夫婦に預けたきり、その後は音信不通という。

「海の深さは分かるけど、人間の心は分からないんだよ。一寸先は闇、だからオレは、人間は信用しないんだよ」。答えたくない質問をされた時の宋さんの沈黙は、覗き見ることなどできぬ記憶の奥底に通じている。宋さんは支援者たちに、抵抗して殺された者や、兵士と心中した者、さらには自殺した者に言及しつつ語ったという。「死ぬのだけは嫌だった」「おれは命汚いから」と。「良き人は帰ってこなかった」（プリーモ・レーヴィ）世界を生き抜いたがゆえの人間存在への眼差しが、研ぎ澄まされた言葉の土壌だった。

敗戦後も故郷には帰れず、元軍人の誘いで引き揚げ船に乗ったが、日本に着くや男は彼女を捨てた。民間人を装うため利用したのだ。宮城県に辿り着き、知り合った河在銀《ハジェウン》さん（一九八二年死去）と暮らした。地域では朝鮮人差別に加え、過去を詮索する者からの誹謗中傷もあったが、必死で働いた。「父ちゃん」と呼ぶ河さんとの間に男女関係はなかった。

しかし映画は彼女の傷や痛み、孤独を描くことのみには終始しない。闘いの中で宋さんは元

「慰安婦」の女性たちが共同生活を営む韓国の「ナヌムの家」を訪れ、中国に連れて行かれる時に脱がされて以来というチマ・チョゴリを身にまとい、同時代を生きたハルモニたちと踊り、戯れる。特筆すべきは日本の女子高での講演である。自らが蹂躙された時と同じ年頃の少女たちを前に、普段からは想像もつかぬ緊張の面持ちで体験を語る。宋さんの話に、十代の想像力を総動員する高校生たちの柔らかい心に触れ、自らの存在が受け入れられたことを実感し、憑き物が落ちたような表情を見せる様は本作の白眉だ。裁判を通じ、宋さんは人々と対話し、関係性を結びなおし、喪失と向き合い、強張り切った心が解けていく。

「今一番幸せだ。支える会のおなごたちが守ってくれてるから、幸せなもんだ。今繰り返し、繰り返し喋ったって元のようになるわけじゃないし、どうにもならねえ。だけど分かってくれる人は分かってくれるからさ」「裁判かけて、体験を話してから、ちっとは安心した。オレも少しは人間らしくなったよ」。本作は闘いを通じた人間回復の記録なのだ。

お別れ会で支援者の木野村照美さんはこう述べた。「宋さんが言いました。『裁判やって、お前ら（支援者）に会って悔しさが半分になった』。残りの半分は私たちが引き継ぎます」。敗訴後の宋さんの言葉で、映画のタイトルにもなった「オレの心は負けてない」は、お別れ会の翌日から、韓国のソウル図書館（旧市庁舎）に掲げられた。本作などを通じて、宋さんと彼女の言葉を紐解いて欲しい。遺された者として、これからを生きていくために、生きるに値する世界に向けて、更なる歩みを始めるために。

06 あの咆哮こそが「言葉」——「済州四・三」（康実さん）

洋の東西、南北を問わず、「国家」は時にその歴史の一頁目を「旧勢力」や「異端」を屠った血で書き始める。暴力は国家の独占物であり、自分たちにのみ人を殺す権利があると誇示するため、そして旧体制とは違う「自分たち」を措定し、「国民」を起ち上げるために。

南北戦争後、統一アメリカの船出に際し、冤罪だったというメアリー・サラットを含めた「リンカーン暗殺犯」が集団処刑されたのもその一つ。キューバ革命後、打倒されたバティスタ政権の残党が大量処刑されたもの然り。台湾で権力を握った国民党とその軍が、「元皇国臣民」である台湾の住民たちを敵視、虐殺したのも同根である。

米の軍政下での住民自治の蹂躙と、米軍主導での南朝鮮単独選挙に反対する済州島の人々三〇〇人余が武装蜂起し、本土から来た右翼や軍警らが島民を徹底弾圧した「済州四・三」もそれらに連なる。当時人口二七万人ほどの島で、三万人以上ともいわれる島民が虐殺され、島民の多くが植民地時代に直通航路があった大阪などを目指して島を離れた。彼彼女らは、米国の世界戦略を最前線で担う「反共国家韓国」のアイデンティティ確立の人柱にほかならなかった。

最初に私が「四・三」を取材したのは二〇〇〇年四月、大阪市生野区でのことだ。韓国政府当局からの妨害や圧力に負けず、猪飼野で慰霊祭を催してきた人たちが、作家の金石範《キムソッポム》さんと詩人の金時鐘《キムシジョン》さんの対談を企画したのだ。韓国民主化から十年余、虐殺者の流れをくむ軍事独裁政権と闘ってきた金大中《キムデジュン》がついに大統領に就任。事件の真相究明と犠牲者の名誉回復を掲げた

「四・三特別法」が施行されたことに伴う集会である。

そこで知り合ったのが、この年の秋に結成される予定だった「在日四・三遺族会」の会長候補、康実《カンシル》さん（一九三八年生）だった。がっちりした体躯に人の本音を見逃さないような鋭い眼差し。強面の顔にオールバック。縦縞のダブルスーツを身に纏い、時計とカフスボタンは金色である。まるで青木雄二氏の漫画から飛び出してきたような康さんは、武装蜂起隊の二代目総司令官、李徳九《イドック》の甥だった。

大量の避難民を生み出した「四・三」は、在日朝鮮人社会、特に歴史的に繋がりの深い大阪の在日社会を形成した大きな要素だが、軍政時代、出来事や自らの関わりについて公に語る在日はほとんどいなかった。殺害それ自体の惨さはもちろん、時に島民同士が殺し合い、密告し、裏切り合わざるを得なかった傷の深さ。「関係者」とその親族に対する軍政韓国での抑圧……。在日の場合、そこに「密航」という問題も加わった。摘発の恐怖だけではない。「密航」「密入国」「不法入国」「不法滞在」といった言葉は、人を貶め、真実を知る者の口を塞ぐのだ。

在日遺族会発足は、「死のような沈黙」（金石範）が解け出したこと、そして韓国民主化の不可逆性をも示していた。集会での高揚を吸い込んだ私は早速、秋の結成を伝える記事を書き、コメントを頂くため康さんに電話をした。感想を訊くと彼は改まり、「いや、やっと、ほんとに……」と言って黙り込んだ。数秒後に聞こえてきたのは嗚咽、そして「オオォーッ」という咆哮だった。古層の記憶が噴出してきたかのようだった。それから数分間、彼はひたすら号泣した。「言葉」を得られたのはその後のことだった。

蜂起隊メンバー、ましてや総司令官の親族とは皆殺しの対象を意味した。殺された縁戚は二二人。女子どもも容赦なかった。康さんの母親は幼児だった妹と共に埋められた。小学生の従兄も銃殺。一七歳の家政婦までもが殺された。叔父の李徳九は四九年六月に警察との戦闘で射殺された。死体は木の十字架に縛り付けられ、済州警察の正門前で丸一日、晒された。遺体を確認したのは、数え一一歳だった康さんだ。こめかみにぽっかりと空いた銃創と、梅雨の蒸し暑さの中で、死体が放っていた異臭が忘れられないと語っていた。

島から釜山に逃げ、大阪に渡った。「アカ」「糞豚」「チョーセン」……。難民を待っていたのは日本人、そして同胞からの激しい差別だ。逮捕、強制送還（それは処刑の危険を伴った）と隣り合わせの日々で彼は何を考えていたのだろうか。人間の非人間性を焼き付けた少年の目はどんな色をしていたのだろう。働き、蓄財し、やがて不動産で成功した。異郷で頼れるのは金だけだった。「守るもん、失うもんはないから、怖いもんなしやった」と彼は振り返った。

総司令官の身内ゆえの負い目も抱えていたと思う。南朝鮮労働党の連絡員として「四・三」に係わった詩人、金時鐘さんが、無謀ともいえる蜂起だったと振り返るように、泥沼化の一因を蜂起隊の初代総司令官、金達三《キムダルサム》の資質に帰する向きも少なくない。そして彼の跡を継いで戦闘を継続したのは李徳九なのだ。犠牲者遺族の中には、愛する者を失った怒りと悲しみ、故郷を離れた無念を康さんに向ける者もいただろう。しかも康さんは、民団系コミュニティーで生きてきた。叔父らの決起が「共産暴動」と切り捨てられる場面にも出くわしたはずだ。

それでも叔父は彼の誇りだった。研究者による在日の「四・三」経験者への聞き取り記録集で、証言者が李徳九を「アバタ面」と貶したくだりに激怒したこともある。「暴徒」と非難するニュアンスを感じ取ったのだろう。そして、済州の悲劇をそれと位置付ける前提は常に「無辜の良民が殺された」ことだった。実際、済州島の四・三平和公園には武装隊司令官ら主導者たちの位牌はない。国家による追悼、名誉回復は、「死者の選別」のプロセスそのものなのだ。

コメントを求めた時のあの咆哮こそが、彼の「言葉」だった。生き地獄を潜り抜け、抱え込んだ哀しみと怒り、痛恨は言葉になどできなかった。

その無念は康さんだけのものではなかった。今年二〇一八年四月、済州島で営まれた「七〇周年慰霊式典」には私も参加した。出来事とその傷を描いた小説『順伊おばさん』で知られる作家、玄基榮《ヒョンギヨン》さんは前夜祭でこう言い切った。「今まで四・三についての公的な議論は、韓国社会に弥漫する極右反共主義のせいで『抗争』の部分から目を逸らしたまま、『受難』の部分に限られてきたのです。四・三の大義名分は正しかった」

康さんが存命なら号泣したはずだ。翌日の慰霊祭、最後に登壇した文在寅《ムンジェイン》大統領は、国家暴力の犠牲者に謝罪し、幾つかの課題の解決を約束した上で、こう結んだ。「済州に春が来ています」。南北和解を掲げた文政権下での「四・三」は、自主自立の統一祖国を求めた民衆抗争という四・三の性質をかつてなく鮮明にしていた。「はじまりの不正」を問う歯車は再び回り始めたのである。死者との約束を果たすかのように、その後、史上三度目の南北首脳会談が実現した。*

*その後、融和路線は進まず南北関係は悪化の一途を辿っている。

07 彼女たちにとって読み書きとは――在日高齢者無年金訴訟（鄭在任さん）

この間、在日済州島人が多く暮らす大阪市生野区や東大阪市に赴き、「済州四・三」を体験した女性たちへの聞き取り作業を続けている。そこで改めて感じたのは、「識字」が個人の内面にもたらす「革命」ともいうべき変化だった。

朝鮮人で女性、加えて済州島での経験と難民化が絡み合い、彼女たちの多くは「学び」を奪われてきた。その中の少なからぬ者が、夜間中学や識字教室で文字の読み書きを覚え、作文や発話体験を通して故郷の惨劇を語り始めていた。

「学び」の経験はほぼ全員から聴いた。「マイノリティと言語」は私の従来からの関心事だったし、何よりも彼女たちがそれを語りたがった。現役で働きながら、あるいは子どもを育て上げ、仕事を引退した後、日本の学校や民間の識字教室に通って日本語を学ぶ。その体験について聞くと、彼女たちは軒並みスポットライトが当たったように顔全体を輝かせた。

昨日の学びを定着させようと、工場での流れ作業の合間に「気が触れたみたいに勉強した」と勢いよく語った者、作文

発表での緊張と充足を語り、「（済州島での自分の経験は）言うても信じてもらえない」と口にせず来たけれど、「読み書きを覚えたら自分もいっぱしやと思った（ので語れるようになった）」と振り返った者、作文にすることで記憶が溢れ出し、滂沱の涙と共に四・三の体験を綴ったが、その想起作業を経て、「心が軽くなった」と微笑んだ者もいた。

彼女たちの表情に私が想起したのは、在日無年金訴訟の原告で、京都市最大規模の在日朝鮮人集住地域、南区東九条に住んでいた在日一世、鄭在任《チョンジェイム》さん（一九二一年生）の「喜悦」という他ない笑顔だった。朝鮮慶尚南道晋州の農村出身。幼少の目に焼き付けたのは「日帝強占下」の現実だった。祖父が自ら嗜むために育てていた少しばかりのタバコを没収され、孫の面前で若い官憲にいたぶられた後、震えながら一人で涙していた光景は忘れられないという。

日本で同胞と結婚、京都で解放を迎えた。食うための闘いが始まったが、「マトモな仕事なんかなかった」。鄭さんはボロ屋や屑鉄拾いで働き、家に転がり込んできた舅や夫のきょうだいをも食べさせた。夫は酔うと頻繁に暴れ、家の中を滅茶苦茶にした。極貧の中、長男を肺炎で亡くしてもいる。その悔恨が溢れ出すと、彼女は言葉を失い涙した。

そんな彼女の声が弾んだのは「学び」の経験を訊いた時だった。貧しい中でも子ども全員に民族教育を授けて社会に送り出した後、念願の学生になった。ボロ屋の仕事に一段落を付け、夫や舅、子孫の食事を用意すると、隠してあった教科書をそっと取り出して、学校へのバスに乗り込む。「一時間か二時間、『はっはっは』と笑って帰る。勉強より笑いに行ってたんやな。宿題も持って帰るねんけど、仕事があるからできなくてプリントが溜まるの」

山積みになったボロ布をより分けながら、傍らに置いたプリントを読み込む彼女の真剣な眼差しを想像した。見せて欲しいと頼むと、「火事で焼けてもうてないねん、ホンマやって」と笑い、続けた。「こんなこと聞いてどないすんの（笑）、書いたらアカンでセンセ」

夜間中学だけではない。彼女が通っていた地元のデイサービスセンター「エルファ」は、苦労した一世への「孝行」として二世が起ち上げた在日朝鮮人対象の施設である。そこでは奪われた「学び」を僅かでも取り戻して欲しいと、識字や学校行事を意識したプログラムが組まれており、その一環で年末には自分宛の年賀状を書いていた。「平仮名で書くの。でも私の字ぃ踊ってるから恥ずかしいやろ。息子の家やから元旦の朝、外に出て郵便が来るの待っててな、受け取ったら自分のだけ抜いて放るの……」。無言で目を見ると少し狼狽して言った。「ホンマやって（笑）。もう全部捨てたって。もうこんなこと書いたらアカンで、センセ（笑）」

照れると、私を「センセ」と呼ぶのは鄭さんの常だった。それが積み重なると、顔を赤らめ、「ほなお好み（焼き）行こか」と、私を「二次会」に連れ出すのがパターンだった。行先は自宅近くのお好み焼き屋。テーブルを挟んで向き合うと、彼女はビールを呷る私を見つめ、「私な、夫が酒癖悪かったからお酒呑む男の人はアカンねん」と悪戯っぽく笑った。「恥ずかしい」ことをしつこく訊く私への、彼女なりの反撃だったのかもしれない。

学びの記憶は彼女の宝物だった。話が弾むと押し入れから卒業アルバムや通知表を持ち出し、机の上に広げたことも幾度かあった。身を乗り出し、身振り手振り、時に指で机上に文字を書き、あらゆる枷から解き放たれていくような笑顔で、彼女は話し続けた。

以前にも私は、夜間中学や識字教室で学ぶ在日一世の女性たちを取材したことはあった。だが、植民地支配で人生を歪められた者たちが他でもない「日本語」を学ぶことに、解消できない抵抗感を抱いていたのも事実だった。でも目の前の鄭さんが全身から発していたのは心底からの「喜び」だった。夜間中学生時代は、人権講師として各地にも赴き、自らの体験や思いを語ったという。無年金訴訟の原告になったのも「学び」の延長線上だったと思う。国相手の闘いに参戦する思いを聞くと、静かに、でも確固たる口調で言ったのだ。「お金やないねん。みんなのためやと思ってるねん。頑張ってる人たちに連なって、少しでも力になりたいねん。名前だけかもしれんけど、私も、これ（無年金）を変えるために何かできると思うねん」

二〇一二年、比較文学の泰斗で、インドで識字運動にも取り組むG・C・スピヴァクさんが来日した際、彼女に訊いたことがある。「日本でも植民地支配を原因に在日し、学ぶ機会を奪われた朝鮮人女性たちが読み書きを学んでいる。だがそこで学ぶのは宗主国の言語であることをどう考えれば？」。彼女は即答した。「それは分けて考えなければならない。語れない、声を発することができない状況は如何なる場合であっても克服されるべきなのです」

在日女性たちが学ぶのが支配者の言語であり、それを子孫の世代、とりわけ日本人が「先生」として教えることの「微妙さ」は常に自覚する必要がある。

だがそこに拘泥し、自らの立ち位置や関係性を問うに終始しては彼女たちの主体を見失う。鄭在任さんが教えてくれたのはまさにその点だった。

二〇一七年一二月、彼女は逝った。眠るような最期だったという。

08

二〇一八年六月一八日、関空で――「持ち込み荷物」没収問題（神戸朝高生）

ジェノサイドや戦時虐殺、大量殺人に手を染めた者たちの裁判記録や聞き取り資料によると、人とは一定の「理由」が、特にそれが権威、権力から与えられると、他者の痛みへの想像力をたやすく擲ち、むしろ相手を痛めつけることにカタルシスを覚えたり、快楽すら感じる傾向があるという。その「理由」とは「敵」「悪者」「脅威」「言うことを聞かない」「汚い」「劣っている」「狂っている」「命令された」などだ（宮地尚子『トラウマ』、岩波書店、二〇〇三年）。

これらの「理由」は特定の属性集団に「不利益や不平等、権利制限があっても仕方ない」との発想に繋がる。「レイシズム」だ。換言すれば加害を正当化する「理由」は、レイシズム発動のプロセスである他者への「価値づけ」と共通する。

前記の「価値づけ」は、まさに安倍晋三が「国民」に対して発して来たものだ。「敵」を措定し、攻撃を煽動することで支持を集め、宰相の座を維持する。上からのレイシズムは民間との間で循環増幅し、社会の隅々に浸透して「理性」と「倫理」を破壊していく。

そんな社会の現地点を示す醜行が二〇一八年六月二八日に起きた。二週間に亘る朝鮮民主主義人民共和国（DPRK）への「祖国訪問」（修学旅行）から戻り、関西国際空港に降り立った神戸朝鮮高級学校生に対して税関と経産省がなした「持ち込み荷物」の没収である。

検査場の役人は、生徒たちのスーツケースを次々と開き、前夜に整頓された荷物を乱雑に掻

写真提供：神戸朝鮮高級学校

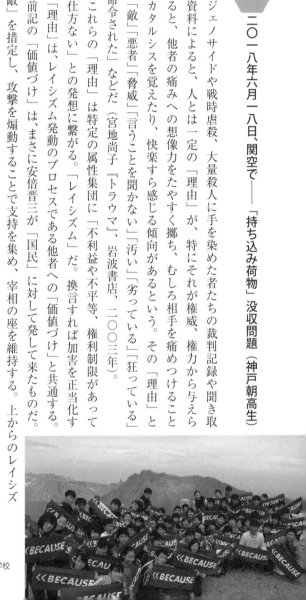

き回し、物品の数々を取り出して奪い取ったという。それらは「祖国」で出会った同胞から贈られた小物や、送り出してくれた家族への感謝を込めて選んだお土産、さらにはＤＰＲＫで暮らす親類縁者から日本の親族に託された心からの品々だった。

泣きじゃくる者や係官を怒鳴り上げる者で、現場は騒然となったという。生徒らの抗議に対して役人たちは、「上からの指示で輸入が禁止されている」と繰り返し、物品の処分を当局に委ねる「任意放棄書」を強硬に求めた。執拗な荷物検査は深夜にまで及び、ゲートを出て保護者の姿を見るや座り込んで号泣する生徒もいた。

おそらくは生徒全員にとって初の祖国訪問だったと思う。「北朝鮮報道」が加熱すると、朝鮮学校生は家と学校の門を出る時に深呼吸するというが、そんな緊張とは無縁の日々を経験したはずだ。チマ・チョゴリ制服を着ても周囲の目を気にする必要はない。街に出れば日本社会で生きる自分たちの境遇を理解し、「ここでは何も心配はないから」と声をかけてくれる同胞がいる。「色々と言う人もいますけど、日本でいるのと違って、ここでは周りを警戒する必要がないのは確かなんですよ」。平壌で出会った在日朝鮮人の言葉を思い出す。自分が何者かを見つめ直し、日本で明日からを生きる動機付けを受け取った旅を終え、家族に早くその喜びと高揚を伝えたい。そんな祖国行の最後がこれである。陰湿極まる仕打ちだった。

税関の役人が奪い取ろうとしたのは、生徒の「自尊感情」やこの社会で生きる「展望」だった。生徒の高揚に冷たい汚水を浴びせ、この国で朝鮮人であることの意味を突き付けたのである。この役人たちの醜い行いを、私は心の底から憎む。報道各社の取材に対して当局は、「（北朝鮮への）経済制裁」の一環で、「適切に対応している」と回答した。

「恥を忘れた人間は、人間であることを止めた人です」。一九八〇年の光州民衆抗争を創作の原点とする韓国の芸術家、洪成潭《ホンソンダム》の言葉である。「上」から言われたことに無批判に従い、目の前の痛みを遮断する。まさに自らの人間性を擲った者の姿がそこにあった。

その「恥知らず」の頂点が安部晋三である。彼は一九九〇年代、歴史教科書の「慰安婦」記述への攻撃で頭角を現し、「拉致問題」への強硬対応で権力の座に上り詰めた。その中で彼が繰り返して来たのが、DPRKと朝鮮総聯に関係する者への徹底した攻撃だった。今回、生徒たちに適用された「経済制裁」もその過程で始まり、二〇一七年春に閣議決定で延長されたものだ。拉致被害者の帰還に向けた外交努力もせず、攻撃的、非和解的な姿勢ばかりを国内向けに誇示し、ただひたすら「やってる感」を振り撒く。問題は解決せず、振り上げた拳は在日朝鮮人、とりわけ朝鮮学校生に向かう。

それが「修学旅行生」を狙い撃ちにした「経済制裁」であり、朝鮮学校の高校無償化からの完全排除（二〇一三年）や、文科相が自治体に出した朝鮮学校への補助金見直しを促す通知（二〇一六年）などの徹底した朝鮮学校潰しだった。社会の成員である在日の子を標的にし、その学ぶ権利を蹂躙する余りに卑劣な行為である。それは「相手が最も嫌がることをする」のが活動の基本と公言し、旧京都朝鮮第一初級学校（現・京都朝鮮初級学校）を再三に亘り襲撃したレイシストと何ら変わらない。だが一方は、この国の最高権力者なのだ。

税関の係官に呼び止められ、生涯の宝にと買った民芸品や、大切な人を想って選んだ化粧品や小物に役人の手が触れた時、生徒たちは何を思ったのだろう。どんな気持ちで自分の「取り調べ」を待ったのか。何を言っても通用しない、されるがままの屈辱の時を経て通関を「許可」された後、踏み出した床の感触はどうだったのだろう。

当事者のSNS投稿で事件が明らかになると、ネットには投稿が相次いだ。ネット右翼の嘲罵は論外だが、在日朝鮮人の中には制裁への対処（物品を持ち込まない）を徹底すべきだったと言う者もいた。関係者の「防衛策」としては一理あるかもしれないが、制裁開始当初と違い、近年は物品の没収はほとんどなかった。そして被害者である学校側を咎めるのは、ヘイト暴力や性犯罪事件に典型的な「犠牲者非難」だ。更に言えば「こちらの不手際」を指摘する在日の反応にも、ヘイト暴力の心理的被害が見て取れる。余りに理不尽な差別に遭うと、自分や身近な者に責任を帰して「理解」しようとする。いわゆる「帰責の誤り」だ。

「ルールだから」「決まりなので仕方ない」との「意見」も散見されたが、それも曲論だ。法やルールは、他者同士が暮らす社会で互いの権利を守り、平等を担保し、弱い存在を権力などの横暴から守るためにある。祖国訪問を終えて戻った高校生たちを足止めし、日付が変わるまで空港に止め置き、いたぶる理由にはなり得ない。これは「ルール」ではない悪質な差別であり、解消されるべき絶対悪だ。この「事件」について「親玉」の安部からは何の見解も聞こえてこない。取り巻きの「茶坊主記者」たちを相手に、やる気もない「拉致問題解決」を云々する前に、彼は自らが率先してきた差別の数々について謝罪し、当事者たちへの贖いをすべきだ。

09 「半難民」は笑う――「忘れられた皇軍」（姜富中さん）

一九六三年八月一六日、日本テレビで『忘れられた皇軍』が放送されて今年で五五年になる。皇国臣民として日本の戦争に狩り出され、手足や眼球を失うなどの傷を負いながら、敗戦後は一方的に国籍を喪失させられ、補償から排除された朝鮮人の「闘い」を追った作品だ。

メガホンを取ったのは大島渚である。経済白書に「もはや戦後ではない」と記されて七年目、放送前日の八月一五日には、天皇裕仁が出席しての「戦没者追悼式」が日比谷公会堂で催され、以降、この日が年一度の国家行事「終戦の日」（敗戦、降伏の日ではなく）として定着する。同じ年には『中央公論』で「大東亜戦争肯定論」（林房雄）の連載が始まり、千円札に、朝鮮侵略と植民地化を象徴する伊藤博文が登場した。翌六四年には、占領下で停止されていた叙勲が復活、中国との戦争全面化で一九三八年に返上されたアジア初の東京五輪も開催が予定されていた。朝鮮戦争を踏み台に「復興」を遂げた五〇年代を経て、更なる「忘却」と「開き直り」へと突き進む社会の喉元に、大島は「これでいいのか」との刃を突き付けた。

白装束で「行軍」する彼らは異界から現れた幽鬼の群れだ。官邸に行ってもあしらわれる。在日韓国代表部では、「それは日本のために戦った傷」と門前払いされる。新橋駅前で道行く人に訴えるが気に留める者もいない。なけなしの金を持ち寄り宴席を張るが、彼らが歌うのは戦時歌謡『暁に祈る』（一九四〇年）。陸軍省の肝煎りで作られた同名国策映画の主題歌だ。身体に回復不能な傷を刻んだ彼らの命には、焼き印のように「皇軍精神」が刻まれている。酔うと口論が始まる。「なにが朝鮮だ！」「食べられない！」「そんなことというもんじゃないよ」。上半身裸になって、千切れた腕と目玉のない眼孔をカメラに向け、「撮れえ！」と喚く者もいる。互いを罵倒するしかない彼らは、「被害者の正しさ」をも奪われた存在だった。

一方で、日本政府は彼ら「元日本軍在日韓国人傷痍軍人会」に対し、「帰化」を条件に「戦傷病者戦没者遺族等援護法」を適用すると持ち掛けていた。大半が苦渋の選択をするが、石成基《ソクソンギ》さんら譲れぬ一線に踏み止まった者たちは、九〇年代に入り道理の実現を司法に託していく。

作品には出てこないが、滋賀県甲西町に暮らしていた姜富中《カンプジュン》さん（一九二一年生）もその一人だった。一〇歳で兄を頼って渡日し、一九四二年に軍属として徴用された。「でもワシは日本の戦争なんか嫌でね、逃げたろか思ったんです」。兄に相談したが、引き止めてくれると思った兄は、血相を変えて姜さんを怒鳴りあげた。「『馬鹿野郎！　誰が天皇陛下をお守りするのか』ってね。あれでもうヤケッパチ。もう戦争行って死んだろかと思てね」

一九四五年、ソロモン諸島のブーゲンビル島に残された。南洋を代表する激戦地、いわば捨石だった。そこで弾薬運搬の最中に、米軍機の機銃掃射を受け、右手の指四本と掌、右目の視力を失った。

復員し、出征前に居た三重に戻ったが何の補償もなかった。それでも食わねばならない。掌のない親指だけの手首にスコップやツルハシを縛りつけ、来る日も来る日も地面を掘る。帰宅して布を巻いた手を洗面器に浸すと、「水がパーッと真っ赤になった」。疲れ切った体に焼酎を流し込み、翌朝までの眠りを貪る毎日だった。

老後が不安になり始めた二〇年後、同じく戦争で障害を負った日本人が援護法に基づき障害年金を受けているのを知る。姜さんも申請したが外国籍だと却下された。裁判しかなかった。一九九九年五月大阪高裁は和解を勧告したが政府は拒否。請求は棄却された。

出会ったのはその直後、在日無年金訴訟の法廷だった。質問をすると言葉が堰を切った。多数者が設えた法廷の作法に自らの思いを押し込めてなお、訴えを退けられた無念の裏返しだった。聞き取りに行けば甲西の駅にまで、自ら車を運転して迎えに来てくれる。昼食をご馳走になった後、インタビューするのが常だった。塩辛くて太い声で、自らの無念、不正への怒りを止め処なく語り、こう繰り返した。「まだ私の戦争は終わってません。死なんと生きとるような状態やけど、言うことは言わんとあかんと思いますにゃ」「同じように戦争に行かせたんやから、同じように補償してくれ言うとるだけなんです」

彼らの裁判が契機となり最高四〇〇万円の一時金を支給する法も出来たが、あくまで「恩恵」である。しかも同程度の障害を持つ日本人なら生涯でその十倍以上が支給されるのだ。「指一本一〇〇〇万、目ん玉も一〇〇〇万で計五〇〇〇万。こんだけくれたら私は四〇〇〇万で歴史記念館をつくって、残りの金で韓国帰って死んだるって小泉（純一郎、当時の総理大臣）に手紙出したんですわ。もう私はこんな国嫌ですにゃ、ハハハ……」

一度は自身の訴訟資料を大量に持参してきたこともあった。私の聞き取りに同席したいという学生がおり、若い世代と語らうのを楽しみに待っていたのだった。だが学生は急用で欠席した。詫びると彼は「あ…そう」と言い、寂しそうな顔で「ハハハ」と笑った。

法廷ではヤジ将軍だった。一緒に立ち会った在日障害者無年金訴訟の控訴審判決言い渡し（大阪高裁）での「大活躍」は忘れられない。「棄却」の主文が告げられ理由の朗読が始まると、姜さんが声を潜めず私たちに問うた。「アイツ何喋っとんのや」。柵の向こうへの威嚇であり、権威への宣戦布告だった。ほどなく彼の怒号が飛んだ。

「聞こえへん、何言うてるんや！」。空気に亀裂が入った。驚いて傍聴席を見た裁判長が再び目を書面に落とすと、間髪入れずに彼が怒鳴る。「何が民主主義やアホンダラ！」

これが号砲だった。傍聴席の落胆が怒りに変わり、方々から散発的にヤジが飛ぶ。さらに姜さんは叫んだ。「いてもうたろかクソガキがっ！」「アホンダラ！」。酒場の喧嘩ではない、開廷中の法廷である。怒号のたびに空気がひび割れ、多数者の設えた「秩序」が崩壊していく。裁判長に怒声を投げ付けて姜さんを見ると、彼は壊れた廷内を見回しながら、何と笑っていた。この場の正当性を全力で拒むように。「ワハハハ」と笑っていた。

あの時の光景がストップモーションのように脳裏を過ることがある。礫のような言葉を柵の向こうへ投げ込み、解き放たれたように笑っていた姜さんの姿に、私は釜ヶ崎やパレスチナで、官憲や軍に投石する者たちの姿を重ねる。裁判官の朗読を無化する勢いで、姜さんは満面の笑みを浮かべながらヤジを飛ばし続けた。二〇一一年六月、八九歳で死去、よく笑う人だった。

10 俺はこの国で主人公になる――「反入管法闘争闘士」（高英三さん）

棺に向かい、親族や参列者が口々に「アホ！」と絶叫する。あそこまで故人が「罵倒」される葬式は初めてだった。反入管・外登法をはじめ反差別、反戦運動に取り組んできた京都の活動家で、二〇〇三年二月三日に急逝した高英三《コヨンサム》さん（一九五五年生）の告別式が、京都市南区東九条の自宅であった。

初めて高さんと会ったのは二〇〇一年の秋である。「破壊活動防止法」に基づく公安調査庁の請求に応じて、京都市が在日朝鮮人（朝鮮籍、韓国籍問わず）の外国人登録原票の写しを大量交付していた実態が、この年八月、朝日新聞のスクープで明らかになったのだ。

捜査・治安当局による原票の閲覧はこれまでも全国各地で発覚して来た。レイシズム、とりわけ朝鮮フォビアが社会の隅々にまで蔓延し切った今ならば、もしかすると問題とすら見做されないかもしれぬ事案だが、当時のメディアはまだマシだった。朝日の初報は一面と社会面で共にトップ、業界用語でいう「硬軟展開」の大特ダネだった。

その時、私は一方の加害者である京都市の担当だった。しかもよりによって在日朝鮮人の人権問題である。午前三時過ぎに「抜かれた」との一報で叩き起こされ、ファクスから朝日の記事が出てきた時の情けなさは忘れられない。

悔しさ、腹立たしさで取材に明け暮れ、連載記事も手掛けた。その中で訪ねた一人が高さんだった。兄の影響で、なんと七歳で韓日条約反対集会に参加していたという彼は、入管法反対

参列者が次々と故人を「アホ」呼ばわりするという、高英三さんらしい葬儀の5日後、彼がその足跡を刻みつけた地元・東九条でお別れ会が開かれた。祭壇には仲間が用意した位牌があった。戒名は「反入管法闘争闘士　高英三烈士」。これもまた彼らしかった＝京都市南区で2003年2月9日

別れする会
高英三烈士
反入管法闘争闘士

闘争で活動家生活を始め、通称名を棄てた。「俺はこの国で主人公になる、俺はこの社会で主人公たる地位を占めたい」。その時の言葉だという。外国人登録証明書の大量切替え年だった八五年には指紋押捺拒否運動にも参戦。地元の南区役所に行き、自分で破った外登証を担当者に示して言った。「新品《さら》出せや」。再交付時に、晴れて押捺を拒否するのである。

拒否当事者として行政当局と激しい交渉を重ね、押捺を拒否したままでの外登証の即時交付と、法務省が自治体に求めていた不押捺者の警察への告発をしないと約束させたばかりか、刑事罰付きの常時携帯義務、官憲への提示義務があった外登証を区役所に保管させた。不携帯の「常態化」である。職務質問で「外登証を拝見」と言われれば、待ってましたとばかりにこう返すのである。「失くしたらアカン思てな、区役所に預からせてるからそっちで見てくれや(笑)」

活動は多彩だった。鴨川沿いの堤防(国有地)に形成された朝鮮人集落で、自らも暮らしていた東九条四〇番地の住環境改善運動や、在日一世のハルモニたちが読み書きを学ぶ民間識字学級「オモニハッキョ」の運営など、地域運動でも中核だった。行政から補助金が出る下町での地域活動は、甘い汁を狙うアウトローが群がってくることがままあるが、高さんは「スジモン」にも抑えが利いた。当時、毎年春に京大の時計台教室で開催されていた「外登法・入管法と民族差別を撃つ関西研究交流集会」の支柱でもあった。

京都駅南東にあったホテルの喫茶コーナーで初めてインタビューをした。色の入った眼鏡、白いシャツの胸元では金色のネックレスが揺れ、大きな石のついた指輪が目を引いた。

問題発覚から数週間が経っていた。民団は当初から「公安の狙いは総聯で、自分たちは関係ない」との認識だ。発覚初日は総聯と共同で公安調査庁に抗議の申し入れをしたが、メディアが去った後には公安調査庁の事務所に引き返し、彼らと談笑してもいた。当初は激しく抗議した総聯も、朝鮮学校への補助金を巡る市との交渉を控え、対立を引き摺りたくないのが本音だった。既に「終結モード」になっていて、地元での報道はほとんどなくなっていた。しかし高さんは違った。仲間たちで京都市に抗議を重ねており、この直前には「市民新聞南区版」に、区長名で原票提出についての「謝罪文」を掲載させていた。彼の激しさは情勢への危機感の違いだった。

「反外登法運動」の延長として質問すると、質問を遮りまくし立てた。「そやから違うっちゅうねん！　外登法の問題やないねん。本質は破防法で簡単に住民が管理できるという話や。日本人でも対象よ。暴対法、盗聴法の成立に続いて、今回の問題で政府が考える『治安』の中身が見えた。それは戦争可能な態勢づくりということ。これは日本の住民全員の問題なのに、交渉に臨んだ九人中六人は朝鮮人だった。戦争反対をいう人たちのこの危機感の薄さは何なのか」。喫茶店が一気に党派のアジ演説の場になった。活動家の饒舌さと「運動をしてなかったらヤクザになってた」という圧で、彼は一気に語り抜けた。

彼を「主人公」にした記事を載せた後、市役所の記者室で仕事をしていると、付き合いのある二人の市職員が訪ねて来た。両名とも南区役所で勤務経験があった。「あの、中村さんは……高さんとお知り合いなんですか」。「はい」と答えると、それ以降、記者室から問い合わせの電話を入れるだけで、必要資料を抱えた職員が、私の元を訪れるようになった。

その後も取材、集会で何度か会ったが、気になったのは土気色の顔だった。肝臓である。十代前半からの過剰飲酒で体は限界に達し、この数年前から入退院を繰り返していた。翌二〇〇二年春には法務省交渉の席に公安調査庁の担当者を引きずり出して徹底的に指弾し、秋には「有事法制に反対する在日朝鮮人ネットワーク」を立ち上げた。だが翌年一月、外泊許可で戻った家でついに静脈が破裂。吐血して病院に担ぎ込まれた。

医師が匙を投げた後も美意識を貫いた。家族、そして親族や仲間たち一人一人を病室に呼び、彼は最期の言葉を伝えた。強面のイメージとは対極の柔和な空気に包まれていたという。語り終えると高は弟に、看護師にモルヒネ投与を頼むよう告げ、こう言って皆を笑わせた。「純度一〇〇%でな」。間もなく大吐血。口と鼻から血が吹き上がり、ゴボゴボと泡を立てる。堪らずパートナーの奥山典子さんが駆け寄り、口を付けて血を吸い出し、必死に吐き出した。

「闘っている姿で」との遺言に応え、祭壇には集会でアジテーションしている写真が飾られた。皆で棺を持ち上げ、焼き場に向かう霊柩車へと運ぶ時、男性が嗚咽しながら言った。「こんな軽なってしまいよって、アホォ～」

最後に乗った車もまさに高さんの葬儀に相応しかった。男性が泣きながら棺をバンバン叩いて語り掛けた。「よかったなぁ、お前、ベンツやぞぉ」。そして霊柩車に収納されていく棺に娘が最後の言葉を叫んだ。「こんな早よ死んで！　アホアボジっ！」

享年四七歳。マッチョでヤクザ、批判する人も少なくなかったが、これだけは譲れない。カッコよくて、チャーミングな人だった。

11 「ゴメン」と言わないでください——高校無償化裁判（大阪高裁判決）

二〇〇九年の総選挙にあたり、当時の民主党が政権公約とした「高校無償化」。公立高校の授業料を無償化し、私学にはその額を生徒各人に充当する制度で、国際人権規約（社会権規約）が加盟国に要請する高等教育無償化に一定呼応した措置である。

その総選挙で圧勝して政権に就いた民主党は、二〇一〇年春からの無償化導入を決めたが、中井洽拉致問題担当相など党内右派の反発を抑えきれず朝鮮学校への適用を留保した。そして二〇一二年一二月、自民党が与党に復帰し、第二次安倍政権が誕生するや、下村博文文相は朝鮮学校排除を表明。翌年には朝鮮学校を対象とする規定を削除して差別を「完成」させた。やむを得ず全国一〇校のうち半数の五校が日本国を相手に法的応戦に踏み切った。初の司法判断となる二〇一七年七月の広島地裁は請求棄却となったが、二番目となる同月の大阪地裁（西田隆裕裁判長）は、不支給処分取り消しと適用義務付けを命じる「当たり前だが画期的な勝訴」を言い渡した。

朝鮮学校という、脱植民地化、反レイシズムの実践であり、民族性を涵養《かんよう》する場の正当性と価値が認められた。そして歴史の証人であり、同化し得ない他者「在日朝鮮人」を再生産する場を潰そうとして来た日本政府の差別政策が指弾されたのである。関係者、支援者に「希望」を与えた判決だったが、翌年九月、大阪高裁は判決を覆し原告敗訴を言い渡した。

その日の夜、大阪市東成区で抗議集会が開かれた。オモニの怒りの第一声に続き、弁護士ら

が政治判決の不当性とこれからの決意を述べる。そして三年生の女子生徒が登壇した。壇上から弁護団に感謝を述べると、彼女はこみ上げる思いを持て余すように言葉を絞り出した。「ウリハッキョや民族教育を通じて学んできたこと、在日朝鮮人という自分の存在自体が否定されたような気がして、悔しくて、悔しくて堪りません」

判決言い渡しは数時間前だった。傍聴席の前二列には彼女を含む二一人の大阪朝高生がチマチョゴリ制服を纏い座っていた。主文の一で原審判決の取り消しが宣告され、各項目が読み上げられていく。口を真一文字に結ぶ者、唇を噛み締める者、肩を震わせる者もいた。それでも彼女たちは背筋を伸ばし、読み上げを続ける裁判長に鋭い視線を向け続けた。彼女たちの背後からは保護者や支援者の怒号と泣き叫ぶ声が飛び交う。その中にあって彼女たちは、裁判官たちが背後のドアから逃げ去った後もなお毅然としていた。

だが法廷を出た途端、彼女たちは廊下に蹲り、互いの肩を抱いて泣きじゃくった。その背中を京都の保護者がさすり、何度も語り掛けていた。「負けてないからね、絶対に負けてないからね……」。裁判所入り口前に行くと、夥しい報道陣のカメラの前で、保護者や支援者が泣きながら横断幕を握りしめ、「不当判決反対」「恥を知れ」とコールし、抵抗歌を叫んでいた。

昨年の地裁判決のあととは真逆の風景だった。主文読み上げ終了と同時に弁護士の一人が拳を突き上げ、弁護団から拍手が起こる。傍聴席では感極まった生徒たちが号泣しながら抱き合う。その日夜の集会で登壇した生徒は「やっと私たちの存在が認められた、この社会で生きていいんだと言われている気がした」と喜びを語り、自らの「夢」を語った。「私は大阪が、日本が、そして世界が偏見や差別がなく、みんなが平等で、当たり前の人権が守られる世の中になることを願っています（……）どこの国、どこの民族の一員であっても堂々と生きていける。いろんな人が助け合って生きる。そんな素晴らしい社会がくることを願い、そのための架け橋の存在になりたいと思っています」

だが国はその願いを踏みにじった。右派団体の機関誌や産経新聞、公安調査庁などの「作文」を手あたり次第に提出し、朝鮮学校の教科書における政治指導者の敬称まで持ち出し、「反社会集団・総連」と「北朝鮮配下の学校」のイメージ作りに血眼になった。「国が狂った」、ある弁護士は大阪地裁後の悩乱をこう評した。「ヘイトスピーチ解消法」施行後も、国は率先してヘイトスピーチを撒き散らしたのだ。逆に言えばこの闘いはそこまで安倍政権を追い詰めた。そこで露わになった政権の本質、それは歴史改竄とレイシズムである。彼らは、息を吐くように嘘をつき、不都合な事実を捻じ曲げ、否定し、「国民の歴史」を捏造する。そこには最低限の倫理も道理も論理もない。彼らは「言葉」への信頼を破壊することで政権の座にいる。

大阪高裁の判決も「言葉の破壊」だった。国側主張を前提に、朝鮮学校が総聯の「不当な支配」を受けている「疑いがある」で押し切る。要するに総聯が無償化の支援金を流用すると言いたいのだ。学校はもちろん、生徒や保護者への侮辱だ。

地裁判決は国側主張の一つ一つを検討し、事実認定の証拠としての価値を否定した。そして民族学校が国と関係を持つのは当然とした上で、朝鮮学校と総聯の関係を不適正とまでは言えないと判示した。一審判決だけではない。国連の人種差別撤廃委員会なども無償化排除を差別と認定し、是正を求めてきたが、高裁はそれらを徹底的に否定、無視した。排除から既に九年目となる。どれだけの子どもが「同じ高校生」と扱われぬまま卒業したか。各地の朝鮮高校の卒業式では、軒並み上級生が、「この不正」を過去に出来ないまま卒業することを下級生に詫びるという。テレビメディアを中心に盛んに喧伝される「世界が憧れる日本」「おもてなしの精神」の自画自賛像と、醜悪な現実との凄まじい乖離。レイシスト政権と、それに付き従いヘイト判決を書く裁判官たち。それを支えるのはこの国のマジョリティである。この社会はそこに生きる全ての者たちの尊厳を傷つける。

閉廷後から夜の集会まで、日本の支援者ら会う人の多くが彼女たちに謝罪したという。だが司法に裏切られた高校三年生の彼女は毅然と、そして覚悟を込めて言い切った。「どうか私たちに『ゴメンね』と言わないで下さい」と。ハッとした。再出発にあたって彼女は「この八年間余の私たちの闘いに誇りを持ってほしい」と訴えたのだと思う。闘いを通じて、原告と支援者は「生きるに値する社会」を思い描き、その「夢」で具体的な繋がり、言い換えれば今後の展望をつくったのだから。

昨年の勝訴報告集会で生徒が語った前述の「夢」。様々な属性や思いを持つ個々の「私」が、闘いを通じて「私たち」になること。そのような「私たち」がいた。この事実はどんな不当判決でも消し去ることはできない。無に帰するとすれば、それは私たち自身が「諦めた」時である。弾圧は抵抗をもたらし、闘いは繋がりと夢を生み出す。想像できることは必ず実現する。未来のあるべき姿をイメージできなくなることこそが、敗北なのだ。

12 希望には、二人の娘がいる——高校無償化裁判（東京高裁判決）

差別を裁判で闘うのは厳しい。経済的負担や時間的拘束などの物理的側面だけではない。互いの主張をぶつけ合う法廷でのやり取りは、相手の更なる差別発言を伴うのが常だ。さらには訴訟当事者として不特定多数に晒される危険が付き纏う。そして「裁く」のは裁判官たち。内閣が人事を握る最高裁が、その隅々までを支配する世界で生きている「役人」である。

それら負の要因を踏まえてなお、全国で二〇一八年一一月現在、二四八人の朝高出身者が日本国を相手に無償化裁判を戦っている。東京訴訟では六二人が原告参加した。弁護団と懇談し、そのリスクを聞いた上で手を挙げたのだ。それくらい許せないし、自分たちの代で終わらせたいと思ったのだ。原告だけではない。その後ろには悩み抜いて子どもを「戦場」へ送り出した保護者と、原告に思いを託す現役生や卒業生たちがいた。

だが彼彼女らの怒りと勇気はまたも裏切られた。二〇一八年一〇月三〇日、東京高裁（阿部潤裁判長）は原告の請求を棄却した東京地裁の判断を維持、控訴を退けた。判決後の記者会見に、保護者として出席した中英鉉《シンヨンヒョン》さんは言った。「子どもたちの目を見られるのか。親や子に誇れる仕事をしているのか。（裁判官の）目の前に立って聞いてみたい」

私も勝訴を予想していた。審理の流れである。国側は、朝鮮学校は審査基準の一つ「規程一三条（学校の適正運営）」に適合すると認めるに至ら

ないので不指定とし、その上で、朝鮮学校を対象と定める上位規定（ハ）が不要になったので削除したという。だが実際は（ハ）削除の効力が先に発生しており、規程一三条による不指定処分は成り立たない。高裁では裁判長自らがその国側主張の矛盾に言及し、国側もなんと「論理的には両立しえない」と認めた。そこから導き出されるのは、規程一三条は裁判対応の後付け。朝鮮学校排除は、教育の機会均等とは無関係な「外交的、政治的」要素に基づく判断であり、違法な他事考慮ということだった。

それだけではない。阿部裁判長は二〇〇七年、都有地にあった東京朝鮮第二初級学校に、都が立ち退きを求めた「枝川裁判」を、「勝訴的和解」に導いた裁判長だった。東京第二とは、一九四〇年に予定されていた東京五輪の施設整備で、「埋立地」だった枝川に強制移住させられた朝鮮人たちが設立した学校である。歴史的経緯から無償貸与されていた土地の契約期限が切れたと右派団体が騒ぎ立て、二〇〇三年に裁判となったのだ。杓子定規な法律論では学校側に分が悪かったが、そこで和解を勧めたのが彼だった。しかも近く定年である。人事での報復を恐れず「良心」に従った判決を書くに違いない。それが私の見立てだったが、甘かった。

国側の主張は相も変らぬ「ヘイト」そのものだった。「ヘイトスピーチ解消法」を成立させ、差別扇動を違法とした国が、率先して総聯と朝鮮学校を「反社会勢力とその傘下組織」の扱いにする。差別は殺人（死刑、戦争）と同じ国の専権事項だとでもいうのか。

裁判長はその主張に乗った。法廷で一時間も国側を詰問したのは単なる「趣味」か、あるいは多少手荒く訟務検事を「教育」したのか？　理由は推測する他ないが、恐らく彼は何処かの時点で「良心」を擲ち、政権の従僕たることを選んだのだ。主文言い渡し直後に法廷から飛んだ「卑怯者！」の怒号は、まさに傍聴席皆の思いだった。

裁判所前には怒りと無念、哀しみが混じり合っていた。泣きじゃくる女子生徒の背を同級生が泣きながら摩る。「不当判決糾弾」との絶叫が響く。「子どもの人権を何だと思っているんだ！」。支援団体代表の長谷川和男さんが声を振り絞り、居並ぶ大人たちが唱和する。その合間に背後から割れた怒号が聞こえてきた。拉致事件を「ネタ」に差別を娯しむ者たちが向かいの歩道に陣取り、拡声器で「画期的判決」などとがなり立てていた。長谷川さんたちは庁舎に怒号を投げつけながら、背後の悪罵をも打ち消して子どもたちを守ろうとしていたのだ。「司法」から見捨てられ、歩道の路上側スペースに留まるしかない生徒たちが、後ろから民間のレイシストたちに攻撃される。それは彼彼女らの置かれた状況を象徴していた。

「正義の実現を見せたい」と、全校生徒と共に訪れた愼吉雄《シンギルン》校長は涙を浮かべて慨嘆した。「どうしてこれが通らないのか……」。求めるのは「当たり前」の平等であり、権利保障なのだ。街頭で「平等」を訴える男子生徒が「北朝鮮に帰れ」と罵倒され、女子生徒が持つ署名用紙に、にやけ顔の通行人が「死ね」と殴り書きする。こんな頽落の根である政府の差別に、法の番人として「否」を言う。そんなささやかな願いに司法は応えなかった。

会見で原告の女性は、裁判所前の街宣に言及した。「幼い生徒や私たちに向かって、『朝鮮人帰れ』と叫んでいるのが聞こえました。私たちのこの状況も裁判に勝利することで変わって欲しいと思う。絶対に諦めません」。この弾圧を通じて弁護士を志す彼女は、司法への「絶望」を口にしつつも、法を武器にする一人となる決意を新たにしていた。闘いを通じ、彼女のような朝高生が次々と現れ、実際に多くの者たちが司法試験に合格し、法律家を目指している。人は人である限り尊厳を求める。彼彼女らはその真理を生きている。

申さんは会見での話をこう結んだ。「この日を迎えるためにやり残したことはなかったんですけど、まだまだやれることはあると思っています。原告たちの勇気を無駄にすることなく、最後はみんなで勝利して、喜びを分かち合う日がくることを信じて、『正義は勝つ』ことを子どもたちに証明したい」

東京訴訟は「最高裁」へ移り、闘いの主戦場は法廷外になる。敵はレイシスト政権とその支持層、そして差別判決を看過する世論だ。多くの新聞・テレビは問題をほとんど報道しなくなるだろう。右派勢力は勢いづいて、「次の弾圧」に向けた動きを強めてくるかもしれない。闘いで培われた「繋がり」の真価が問われるのはこれからだ。

この日、私が幾度も想起したのは、英国の映画監督ケン・ローチが自作に引用したサルバドール・アジェンデの演説のなかの言葉だった（アジェンデは、米国の後押しを受けたピノチェトのクーデターで落命した）。彼は聖アウグスティヌスの言葉を引いて人々にこう訴えたのだ――「希望には二人の娘がいる。『怒り』と『勇気』である」

夜の報告集会は、怒りと勇気が漲っていた。事実と法を捻じ曲げても国側を勝たせた二度の敗訴を経た直後でなおも一一〇〇人が参集し、「勝つまで闘う」と誓い合った事実は、この闘いが切り開いた地平を物語っていた。

13 死者の選別に抗して——済州島四・三（李福淑さん）

秋晴れの空の下、崔無碍《チェムエ》住職を導師に読経が続く。白い布を被せた碑の前に「済州島四・三」を体験した六人が立ち、若いスタッフの誘導で布に結わえられた五色糸《オセクシル》を握る。合図とともに紐を引き碑の全貌が現れると、参列者からどよめきが上がり、拍手と嗚咽が広がった。思わず両手で顔を覆って号泣していたのは除幕者の一人、済州島出身の在日一世、李福淑《イボクスク》さん（一九三六年生）である。二〇一八年一一月一八日、大阪市天王寺区の統国寺で、「済州四・三犠牲者慰霊碑」の除幕式があった。

彼女は6話で書いた「在日四・三遺族会」の初代会長、康実さんの従妹。即ち武装蜂起隊二代目総司令官、李徳九の姪だ。縁戚二二人が処刑され、彼女自身の体にも銃創痕が残る。叔母の機転で討伐隊（米軍政指揮下の右翼や軍警）から逃れ、島内での八年に及ぶ逃走生活を経て渡日した。しかし旧植民地で起きた大虐殺に歴史的責任を負うはずの日本は、「難民」である彼女をあろうことか「密入国者」として検挙し、「日本のアウシュビッツ」とも呼ばれた「大村収容所」に送った。日本の「難民政策」の原点がここにある。

知り合いに引き取られ、親族のいる大阪市に着いたのは五カ月後のことだった。

だがそこでの暮らしも安寧には程遠かった。在留資格がなかったのである。退去強制に怯える日々が続いた。格子の無い牢獄での暮らしに苛立ち、思わず自らの親指に金槌を叩きつけたこともあった。「死んだ方がよかったと思うこともあった」と言う。
安江良介（元岩波書店社長）や国会議員の尽力で在留資格を取得、働き詰めで四人の子を育てた。「言ってどうなる」と記憶を封印してきた彼女だが、この十年前、「四・三」六〇周年の二〇〇八年に大阪で証言をした。その契機は二〇〇七年一二月、五一年ぶりに済州島の土を踏み、親族を弔ったこと。そして金大中の後も盧武鉉《ノムヒョン》の進歩政権が続いた安堵だった。

やがて参加者のクンギョルが始まり、遺族たちが塔の周りに吸い寄せられていく。横一列に並び、順番に敷物の上に跪き、死者に深々と頭を下げる。目の前の塔は約三・六メートル。済州島を模した一・二メートルの基壇の上に、二・四メートルのシャープな三角柱がそびえる。三角は光の三原色を表す。死者が光となって遺された者を見守るイメージだ。基壇の周囲には、虐殺当時の村一七八カ所から渡日した石が、漢拏山のオルム（寄生火山）のように並べてある。

死者への礼を終えた参加者は、基壇の周囲に集まり、故郷の石を愛しそうに摩り続ける。経験者や遺族には様々な事情や思いで今も故郷の土を踏めない／踏まない者もいる。そんな彼彼女らの後ろには、帰郷を果たせず鬼籍に入った数多の一世たちがいる。石と語らう者たちの姿を見ていると、この慰霊碑が、ジェノサイドから七〇年を経て地表に現れ、我々に語り掛けてくる「記憶の遺骨」のように思えて来るのだった。

デザインは済州島にルーツを持つ在日二世、高元秀《コウォンス》さんが手がけた。低い場所に村々の石を配置したのは、子どもの目線に合わせたという。未来を担う彼彼女らが石と向き合い、聞こえない声を聴く耳と、見えない光景を見る目を培う姿を想像する。「他者の痛み」に思いを馳せることであり、それはこの世界を「生きるに値するもの」に変えるための絶対条件である。テーマは語らいと継承という。「碑の前だから語れることもある。一世から直接聞いたことを二世が語り、遺さなければ途切れてしまう。私は語ることで死者を生き返らせることが出来ると感じている」。高さん自身、大叔父ら五人を討伐隊に殺された遺族である。亡くなった父も初代総司令官、金達三のレポ（連絡係）で、一九四八年九月に渡日した。

韓国政府からの援助はない。あえて全費用を民間の寄付で集めた慰霊碑は、韓国で語られる「解決」への異議をも含む。「犠牲者とは誰か」との問いである。

二〇〇〇年公布・施行の四・三特別法を契機に不可逆的な流れとなった「犠牲者」の「慰霊」と「名誉回復」だが、一方で起きたのは、国による「死者の選別」だった。

済州島四・三平和公園内に並ぶ位牌の中には、南朝鮮労働党や武装蜂起隊の中心人物はいない。「逆賊」として、「悼まれる死」から排除されているのだ。二〇〇一年には憲法裁判所もそれを是としている。歴史社会学者の高誠晩《コソンマン》さんによれば、文在寅政権発足後も「犠牲者」認定を取り消された者がいるという。今も公的な「犠牲者」とは、「暴徒」と戦った「軍警ら」と、蜂起に糾合された島民。無関係なのに殺された「無辜の良民」なのだ。

四・三の過去清算とは血で育てた民主化の果実だった。だが実際は、建国以来の連続体が許容できる死者だけが「犠牲者」として「名誉回復」され、その者たちへの「補償」の実現が「完全解決」と見做されつつある。「抗争指導者」を排除した「慰霊」は南北分断と対立が前提である。「一般島民」犠牲者への認識は進歩政権以降の歳月で大きく変化したが、「自主」と「自由」「平和」を求めて闘った者たち、いわば「祖国」を求めた者たちを「暴徒」扱いする歪んだ眼差しは、強弱こそあれ、李承晩時代から本質的に変わらない。

その犠牲者の一人が他ならぬ李福淑さんだった。「反共国家」韓国で、指導者の縁戚は生き残りからの攻撃対象となった。巻き込まれた者だけではない。当初は蜂起に喝采した者たちも、平定後は一転して叔父を罵った。二〇〇八年の講演で「なぜこんなに涙が出るのか分かりません」と滂沱しながら彼女が絞り出した言葉を思う。「(李徳九のために)うちの子どもが殺されたとか、うちの旦那が死んだとか、罪のない村の人がうちの叔父さん(李)のため死んだと恨まれて……。どうすべきか分からなかったです」。前述の帰郷も一旦は姪から「何しに来るんですか」と拒まれた。後に話を聴いた際、彼女が吐露した言葉は忘れられない。「今でも私、徳九叔父さん尊敬してる。『朝鮮統一万歳!』言うて何が悪い……」

その歳月を経て目の当たりにしたのが慰霊碑だった。文在寅政権の誕生、南北和解の流れの中で迎えた七〇周年に相応しい区切り。そして異郷である日本で経験者やその子孫が取り組んできた慰霊と名誉回復、真相究明の闘いの一つの到達点だ。碑文に記された「すべての犠牲者を慰霊する」の一言には、「解決」に向けた壁を何としても超えたいとの主催者の決意が込められていた。式典の終了後、李さんに声を掛けると、一瞬で顔がくしゃくしゃになった。そして少し沈黙した後、満面の笑顔で言った。「長生きしてきて、こんな日がくると思わんかった。今までの苦労が半分は逃げました」

14 「日本」を撃ち続けた奇人――戦後補償裁判（宋斗会さん）

被害者を置き去りにした安倍晋三と朴槿恵《パククネ》の談合「慰安婦合意」や、「平和の少女像」への常軌を逸した攻撃の数々。そして、日本の植民地支配を不義不当な「強制占領」と断じ、企業に賠償を命じた韓国大法院の徴用工判決に対する宗主国根性丸出しの態度。更には「植民地責任」の問題でもある無償化裁判での恥知らずな主張と、「法と正義」を擲った司法……。不実の底が抜けきった二〇一八年末のいま、「日本」を問い続けた先人を思い返している。宋斗会《そうとかい》さん（一九一五年生）である。

広い額に細面の顔、総白髪のミディアムヘア、胸にまで着くような顎髭……。本人に言えば怒るかもしれないが、韓服を着てカッ（笠子帽）を被れば、韓国の絵画や歴史ドラマに出てくる両班《ヤンバン》そのものである。私が学生だった頃、おそらくは銭湯に通う彼を何度か目撃した。どんな人なのか興味はあったが、声をかけるのは躊躇していた。

実際に話を聴いたのは二〇〇一年八月、ある戦後補償裁判の取材でのことだ。徴用された朝鮮人らが帰国のために乗った旧海軍輸送船が一九四五年八月二四日、寄留した舞鶴沖で爆沈し、判明分だけで五四九人もが死亡した「浮島丸事件」。旧宗主国の無責任な姿勢で、原因はおろか正確な被害者数すら分らぬこの大惨事の責任を問い、韓国在住の遺族らが日本政府を相手に賠償を求めた「浮島丸訴訟」である。宋さんは事件と直接の関係はないが、生存者や遺族を掘り起こし、一九九二年八月の提訴を実現させた「仕掛け人」であり、代表者だった。

2019

判決を前に来日した遺族を事前取材した。会場は、宋さんが一九七〇年代から暮らしていた京都大熊野寮である。彼に京大との縁はない。異端の活動家だった宋さんを慕う新左翼学生らが、鴨川の橋の下で寝起きしていた彼を寮に招き入れたのだ。仕事はしておらず、弁護士や大学教員を回って「カンパ」を集めていた。早い話が「カツアゲ」である。

同席した宋さんに判決の見立てを聞くと「必ず負ける」と言い切った。記者会見での声明文は「負け」バージョンだけ。「日本」に対する不信と怒りを綴った檄文には、日本人の蔑称「倭奴《ウェノム》」など、マスメディアが二の足を踏むような単語、言い回しが頻出する。予定原稿を書くため、テレビ局や新聞社の記者たちが声明文の事前提供を求めると、宋さんは「全文を流すのなら渡す」と言い放ち、若い彼彼女らを途方に暮れさせていた。

宋さんは一九一八年に渡日、京都・網野町の寺に預けられ、丹後震災（一九二七年）を経験した。三〇〇〇人近くが死亡した大災害、目の前の弟弟子は死に、街は火の海になった。人は必ず死ぬ。形あるものは必ず壊れる。彼が醸し出していた無常観の源はこの経験だったと思う。三三年には「旧満州」に渡り大陸を放浪した。いわゆる「大陸浪人」である。北京で日本敗戦を迎えた後は日本に「日本人」として留まることを選び、親族とも一切の連絡を絶った。皇国臣民として「アジア解放」に身を委ねた自分が、スイッチを切り替えるように「解放民族」になることなど許せなかった、時代を生きた責任を際まで見つめたのだと思う。

一九四七年に大陸から引き揚げた宋さんを日本政府は未登録の「不法入国者」として遇した。彼は無権利の「外国人」にされていた。一九六九年、彼は「私は日本人だ」として日本国籍確

浮島丸の爆沈現場を見つめて煙草をくゆらせる宋斗会さん。日本国籍確認訴訟や外登証焼却。戦後補償裁判の数々……。既存の民族団体やイデオロギーの範疇に収まらない人だった。彼を慕う人も新左翼から右翼まで幅広かった＝京都府舞鶴市で 2001年8月24日

認訴訟を提起する。一九四五年の選挙権停止に始まる在日朝鮮人の「外国人化」は、選択権もなく強行された国籍を軸としたレイシズムの再編だった。その歴史的不正を直球で問うたのである。七三年には「犬の鑑札」である外登証を法務省前で焼却、刑事被告人として法廷を自らのメディアにした。在サハリン朝鮮人の帰還問題も仕掛け、八九年には在韓戦争被害者に対し「公式陳謝と賠償を求める裁判」を呼びかけ戦後補償裁判の一つの流れを作った。その一つが浮島丸訴訟だった。「目立ちたがり屋」などと批判する同胞もいたが、歯牙にもかけなかった。

その判決は想定外に転がった。「公式陳謝にかかわる訴え」を棄却、門前払いした上で、京都地裁は安全配慮義務違反の名目で国に賠償を命じたのだ。現行法を駆使した「良心的判断」ともいえるが(高校無償化裁判はそれすらないのだ)、あくまで正面からの指弾を避けた変化球である。ここからが宋さんだった。遺族と共に「記者会見」に臨んだ彼は、用意していた声明を一字一句変えずにそのまま読み上げた。「隣人に対しては誠意の欠片も見せない日本とそれを非難もしない日本の知識人やメディアの破廉恥ぶりは噴飯ものだ(……)当時のメディアこそ国民を戦争に、中国侵略に駆り立てた戦犯たちだ(……)〔韓国民は〕百年後でもいいから、もろもろの情勢が決定的に有利な時を待ってから、倭奴を叩きのめして天罰を与えよ」。そしてこう結んだのである。「われわれは、舞鶴の海の砂を一握り採取して持って帰って祖先の墓に撒こう」。読み上げるや否や、「以上」と叫び会見を打ち切ると、追いすがる記者たちを「やかましい! どけ」と蹴散らして退席した。

判決翌日は爆沈の日、舞鶴での慰霊に同行したが、ここでも宋斗会流全開だった。

海に向けて父母の名を叫ぶ遺族を、その前に立って撮影するテレビクルーに宋さんは逆上。「無礼者!」と怒号して杖で殴りつけ、祭祀が終われば供物を次々と海に投げ込み始めた。果物や干物、シリトク（餅）ならまだしも、缶ビールまでそのまま投げ込むのだ。メディア関係者が呆気に取られて見つめている、「被害者」「犠牲者」を撮りに来た彼らにとって、海にゴミを投げ込む「代表者」の姿は流せない絵だった。堪らず私が「さすがにビールは中身だけに」と言うと、「構わん、魚が食う!」と笑った。あの顔は忘れられない。

ほどなく大好きな煙草が不味くなった。肺癌である。時を悟った彼は「故郷」の京都府北部を再訪した後、入院。すべての延命治療を拒否して遺言をしたためた。

通夜、葬式、一切お断り
宋さんの葬式をしようとする奴らは
宋斗会が殴り込んで来る
無用というのではない
してくれるな、ということだ
今日まで諸君が
何ほどかの友情を与えてくれた
それがすべてだ
各自で計算してくれ

諸君たちが
日本を再建する力があるとは
思えないが
なるべく欺瞞のないように
そして
親しい者たちだけでなしに
隣人たちに対して
親切であってほしい

「日本人」で「釈迦の弟子」、元「大陸浪人」、艶聞の多い人でもあった宋さんの人間への眼差しが「なるべく」の一言に込められていた。どこまでも自由で正直、「在日三大奇人」の一人とも呼ばれた。二〇〇二年六月、八七歳で死去した。遺骨は海に撒かれた。

15 ……ほんとうに苦労したなあ――ウトロの徴用工（崔仲圭さん）

植民地時代の強制連行と強制労働を巡り、元「徴用工」四人が日本の戦犯企業「日本製鐵」を訴えた訴訟で、二〇一八年一〇月三〇日、韓国大法院が原告一人当たり一億ウォンの賠償を命じる判決を言い渡した。一九六五年の日韓請求権協定で解決済みとする日本側の主張に対し大法院は、不義不当な植民地支配と直結した不法行為は請求権交渉の対象ではないとした。植民地主義それ自体の不正義を判断の根拠に置いたのだ。日本での提訴から二一年目の勝訴だった。以降、複数の「徴用工裁判」で同趣旨の判決が出ている。

日韓請求権協定とは、東アジアに防共の砦を築きたい米国の意向を受け、開発独裁を進めたい朴正熙政権と、利権塗れの自民党及び財界の思惑で結ばれた破廉恥な談合に他ならない。その欺瞞と日本の歴史的責任を串刺しにする司法判断に、安倍自公政権は激高。徹底拒否を表明し、企業も付き従った。一主権国家の司法が出した最終決定を拒むなどヤクザ以下だ。更に安倍政権は韓国に対して状況の打開まで要求した。三権分立も無視、露骨な宗主国根性である。仮に米国相手なら同じ対応はありえない。

メディアもほぼすべて安部政権に同調。歴史の根源を問わず、「過去最悪の日韓関係」を喧伝し、隣国、隣人へのヘイトを煽動する。彼らにとって徴用工とはあくまで国交正常化時の政治問題なのだ。そこで決定的に欠けているのは翻弄され続けた被害者の存在である。

政官報が協働で埋め隠そうとする「汚辱の歴史」、それを生き抜いた証人の一人が、京都・ウトロで暮らしていた在日一世、崔仲圭《チェチュンギュ》さん（一九一六年生）だった。

慶尚北道の小作農の家に生まれた。村役場に呼び出されたのは二六歳の時だ。「行くと広場に四〇人くらいの村人が集まっててね、日本人が居て、そのまま福岡県飯塚市の炭鉱に連れて行かれました」。既に妻と二人の子がいたが斟酌されなかった。「嫌だと思っても、言えなかった……。警察に呼ばれて何をされるか分からないから」

待っていたのは奴隷労働の毎日だった。重労働に見合う食事もない。半病人状態での危険作業は労災事故を誘発し、幾人もの同胞が落命していった。ボタ山に放置された朝鮮人の遺体も見たという。「日軍天皇陛下様様でね、朝鮮民族は人間以下だった。今もそうだけど」。ひたすら黙し、牛馬以下の扱いに耐え、袋叩きにされる同胞からも目を逸らした。数カ月後、便槽に浸って身を隠し、隙を見て糞尿の汲み取り口から逃走。長崎県の工場に潜り込み、そこで日本の敗戦を迎えた。四五年一二月に故郷へ帰ったが、すでに生活基盤はなく、翌春に単身渡日した。植民地化で一つの国とされた朝鮮と日本の間には、新たな支配者によって境界線が引かれており、越境は即ち「密航」だった。金を稼いで戻り故郷で家族と静かに暮らす。その一心で長崎の鉱山に入り、ひたすらに働いた。

朝鮮では政情が悪化、分断が固定化した。妻は早世し、鉱山で出会った石玉先《ソクオクソン》さん（一九三〇年生）と再婚。帰国は諦めた。一九六七年に長崎を離れた。選んだのではない。鉱山が閉山となり、必死で積み上げてきた生活の再構築を迫られたのだ。

旧知の友人を訪ねた崔さんは、彼から一三〇万円で、ウトロ地区東端にあった小屋付きの土地を買った。東向きの穏やかな上り坂になっているウトロでは最も標高が高い場所である。「ここはウトロの軽井沢」が口癖だった。貯金二〇万円を頭金に、隣町の建設会社で働き毎年一〇万円を払い続けた。植民地支配に翻弄され、労働市場の最底辺を這いずってきた彼が、ただ老後の安住を望んで買い取った土地と家は、やっと掴んだ「確かさ」だった。

だが完済から数年後の一九八九年、崔さんは他の住民と共に「立退き訴訟」の被告となった。「(立ち退きになれば)人間に変わりないのに、野宿するか自殺するかしか方法がありません」。法廷での崔さんの訴えは、多数者たちが設えた法制度で撥ねつけられ、植民地支配と戦争に起因する彼らの歴史も正当性も顧みられることはなかった。

敗訴後も崔さんはウトロに暮らし、自らの体験を語った。人の出入りが増えたのは、住民による韓国での支援要請が報じられた二〇〇四年以降だ。韓国メディアが次々と取材に来た。剥き出しの暴力で連行された崔さんは、彼らにはうってつけの存在だった。幾度か同席し、「仕立て」が見える取材に違和感を覚えもしたが、強制占領期の被害体験なくしては報道が成り立たない被害者の韓国と、忘却できる加害者の日本との落差を突き付けられた。

その頃、崔さん宅で日本の記者と鉢合わせした記憶はない。八〇年代以降、戦後補償を旗に日産車体や行政を指弾した闘いは状況を動かせず、二〇〇〇年、最高裁での敗訴に至った。二〇〇五年当時、日本の記者にとっての「ウトロ問題」とは、「任意」で集まった者たちの「居住権」の問題であり、「植民地問題」ではなかった。集落の歴史的経緯は記事の片隅に情報とし

2019

て添えられてはいたが、帝国に蹂躙された崔さんの物語は、日本では既に後景だった。

崔さんは飄々と語り続けた。「時間が経ったので、全部忘れちゃった」と前置きし、大きな手振りを交えながら聞き手が望む情報を切り与えた。話は叙事的で、折々の心境はほとんど口にしなかった。それを問えば「……本当に苦労したなあ」と呟き、「それでも……死なずに生きてるからね」と結んだ。過去清算を掲げる盧武鉉政権が設けた、強制動員の真相調査機関の聞き取り調査も受けたが、被害者申請はしなかった。理由は訊いても語らなかった。

今思えば彼は、「あの時代」を生き延びた自身を恥じらい、疼きと惨めさを終生、反芻しながら語っていたのだろう。滲み出る諦念と諧謔の源もそこにあったと思う。聞き取りで問われるのは証言の内容ではなく、聴き手の姿勢と想像力である。それを教えてくれた一人が崔さんだったが、生前、その彼の過去に向き合い、想起の過程を共にすることは叶わなかった。だからこそ、「事実」の先にある彼の「真実」に思いを馳せ、応答したいと今も願う。

日本の近現代が強いた苦悩や葛藤、決断の数々を抱え、崔さんは二〇〇六年一二月、死去した。「自宅」での告別式、彼の生きられた歴史そのものである建て増し部分からは、柱や錆びた鉄骨が張り出し、泥濘の斜面にはトタンや板切れが散乱していた。傾けても切り返してもままならぬ出棺は、幾度もの根こぎを強いられた崔さんが、「もう私を家から離さないでくれ」と請うているようにも思えた。享年九〇歳、病床で一瞬、意識が戻り、口をついた最期の言葉は、「もうすぐ、故郷の韓国に帰るから」だったという。

16 言葉への責任が描いた光景――徳島県教組襲撃事件（冨田真由美さん）

民事訴訟に踏み切った理由を訊くと少し考え込み、自らの覚悟を確認するように言った。「『教組が要らん事するからや』と言われてね、私も一瞬、『もしかすると、そうなんかも』と。そんな考えが頭をよぎった自分自身が許せなかったんです」

元中学校教員、冨田真由美さん。徳島県教組書記長時代の二〇一〇年四月、ヘイト団体のメンバーらに襲撃されたヘイトクライム（差別的動機に基づく犯罪）の被害者だ。

「理由」は朝鮮学校支援だった。二〇〇六年秋、組合で四国朝鮮初中級学校（愛媛県松山市）を視察した。彼女にとっても初めての朝鮮学校である。

「二つの驚きがあった」という。一つは教員や子どもたちの「教え／学ぶ」思いの熱さ、もう一つはあまりの設備の古さだった。さっそく上部組織「連合」（日本労働組合総連合会）のカンパ制度を通して学校に一五〇万円を寄付した。「子どもたちの『学ぶ権利』が、通う学校で左右されるのはおかしい」。自然な思いの発露だった。

だがそれを差別者が嗅ぎ付けた。彼らに「ネタ」を授けたのは二〇一〇年三月一九日付『産経新聞』の記事である。日教組が「あしなが育英会など」への支援名目で集めた募金を「連合」経由で朝鮮学校に渡したとの内容だ。現実には何ら疚しいことのない支援だったが、産経は「など」を挟んで誤魔化しながら、「日教組が姑息な手段で朝鮮学校に金を送った」との印象を振り撒いた。レイシストに呼び掛ける「犬笛記事」である。

四月一四日、徳島県教育会館内の組合書記局に十数人が押し入ってきた。二〇〇九年一二月から翌年三月にかけ、レイシストが京都市南区の旧京都朝鮮第一初級学校（現・京都朝鮮初級学校）に差別街宣を繰り返した「京都朝鮮学校襲撃事件」から約二週間後のことだ。

実行犯は京都事件とほぼ同じである。彼らは拡声器を使い、彼女の耳元で「詐欺募金」「朝鮮ババア」「腹を切れ」「売国奴」などと怒号をあげた。机上の書類を払い落とし、彼女の肩を小突くなど暴行を加え、その一部始終を動画サイトに投稿した。

学校の次に彼らが狙ったのが「支援者」だった。それはこのヘイト社会で、「共生」という価値を目指す者への攻撃である。ネットには同調者が溢れ、組合には嫌がらせの電話が相次いだ。不特定多数に向けた煽動の「効果」である。誰かが次の強行を引き起こす事態もあり得た。恐怖と緊張の中での生活を強いられていた時に聞こえて来たのが、「教組が要らん事するからや」という他団体からの声だった。性暴力、ヘイト犯罪に特有の「犠牲者非難」だ。

京都事件の被害者らとも繋がり、冨田さんと組合は襲撃犯を刑事告訴したが、訴追されたのは計八人。罪名は威力業務妨害と建造物侵入で名誉棄損は不適用。しかも全員執行猶予か罰金刑だった。検事の権限が強大で、差別を動機とする犯罪「ヘイトクライム」に対応する仕組みがない日本の刑事司法の限界である。民事訴訟しかなかった。

襲撃のショックとネットでの拡散で、不眠や頭痛、抑鬱症状などの心的外傷後ストレス障害に苦しんでいた彼女が、それでも闘いに踏み切ったのは、京都事件で学校側が起こした民事訴訟の報告集会で聞いた一言だった。登壇したオモニ会会長の朴貞任《パクチョンイム》さんが、提訴を選んだ思いをこう語った。「黙って泣き寝入りしてはいけない」

法廷でのヘイトと心身の変調に苦しみながらも意見陳述に立ち、六回の弁論を乗り切ってようやく判決にこぎつけた。だが彼女の思いを徳島地裁は打っ棄った。名誉毀損で襲撃者に賠償を命じたが、事件の核心「民族差別」を認めなかった。賠償額は二三〇万円。「これでいいでしょ？」といわんばかりに原告代理人に微笑んだ裁判長の姿は忘れられない。報告集会では気丈に振る舞った彼女だが、「背骨がぐしゃっと潰れた」思いだったという。

再起の動力は自らが発した「言葉」への責任だった。彼女は教員生活の大半を校区内に被差別部落がある学校で過ごした。出自による差別という不条理に荒れる子もいる。子ども同士の差別事件も少なくない。体を張って子どもと向き合う中で彼女は繰り返し、子どもに言ったという。「差別を許してはいけない。差別に負けてはいけない」と。「私がこの事件で黙れば、自分の人生を否定することになると思ったんです」

その「本気」が流れを変えた。京都事件を勝訴で終えた弁護士が次々と徳島事件の弁護団に加入した。その数四一人。「京都の勝利を例外にはしない」との決意である。そしてもう一つの課題があった。四国朝鮮初中級学校との交流再開である。「私が朝鮮学校に行けば、次は学校が襲われるのでは」と案ずる冨田さんと、「私たちと関われば、また攻撃されるのでは」と沈黙した学校側。互いの自粛で繋がりが途絶えていた。控訴審開始後の二〇一六年一月、冨田さんらは七年ぶりに学校を訪問、子どもや学校関係者、そしてオモニたちとの対話が実現した。ヘイトで切断された関係が結び直されたのだ。それは高松高裁での控訴審を支援する香川の被差別部落出身の女性たちとの交流にも発展していった。

高裁判決はその年四月だった。判決は「人種差別撤廃条約」第一条を元に、直接の被害者が日本人であっても、民族差別を広める「動機」と、「リンチ」（判決より）の模様をネットで拡散し、支援活動を委縮させた「効果」などから襲撃犯の言動を「人種差別」を認定。性暴力を示唆する文言も「女性差別」と判じた。「差別」に対する日本の司法判断を大きく前進させての完全勝利だった。何より判決は結果的に、「朝鮮学校への支援」を法で守るべき価値と認めた。「要らん事」との認識を跳ね返したのだ。

判決後の慰労会で、オモニたちは号泣しながら口々に語った。「日本の人と一緒に喜べる日が来るなんて……」「初めて人間として対等に扱われたと思った」。自らの言葉を裏切りたくないと、揺れ、のたうちながらも闘い抜いた彼女の意志が開いた共生の地平だった。

彼女と香川の女性たち、四国初中級との結びつきは今も続いている。壊れていた学校のトイレも、交流を通して復旧した。学校行事には香川と徳島から支援者が訪れ、紐帯は太く、強くなっている。冨田さんは四国の卒業生が進学する広島ハッキョへの訪問も重ねる。広島の無償化裁判の弁論には常に赴き、報告集会では思索と葛藤から紡いだ言葉を届ける。自身の「勝利」を国との闘いにリレーし、「共生の社会」に繋げたいとの思いだ。

一人の本気は他人へ伝播して繋がりとなり、それは次代を拓く展望になる。

「叩き続ければ、扉は必ず開く」。闘いで掴んだ冨田さんの確信である。六年に及ぶ軌跡は二〇一九年四月に刊行された。書名は『あきらめない』。

2019

17 私、私たちは問われている――高校無償化裁判（原告と支援者たち）

二〇一九年三月一四日、高校無償化訴訟の福岡地裁判決が言い渡された。地裁段階で最後の司法判断ゆえ、既に高裁での判断も出ていた東京、大阪も含め、原告側は全国五カ所での争点を網羅した主張を展開していた。とりわけ今回の判決では、東京高裁で争点化した、不指定処分の二つの理由が孕む論理的矛盾（12話参照）への判断が期待されていた。だが裁判長は法と良心を擲ち、相も変らぬ「規程一三条適合論」に逃げた。上位規定（ハ）号削除の理由についてはスルーした。七例目の判決とは思えぬ空疎な駄文だった。

裁判所前の歩道では現役生徒が泣きじゃくり、傍らで卒業生が声を張り上げ、抵抗歌を唱和する。敷地内では高齢の在日男性が「絶対に忘れるな！　お前らも同じように差別したる」と絶叫し、各地から駆け付けたオモニたちが「不当判決糾弾」などと連呼した。敷地内には職員が建物と同一化したかのように張り付き、構内でコールした者に駆け寄っては「敷地内でのデモは禁止です」と繰り返す。「じゃあどこに行けばいいんですか！」。保護者の叫びは、彼彼女らの状況を象徴していた。メディアを媒介に、差別が官民間を循環増幅し、司法がそれを是とする。至る所に浸透したヘイトによって、彼彼女らが生きられる空間が奪われていた。

弁論が始まって約六年、この間、二度と見たくない光景を幾度も目の当たりにしてきた。今ある自分を形成した宝物のような場であり、朝鮮人であることを肯定し、「帰る場所」を得て欲しいと思って子どもを通わせた場。慢性的財政難の中、その維持に全力を注いできた場が法廷

朝鮮高級学校を高校無償化の対象から
排除しないことを強く求めます。

行政の差別を
司法が糾す！
勝訴

조선학교에도 배울권리를!
朝鮮学校にも学ぶ権利を
힘찬 연대! 끝까지 싸워 반드시 승리합시다!
力強い連帯! 最後まで闘って必ず勝利しましょう!
어머니들은 포기하지 않습니다

不当判

2019

で、「反社会的集団」か「カルト教団」の下部組織のように貶められるのである。

「あんまりだ！」と引き裂くように絶叫した者がいた。歩けなくなり両脇を同胞に抱えられながらも「絶対に諦めないから」と叫び続けて退廷していったオモニもいた。生徒たちに勝訴の瞬間を見せられなかった衝撃に傍聴席でへたり込んだ教師もいたし、「人殺し」と絶叫した者もいた。敗訴判決の理由要旨が読み上げられている間、じっと目を瞑り、掌を合わせる者も見た。祈っても判決は変わらないことなど分っているが、それでも祈る他なかったのだ。法廷を出た途端に座り込んで号泣した原告。裁判所前の歩道で互いの肩に顔を埋めて泣いていた現役生徒たち。横断幕を握り締め、涙で一杯になった目で裁判所を見据え、「諦めません」「勝つまで闘う」と唱和していた支援者と保護者たち。

法廷で明らかになったのは日本政府の醜悪な地金だった。彼らは「子どもの学ぶ権利」を巡る問題に、「政治的、外交的判断」どころか「治安管理」の観点まで持ち込み、朝鮮民主主義人民共和国や朝鮮総聯による「不当な支配」を印象付けようとした。まさにヘイトスピーチである。実際、弁論での国側主張や、国側勝訴の判決内容が報じられる度に、ネット上には「お墨付き」を得た朝鮮学校差別の文言が溢れた。「国民の育成」を掲げた教育基本法で外国人学校の中身を詮索し、憲法に明記された権利を「疑い」ごときで踏み躙る。教育学者や憲法学者はなぜ沈黙するのか。朝鮮学校なら何をしてもいいのか。

大阪地裁以外は、これら「ヘイト立証」を是とした。数々の戦後補償裁判では、和解を促す裁判官もいたが、これまで無償化裁判で和解を提案した裁判長は皆無だ。立法や行政に問題解

上段、左側から反時計回りに：広島地裁への入廷 =2017 年 7 月 19 日▽東京地裁の敗訴判決に抗議する朝鮮学校関係者ら = 同年 9 月 13 日▽大阪高裁の逆転敗訴に声を上げる保護者ら =2018 年 9 月 27 日▽報告集会で、贈られた激励の色紙を掲げる名古屋訴訟の原告代理人 = 同年 4 月 27 日▽判決直後に垂れ幕を掲げる原告代理人 = 同年 4 月 27 日▽敗訴判決を言い渡した裁判所を見つめる九州朝鮮中高級学校の生徒 =2019 年 3 月 14 日▽大阪地裁での勝訴に沸く生徒ら =2017 年 7 月 28 日

決を促す「付言」を書いた裁判体もない。「忘れられた皇軍」たちの最後の闘い「戦傷病者戦没者遺族等援護法」の適用を巡る訴訟や、外国人の地方参政権を巡る訴訟では、裁判官の「付言」が、運動を高揚させる大きな契機となった。だが無償化裁判にはそれすらもなかった。もはや安部政権への「忖度」云々の次元ではない。多くの裁判官自身がレイシズムに汚染され、「北朝鮮、朝鮮総聯に関係する者には何をしてもいい、どんな目に遭わせてもいい」との風潮を我が物としているのではないか。

上級審での争点は、前述した二つの理由の「矛盾」に収斂していくだろう。憲法や国際人権法を駆使して国の差別を撃つ「正攻法」ではなく、手続き上の問題で一穴を穿ち排除の違法性、差別性を導き出し、壁の決壊を狙う「ゲリラ戦」である。法廷での論戦が技術的になるからこそ、今後は法廷外の闘い「運動」それ自体の真価が問われる。

大阪地裁以外で勝訴はないが、これまで六年もの闘いは、確かな足跡を残している。二〇一九年三月一九日には国会の参議院文教科学委員会で、立憲民主党の神本美恵子議員が無償排除に対する柴山昌彦文科相の見解を問うた。大臣答弁自体は役人が書いた低レベルの作文だったが、二〇一三年の完全排除後、これが無償化排除についての初めての質問だった。しかも質問者は無償化排除の端緒を開いた民主党の流れをくむ政党の議員である。

そして運動を通じて得た最大の宝は、国内各地、そして韓国における支援運動の広がりだろう。この国内外の支援者の繋がりを活かして、「戦後補償」や「レイシズムへの否」を含む「民族教育権」の確立を求める闘いの意義をどのように発信するか。現在の政治と司法を支える「世

2019

論」を如何に突き崩すか。公的差別に起因する朝鮮学校の「低位な状況」をどう正すか。

この転換点に私が立ち返るのは、この社会の底なしの頽落を見せつけられてもなお、路上や記者会見、報告集会で声を上げ続けたオモニや原告、学生たちの姿である。乾いた布から水を絞り出すように声をあげ、「慣れ」に抗い、今は違うけれど、「ありうる世界」への希望をつなぐ人々。その言葉に応答したいと願って私は文章を書いてきた。

私、私たちは問われているのだ。先人から、歴史から、そして私たち自身の人生から。日々惹起する出来事を前に、「恥じぬ選択」を重ねること。その積み重ねで私たちは、過去を変えられる。もちろん起きたことは変えられない。変えられるのはその意味付けだ。裁判所での怒りと屈辱も、署名用紙に「死ね」と書かれ、差し出したチラシを叩き落とされた哀しみも、常に暴力の標的となったチマチョゴリ制服姿の生徒の恐怖も、右翼学生に撲殺された横浜朝高生の無念も、一九四八年、大阪府庁前の土壌で放水に吹き飛ばされ、警棒で滅多打ちにされた先人の憤怒も、そこで官憲に射殺された少年の苦しみも……。

これら痛みの記憶に応答し、「生きるに値する世界」を希求しながら闘い続けること。そのとき、痛みに満ちたかつての出来事の一つひとつが、そんな新たな世界を切り拓く道へと繋がる。遺された者に出来るのはそれしかない、いまを生きる私たちにはその義務がある。

18 人間の尊厳を護る法を――「選挙ヘイト」（カウンターたち）

「暴力悪いんは分かってる。でもうちのムラで奈良みたいなんが起きたら、懲役行く覚悟だけはしといてくれ」

ヘイトデモに対峙する度に私は、二〇一六年一月に死去したある部落解放運動のリーダーが、ごく近しい仲間だけに伝えていたこの一言を想起する。「奈良」とは京都、徳島両事件に加わり逮捕、起訴された差別活動家が、保釈中の二〇一一年一月、奈良県の「水平社博物館」で開かれていた企画展「コリアと日本――韓国併合から100年」での「慰安婦問題」表象に抗議するとして、部落にある同館前で、警察に護られながら一時間に渡り、「ドエッタ、出てこい！」「非人！」などと叫び、その動画を公開した差別事件を指す。

このリーダーは、部落解放運動を通じてヤクザから足を洗った人物だ。自らをも貶める暴力の害悪を人一倍知っていたはずの彼が、それでも同胞を差別の暴力から守りたいと考えた時、絞り出した一言はこれだった。被差別当事者であるがゆえ、人の心を殺してしまう差別の怖さを知っていた。何よりも先人たちの闘いを踏み躙る暴挙が許せなかったのだ。

博物館前で街宣をしたレイシストはその約三カ月後、京都、徳島の事件で懲役一年六月、執行猶予付四年の有罪判決を受け、確定した。奈良での街宣では博物館側が民事訴訟を提起。翌年六月、被告に一五〇万円の賠償が言い渡された。法的制裁が下されたわけだが、余りに遅い

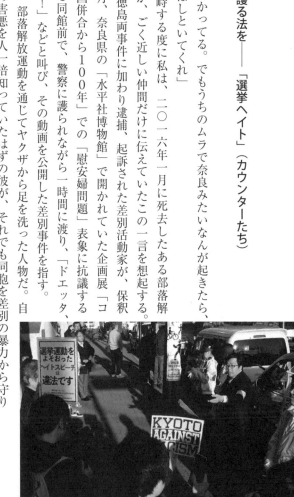

上、ペナルティーが軽すぎる。そもそも次の差別事件を起こすのが「分かり切った」人物に保釈を与えた司法判断はおかしい。私は厳罰主義には与しないが、司法の「差別」への認識が低すぎるのだ。差別を禁じ処罰する法的規範の不在が原因の一つだ。

克服すべき「差別に寛容な社会」を露わにする事態が二〇一九年四月、京都市で起きた。在特会から生まれ、公職選挙法に護られてヘイトスピーチを繰り返すヘイト団体「日本第一党」が統一地方選で京都市左京区に市議選候補を立て、四月三、四両日、党首が「応援演説」に来たのである。事前公表された遊説予定地には京都朝鮮中高級学校すぐ近くの銀閣寺が記されていた。彼らレイシストは三月九日に、京都事件から一〇年を「寿ぐ」デモを警官数百人の護衛で完遂した。二日後には北九州市の九州朝鮮中高級生が利用するＪＲ折尾駅の前でヘイト街宣を強行し、実際に複数の学生が差別発言を浴びる被害を受けた。この「余勢を駆って」、出入りする朝高生への攻撃を狙ったのだろう。

彼らの「入洛」にカウンターが詰めかけた。京都市での初演説は京阪電鉄の駅前だった。応援弁士のうち二人は京都、徳島事件の主犯で、その後もヘイトクライムを繰り返し、服役した人物だ。抗議の市民が詰めかけた歩道上で、その一方がマイクを握ったが、「外国人の生活保護は憲法違反」と切り出すや否や、目の前のカウンターから「嘘つくな！」との怒声が浴びせられる。抗議者が次々と詰め寄り、彼らのデマゴギーを淡々と問い質すと、悩乱した彼は「選挙妨害や！」と喚き散らし、四五分の予定だった街宣は開始わずか十数分で打ち切られた。

その後の動きは迷走そのものだった。何故かカウンターへの「抗議」として韓国民団の府本部前に車を停め、「拉致」「北朝鮮」云々とマイクでがなり立てた。南北の違いも分かっていないのだ。翌四日もカウンターが手配した抗議車の追尾を避けて市内を疾走し、数カ所でのゲリラ街宣をネット配信した。なかには郊外・大原の畑での演説中継もあった。猿や鹿にでも支持を訴えたのか。市街地でも幟を手に無言で練り歩くなど、言動は意味不明の極み。党首が「行く」と宣言していた「本丸」銀閣寺には近づくことも出来なかった。

まるで「コント」だが笑えはしない。ヘイト街宣を警戒し、京都朝鮮中高は二日間、クラブ活動を中止。学校や家からの外出に警戒を促した。子どもや保護者は「あの時」の恐怖と混乱に引き戻され、いつ街宣に遭遇するか分からぬ不安を抱えた。被害が出たのだ。そして各地でのヘイト街宣は、ネットで不特定多数に拡散された。ヘイトデモ規制を巡り分煙紛《まが》いのゾーニング、すなわち在日集住地域では不許可にし、それ以外では可とする案を提唱する学識者は今も散見されるが、論外である。ヘイトの被害と害悪への認識が甘すぎる。彼らレイシストグループの言動は、当事者の命に斬り付けると同時に、多数者に差別と暴力、排除を呼びかける煽動なのだ。

今回、第一党の候補者一二人は全員落選したが、供託金を没収されたのは二人のみ。一定の人数がヘイト候補を支持したのである。選挙ヘイトの怖さの一つは、ヘイト支持者の広がり、具体的人数が数値化されて被害当事者に伝わることだ。そして「候補者」から発信されるヘイトは社会の差別に対する感覚を鈍磨させ、彼らほど露骨ではない差別主義者に議席への道を拓く。京都、徳島事件に加わり、後者では刑事責任を認定された人物はこれに先立つ二〇一八年、「N

HKから国民を守る党」の公認候補として、兵庫県川西市議選で議席を獲得した。アイヌ民族の存在を否定し、自民党から除名されたレイシストも二〇一九年春、同じ党から渋谷区議選に立候補して当選。右翼宗教が設立した政党も今回の統一地方選で一九議席を獲得した。差別への抗議活動が定着する一方で、レイシストの公職進出が一段、進んだのである。

京都事件以降の反ヘイトの闘いは、二〇一六年、日本で初となる反人種差別法「ヘイトスピーチ解消法」を成立させた。だが同法には、禁止・罰則規定がなく、確信犯的差別者への歯止めたりえない。今回、レイシストたちが企図していた京都朝鮮中高級への街宣こそ「阻止」したが、それも公職選挙法二二五条（選挙の自由妨害罪）抵触を睨みながらの抗議行動あってのこと。配られたチラシを破って候補者の顔に投げつけ（レイシストへの「否」の表明として完全に正しい行為だが）、警察に一時身柄を拘束された者も出た。「結局止められませんね」。朝鮮学校生の保護者が発したこの一言が現実だった。

それでも対峙するしかない。放置すれば彼らは必ず過激化する。「相手にしない」「無視すれば消える」と放置した結果が京都事件であり、第二次安倍政権発足からの数年間、確認分だけで実に年間数百件のヘイト活動が行われたレイシズムの爆発状況だった。彼らを確実に止めるには今も、逮捕覚悟で法に抵触する何らかの手段をとらざるを得ない。

「法」とは何のために、誰のためにあるのか。私たちが手に入れなければならないのは、レイシストの差別街宣を護る法ではなく、彼らが否定する「人間の尊厳」を護る法だ。

19 「思想」とは何か——実践としての歴史研究（朴鐘鳴さん）

人間は言葉、とりわけ先人から受け取った言葉でできている。二〇一八年四月一六日、九〇歳で亡くなった朴鐘鳴《パクチョンミョン》さんは、私という人間を形作る数々の言葉をくださった一人である。一周忌の今年五月一八日、朴さんが長年顧問を務めた「日朝関係史講座」の開催地、京都市の同志社大で「偲ぶ会」が催され、私も出席した。

一九二八年、現在の韓国全羅南道の光州市に生まれた。独立運動で官憲にマークされ、「内地」に逃れた父を追い、五歳の時、母と兄と共に大阪市北部に渡った。

初めてお会いしたのは一九九六年。今は閉店したＪＲ鶴橋駅構内の喫茶店で開かれていた、朝鮮学校がテーマの研究会の席だった。痩身にベレー帽、ドラマや映画から飛び出してきた「画家」のような風体で、うまそうに煙草を燻らせながら、各人の報告に対して鳥の目、虫の目で多角的にコメントする。頭の中に検索エンジンが入っているような人だった。

以降、多岐に渡るご教示を頂いた。二〇〇〇年四月、作家、金石範さんと詩人、金時鐘さんの対談を聞いたのを契機に、朝鮮籍者たちへの聞き取りを企図した時、最初に相談したのも朴さんである。御自身にも二〇一一年から計九回、インタビューを重ねた。

毎回、御自宅近くの京橋駅にあった「ホテル京阪」七階の喫茶ラウンジで、京都と大阪を往来する電車を眺めつつ、左派朝鮮人運動史の個人授業を受けた。朴さんは左党だったが、その

数年前に病で胃の大半を切除しており、当時は酒と煙草を控えていた。聞き取り後の一献が叶わないのは残念だったが、私にとって至福の時間だった。

徹頭徹尾の教育者で、常に次代の同胞に温かい眼差しを向けていた。原点は幼少期の被差別経験にあった。「教師がある時、『朝鮮人の姓は一つでいかん。お前は朴鐘だ』って言うんです。まだ『おい、チョーセン』の方がまし。アイデンティティを根こそぎ否定されるわけですよ」

体罰も日常だった。成績はよかったが教師が内申書作成を拒み、志望校には行けなかった。「二級臣民」の扱いに「気持ちが折れ」、学校をサボり、徒党を組んで街をうろつき、飲食代を踏み倒し、恐喝、喧嘩沙汰を繰り返した。昼間は「悪さ」を重ねて強がりつつも、夜、一人になれば怖くて不安で、今後を考えると「体が震え、涙が止まらなくなった」

「命が死んでいた」という中学時代を振り返り、彼は語った。「中村さんねぇ、人間にとって何か一番怖いことだと思いますか、私はそれは展望がないことだと思うんです。先が見えないことは人間を恐ろしいまでに荒ませてしまう」。ヘイトスピーチ問題を考える時、私は必ずこの言葉に立ち返る。差別は、される者から、この社会で生きる上での「前提」、社会への「信頼感覚」を奪ってしまう。

ある在日青年との「出会い」を通じて「改心」した朴さんは、左派朝鮮人運動の活動家となり、GHQと日本政府による一九四八、九年の朝鮮人学校強制閉鎖に体を張って抵抗する。政治犯としての拷問と投獄も体験した。公立民族学校「西今里中学」で教鞭をとり、後の自主学校移管に粉骨砕身した。そして一九六八年から七二年まで何度も提出された外国人学校法案への反対闘争である。都道府県による各種学校認可（＝法的地位の確立）が進む中で出された法案は、権利保障の規定は一切なく、各種学校認可権限を文部大臣に移譲し、是正や閉鎖、教育の中止や報告義務を定めた弾圧法。四八、九年の武力弾圧に続く朝鮮学校潰しの第二弾だった。

朴さんは関西主要大学の学長・総長の反対声明を中心となってまとめ上げた。その原点は、「次代に自分と同じ思いをさせたくない」との思い。対等な人間関係の前提「自尊心」を育む民族教育の場を護り、発展させたいとの意志だった。

民族教育への思いは、激務で体を壊して教育現場を離れた後、日本各地に残る朝鮮由来の史跡を歩き、調査したことにもつながっていた。その学術的成果は、『朝鮮からの移住民遺跡』『古代大阪を旅する』など多数の著作に結実したが、「学問」と口にすると彼は言下に否定した。「いや私、学問と思ったこと一度もないです」。念頭にあったのは「次代」を担う子どもたちである。今、自らを取り巻く「低位な状況」を不当な差別の結果と認識し、在日することの正当性を理解するためには、まず「理論」を知り、古代から現在に至る「歴史」を絡めて学ぶことが不可欠だと考えていた。常に実践的な学習を目指していた。

「人は平等」との信念に例外はなかった。前記した「学長・総長声明」公表の記者会見直前、総聯の韓徳銖《ハンドクス》初代議長が彼を「トンム」と呼んで顎をしゃくったことに激怒、席を蹴ったこともある。「ダメなものはダメ」な人だった。「親日派の処断」や「農地改革」「事大主義への否」などをあげ、一九五〇年代までの金日成を「判断の間違いもあるが、きわめてすぐれた政治指導者だと思う」と評価する半面、一九六〇年代以降、朝鮮民主主義人民共和国と総聯で進んだ彼の神格化については「歴史を学ぶ者としては付いて行けない」と疑義を呈し、「訊かれれば」誰に対してもその問題点を具体的に指摘して来た。「世渡り下手」と諫言する友人知人、教え子もいたが、朴さんは言った。「いや、これが私の一番柔軟な生き方なんですよ」

一方で、総聯を離脱するや組織批判に転じた一部の人には厳しかった。口癖のようにこう言った。「思想を変えるということはね、生皮を剥ぐ痛みを伴うことだと思うんです。変えるのが駄目ということではない。そこで自分を正当化するのではなくてね。変わる前の自分を冷静に見つめ、なぜ自分が変わったのかをきっちりと表現すべきだと思う」。私が興味深かったのは、左派朝鮮人運動に最前線で従事し、後に組織と対立、離脱した一つ年下の詩人、金時鐘さんについて、「彼は自分の生き方を貫いていると思いますよ。私の朝鮮と彼の朝鮮は違いますけどね、立派だと思います」と評したことだ。朴さんの基準は「志操」だった。

彼への聞き取りの結果は、ルポルタージュ『思想としての朝鮮籍』に収めた。標題に「思想」と入れたのは、まさに彼との出会いゆえだ。頂いた言葉の数々を私なりの思索と実践で血肉とし、私自身の言葉を紡がねば、と思いを新たにしている。

「朝鮮人として生き、朝鮮人としての自己表現のまま死んでいきたい」。聞き取りの最後、朝鮮籍でいる理由を聞いた時の言葉である。一方を選び、もう一方に背を向ける生き方を拒む。朴さんは最後まで朝鮮、韓国のいずれにも入国しなかった。分断とそれが規定した現実を拒み抜いた彼の生き方である。順応に抗い、来るべき「祖国」を夢見るための武器、それが彼の朝鮮籍だった。

20 「いま」とは違う、「いま」を求めて——京都朝鮮学校襲撃事件（被害者たち）

レイシズムを思想的資源にして、安倍晋三が二度目の宰相の座についたのが二〇一二年一二月、それから七年近く、私たちは過去最悪を更新し続ける「いま」を生きている。

政権最初の「仕事」だった高校無償化からの朝鮮学校完全排除。後発帝国主義国として手を染めた膨張政策の数々を「なかったこと」にする「戦後七〇年談話」。朴槿恵《パククネ》との破廉恥な談合「慰安婦合意」と「平和の少女像」への攻撃。朝鮮学校への補助金再検討を促す自治体への文科相通知。「徴用工判決」を巡る常軌を逸した反応……。公的ヘイトは止め処ない。

「暗い時代」だからこそ先人の闘いに学び、それを誰もが触れられる記録として残したいと願い、私は様々な記録を紐解き、闘いと、そこに並走した方々に話を聴いてきた。先人から頂いた言葉、生き方の数々は、間違いなく今の私を形作り、今後の私を規定している。

改めて思うのは、彼彼女らは、勝利への展望があって立ち上がったのではないということだ。「時代の中に状況づけられている」（サルトル）人間として、自らの生きる時代が与えられた一度限りの機会と覚悟し、植民地時代から変わらぬこの国の地金に直面しながらも、「いま、この世界」とは違う世界を希求する「決断」をしたのだ。自らの尊厳を守るため、次代を担う同胞に同じ思いをさせないため、そして先人に恥じないため。

彼彼女ら先人に連なる闘いの一つが、京都朝鮮学校襲撃事件の法的応戦だった。二〇〇九年から翌年三月に掛け、排外主義者たちが旧京都朝鮮第一初級学校に対し、計三度に亘ってヘイトデモを仕掛けた事件である。同校の前身は、一九四九年の弾圧で閉校に追い込まれた京都朝連第一初等学院。同胞たちの尽力で一九六〇年、在日集住地域「東九条」の外れで学校再建を果たしたが、敷地が狭く校庭がなかった。地元町内会と京都市との三者合意で、隣接する公園を運動場代わりに使っていたのをレイシストは「不法占拠」と言い募ったのだ。

警察の護衛の元で襲撃が行われ、メディアもまともに報じず、市民もレイシストの狼藉を看過する。社会への信頼感覚が崩壊した状態だった。「やっても無駄」「法律は自分たちを守らない」……。根も葉もある不信の数々を乗り越え、それでも司法にかけたのだ。

二〇一三年一〇月の京都地裁判決（橋詰均裁判長）は、その「覚悟と決断」に応えた。人種差別撤廃条約を援用し、一二二六万円の賠償を命じた上で、学校周辺での街宣禁止をも言い渡した。翌年七月の大阪高裁（森宏司裁判長）も勝訴を維持、日本の裁判史上初めて、朝鮮学校の人格的価値の中枢を「民族教育」と認定し、在日が日本社会で民族教育を行う社会環境を法で守る利益とした。同時進行だった高校無償化裁判に直結する獲得目標「民族教育権」には届かなかったが、そこに向けた大きな一歩だった。

記者会見後、近接する大阪弁護士会館で報告集会が開かれた。弁護士、学校関係者らが思いを語る。喜びと安堵だけではない。

2019

言葉の端々やふとした表情には、語れば噴出してくる事件時の苦悩が窺えた。続いて他の闘いから駆け付けた者たちがマイクを握り、彼、彼女らの五年に渡る闘いを労い、民事訴訟の勝訴を寿ぎ、自分たち自身の闘いを通じてこの勝利に連なるとの決意を語った。そこには「私」が「私たち」になる場が現前していた。

締め括りに立ったのは、この闘いを牽引したオモニたちである。この日に合わせ当時の初級学校生が弁護団に書いた手紙が朗読された。あの時、初級学校二年生で、「これで在特会と闘う」と、尖らせた鉛筆を手に登下校していた男児が寄せた一文もあった。今も何かの弾みで蘇るあの時の恐怖と悔しさ。中学生の今も、「みずから闘いたい」との気持ちは変わらないという。幼い心が日本社会への不信で一杯だった時期に、「これは私たちの問題」と駆け付けた日本人、そして同胞の弁護士たちをはじめ、教師や保護者、支援者への感謝を綴った後、彼はこう結んだ。「ぼくも学校を守れる人になる、고맙습니다《コマプスムニダ》！」。レイシストの侵入を警戒し、会場入り口に立っていた関西カウンターの古参二人が、最初から最後まで号泣していた姿が忘れられない。

五年前のこの判決は、ヘイト対策を巡る議論を不可逆的なものとした。高裁は事実審としては最後である。人種差別撤廃委員会などで、差別禁止法制の整備を要請される度に日本政府が答えていた「新たな立法措置が必要な人種差別は存在しない」の嘘が、判決という究極の公文書に刻まれたのだ。そして、ヘイト問題対策に本気で取り組む政治家たちと各地のカウンターは反ヘイトの世論を高揚させ、そこに「共生のまち」、川崎・桜本での闘いが決定打を打つ形で、日本初の反人種差別法「ヘイトスピーチ解消法」が成立した。これに先立つ野党提出法案の審議に出席した参考人四人のうち、野党推薦の二人が、京都事件の法的応戦を主導した保護者、金尚均さんと、川崎でのヘイトとの闘いの中心人物である崔江以子さんだった事実は、何が歴史の扉をこじ開けたかを象徴している。

ヘイトを巡る状況は今も深刻だ。デモやネット上の差別扇動は野放し状態にある。民間レイシスト相手の訴訟では、人種差別撤廃条約を援用して賠償を命じる流れが定着した一方で、高校無償化訴訟に代表される官製ヘイトとの闘いは敗訴が続く。立法、行政、そして司法までもがレイシズムに汚染され、それを世論が支えているのがこの時代である。

しかし私、私たちの尊厳を傷つける時代は、私たちの「唯一の時代」なのだ。いまを生きるしかない私たちは、「この〈いま〉ではない、別の〈いま〉を求めていく」（黄英治《ファンヨンチ》）しかない。

そして本稿を準備している最中、震えるような朗報が飛び込んできた。川崎市が刑事罰を盛り込んだヘイトスピーチ規制条例を制定すると表明したのだ。社会に浸透したレイシズムの根深さに幾度も打ちのめされながら、それでも、「いま」は違うけれど、あり得る「未来」を求める闘いが、京都事件発生時には考えられなかった結果を出した。「夢見る自由」を手放さなかった者たちが「次」を拓いたのである。

全国最先端の条例案である。成立まで幾多のハードルがあるだろうが、「差別の犯罪化」は、ヘイトスピーチを単なる不快な迷惑行為と見做しがちなこの社会の認識を変化させ、朝鮮学校への差別を看過する世論を変えていく、私、私たちの大きな武器になるはずだ。

21 イルム／名前から——本名裁判（金稔万さん）

日本で生まれ、多くは日本語を母語とし、一世のようには故郷を想起できない在日朝鮮人二世たち。象徴的な意味で言えば、彼ら第二世代以降の権利伸長／差別撤廃運動は、日立就職差別裁判の原告、朴鐘碩《パクチョンソク》さん（一九五一年生）が、支援報『玄界灘』に박종석《パクチョンソク》と署名したことにはじまる。日立とは一九七〇年、通名で同社の採用試験に合格した朴さんが、「嘘をついた」として採用を取り消された事件だ。朴さんは裁判闘争に踏み切り、その四年後に勝訴を勝ち取った。民族／国籍差別を認めて解雇を無効とし、在日を取り巻く差別状況にまで言及した画期的判決だった。以降、名前を巡る在日の闘いは続いてきた。

二〇一九年七月、その歴史に連なる一つの闘いを記録した冊子が届いた。『なまえは私のアイデンティティ　当たり前に本名が名乗れる社会を求めて』。職場での通名強制事件を法廷で問うた在日朝鮮人二世の映像作家、金稔万《キムイムマン》さん（一九六〇年生）と支援者が作り上げた報告集である。事件から一〇年、敗訴から五年目の刊行だ。

金さんは神戸市に生まれた。「済州四・三」を逃れて渡日し、長田でケミカルシューズ工場を営んでいた父は、酔うと妻を殴る暴君だった。「日本で民族名など論外」という彼の方針に従い、金さんも幼少から「金海」と名乗って日本の学校に通い、周囲に埋没しようとした。「服装も話し方も丸出し。無学で字の読み書きもできひんオモニ」は忌避の対象。高校生の時、眼科で「キンさん」と呼ばれて狼狽し、「金海です！　金海って呼んでください」と声を荒げたことも

ある。そんな彼に転機が訪れる。京都産業大学に進み、同胞青年組織と出会ったのだ。そこで初めて自らの이름《イルム》（名前）を声に出した。

勢いに任せて済州島を訪ねたが、それは故郷と切れ、言葉も文化も喪失した自身を痛感させられる苦い旅だった。独居のハルモニを訪ねるも言葉は通じない。机を挟んで向き合い、無言で焼酎を流し込んでいると突然、彼女が自らの白髪頭を指し、「イゴボラ！　アイゴー、パンチョッパリ」と泣き叫んだ。「言葉知らんでも分かるよ。『私は年老いてしまい、孫は半日本人になってしまった』って。悲しかった。俺ここ来たらアカンのかなって」

「帰国」後、京都市の東九条で地域活動に取り組み、自分は何者なのかを模索した。そんな矢先に姉が自死した。心を病んでいた彼女は、荒れると「なぜ朝鮮人に生んだ！」と叫んで母に物をぶつけた。「帰ったら葬式も全部終わっててね、もうどうでもいいと思った」。底が抜けた虚脱感で活動を退き、名を通名に戻して父の工場で働いた。既に業界は斜陽。一九九五年の阪神淡路大震災が追い打ちをかけ、工場は倒産した。それが契機になった。既に結婚して子どももいたが離婚し、民族名で名刺を刷り、日雇い労働者の街、大阪の「釜ヶ崎」で働きながらドキュメンタリー映画を撮った。

大阪・梅田の建設現場で働いていた二〇〇九年九月のことだった。雇い主から事務所に呼ばれて通名への変更を求められた。拒むと別の従業員がヘルメットを取り上げ、「きん」のネームを「かねうみ」に貼り換えた。行政への外国人の就労状況届け出が「面倒臭い」と、会社は彼を「日本人扱い」にしたのだ。そもそも特別永住者の彼には不要な手続きだった。

逡巡の末、翌年五月、大阪地裁に提訴した。泣き寝入りは出来なかった。「日本人」のように生き、民族教育とは無縁に育った彼は、朝鮮語の読み書きはできないし、立ち返れる同胞コミュニティもない。そんな彼にとって拠り所は、揺れながらも名乗ってきた「本名」だった。彼にとって通名使用は「面倒臭さ」をかわす方便では有り得なかった。

裁判での焦点は、事件後も彼がそこで働いた事実だった。提訴までのタイムラグも「本当は精神的苦痛などないのに小銭欲しさに訴えた」との被告側主張に取り込まれた。なぜ通称名と民族名を幾度も切り替えたのか。「無理やり通名にされた」というならば、なぜ変更後も働き続けたのか。相手方代理人が繰り出す質問の数々に、彼は幾度も言葉を詰まらせた。在日朝鮮人の歴史や、経営者と日雇い労働者との権力関係を根拠に反論すれば、論破は容易だったはず。だが彼にとって「なぜ」を語ることは自らの「これまで」を問うことだった。

小学生時代、悪ガキから「チョーセン」と苛められていた友達を前に日本人を装い、「バレるのを恐れて」その友達と縁を切ったこと。大学を卒業して家業に就く際、当たり前のように通名に戻したこと。彼方此方で出くわした様々な差別発言に対して、事を荒立てずに笑ってごまかしたこと……。法廷で彼は何度か泣いた。自らを抉る痛み。「なぜ我慢したのか」「なぜ逃げたのか」。証言台の前で、彼はそんな問いを反芻していたのだろう。

結果は敗訴、裁判官は被告側の主張を採用し、金さんを「嘘つき」呼ばわりした。判決後の記者会見で彼は、通名を貫いて生きる父がその一方で、神戸に建立した自らの墓に民族名だけを刻んだことに触れ、記者たちに向かって声を荒げた。「教えてください、在日は、死ななきゃ本名を名乗れないんですか……」。高裁、最高裁と彼の訴えは退けられた。

一九七〇年代以降、特に在日朝鮮人二世の権利闘争の大半に関わり、伴走してきた田中宏さん（アジア関係史）の述懐を思い出す。「在日の反差別闘争と言えば日本を批判するイメージが強いけど、それだけじゃないと思う……。結局ね、差別にぶつかると、自分自身のこれまでを確認しながら闘っていかざるを得ない」

　差別と闘う過程には、被差別者自身が自らを見つめ、腸《はらわた》を引き摺り出す痛みが必ず伴うのである。金さんの裁判で現前したのもまさに「痛み」だった。逆にいえば、「被差別の正義」に籠城し、自らを問わない「指弾」は、既に堕落に向かっている。

「負けたけど得るものは多かった」。敗訴確定から二カ月後、彼はこう言った。裁判のため済州島にルーツを訪ね、父母の来歴を紐解き、差別と闘った先人たちとの出会いを重ねた。「色んな人の陳述書を読んでいくわけ。民族名読みを求めてNHKを訴えた崔昌華《チォエチャンホア》さん、日立、それ以前なら刑事事件の被告になる。金嬉老《キムヒロ》とか……、特に小松川事件は衝撃やった。「金子鎮宇こと李珍宇《イジヌ》」だったのが獄中で朴壽南《パクスナム》との往復書簡を通して目覚め、自分を回復していく。李珍宇と俺とは違うけど、ここまで向き合った人間がいるんだって。俺はいつも後付けだけど、これからも向き合うよ。それでも学ぶしかないもんね」

　金さんにとってこの闘いとは「取り戻し」に他ならなかった。狭義の裁判には負けたが、彼もまた、「名乗り」を通して自らを問い直し、身を切る痛みの中から「私」を立ち上げたのである。これは誰にも奪えない勝利だと思う。

22 投げ付けた言葉の礫——在日朝鮮人障害者無年金訴訟（金洙榮さん）

別れと感謝、お詫びを告げようとのぞいた棺の中に、彼はそっと横たわって居た。白髪が増えていた以外、元気だった時から何ら変わりない。死に化粧を差し引いても、肺癌で闘病していたとは思えない、苦悶のない顔だった。

社会保障からの朝鮮人排除を法廷で問うた在日「障害者」無年金訴訟の元原告団長、金洙榮《キムスヨン》さんが二〇一九年八月、死去した。六七歳である。

サンフランシスコ講和条約発効直前の一九五二年三月、福井県に五人きょうだいの末っ子として出生。麻疹の予後で聴力を失った。濁酒の製造や養豚の残飯集めで口に糊していた両親に連れられ、京都・西陣に移った。差別があっても腕次第で食べていける西陣織は、多くの朝鮮人を吸収していた。六畳一間の七人暮らし、共同便所の極貧生活だった。

日本の学校からは入学を断られ、聾学校に通ったが、そこでは自らの歴史性も、在日として生きる動機付けも得られない。展望のなさに中退し、仕事を転々とした後、オモニの手伝いを通じて機織りを始めた。でも生活の先行きは見えない。金さんの障害を「自分の責任」と思い悩んでいたオモニはある時、自らに保険金を掛けて自殺を図った。一命を取りとめベッドに横たわる母の手を握り、「オモニは悪くない、頼むから死ぬのは止めてくれ！」と懇願した。その痛みの記憶は当初、陳述書にも書けなかった。

「インドシナ難民」受け入れに対する消極姿勢で欧米に批判された日本が難民条約に加入。社会保障からの国籍条項が撤廃されたのは一九八二年一月、金さんが三〇歳の年だった。喜び勇んで区役所に赴いたが、役人は受付を拒否。天井を指さして「上の方針だから」と繰り返した。その時既に加入年齢（二〇歳）を超えていた金さんら在日朝鮮人「障害者」に対し、日本政府は何ら無年金防止の経過措置を取らなかったのだ。

知人の紹介で、市民団体「年金制度の国籍条項を完全撤廃させる全国連絡会」の学習会に参加、学びを深める中で、自らを取り巻く苦況は、日本政府による差別の産物なのだと知った。同じ境遇の同胞と共に厚生省（当時）と交渉を繰り返したが埒が明かない。二〇〇〇年三月、不支給決定取り消しと慰謝料を求め、仲間六人と共に京都地裁に提訴した。

私が彼と出会ったのはその頃だ。重心の低いガッチリした体に角張った顎。時に議員や弁護士を叱責する押し出しの強さ。実際、若い頃は相当ヤンチャだったと聞いた。機織り職人のイメージからは遠いガテン系だが、笑顔は可愛かった。

忘れられないのは二〇〇三年三月、一審の最終弁論である。最後に団長の金さんが証言台に立った。手話通訳による意見表明だった。

「私達に責任があるのですか。日本政府が国籍差別に基づき年金を支給しなかったことによる被害に対して、責任をもって解決すべきだと思います。裁判の最後にあたり、このような谷間に置かれた在日無年金同胞の苦しい生活実態を知っていただきたいと思います」。手話が逐次通訳されていく傍らで、国側代理人（訟務検事）は早く終わってくれと言わんばかりに、机上の書類をパラパラとめくっている。すると通訳が唐突に言った。「ここからは通訳は要りません。自分の声で私たち原告の立場を伝えたい」

生爪で壁を引っ掻くような金さんの金切り声が、無機質な空間に響いた。異様な緊張感が法廷を満たしていく。司法制度の根幹はコミュニケーションなのだが、目の前の証言が皆目分からないのだ。被告席の訟務検事が、慄いたような顔で眼前の光景を見つめていた。

後で書面を見て分かったが、彼が訴えたのは、自身と仲間たちの苦境だった。貧困への恐怖で日本人の夫からの民族差別とＤＶに耐え抜いた挙句、その夫が起こした離婚訴訟に和解で応じざるを得なかった者、絶望して自殺した者、医療扶助を知らず病死した者、息子の進学を断念した者、精神疾患で今も入退院を繰り返す者……。場の決まりに従わねば発話すら認められぬ法廷で、彼は自らの思いを投げつけ続けた。訟務検事や裁判官はもちろん、弁護人、もしかすると傍聴席の支援者にも「分からぬ」言葉で。彼と仲間たちの思いは多数者が「分かる」ように表現などできない。ましてや裁判の枠ごときに収まるものではなかった。

究極的に言えば人の思い、記憶は共有などできない。その断絶こそが人間の実存だ。「だから駄目」「分からない」と諦めるのでなく、それゆえに自分の人生経験を総動員し、他者の思いと経験を想像し抜きたい。私がそう願う一つの原点が法廷でみたあの光景だった。

実は年金制度の国籍排除を巡る訴訟は、既に最高裁で判決が出ていた。制度開始時に外国籍者だったとして障害福祉年金の支給を拒まれた視覚「障害者」の塩見日出さん（一九三四年生）が、不支給決定は憲法二五条、一四条に違反するとして一九七三年、大阪府知事を相手に起こした塩見訴訟である。最高裁は「自国民を在留外国人より優先的に扱うことも許されるべき」と請求を棄却。彼女は国籍条項撤廃後の一九八七年にも二次提訴したが、最高裁は「立法府の裁量の範囲」と訴えを退けた。行政訴訟で原告は外国籍者だ。しかも最高裁判例まである。福岡や愛知、兵庫にも当事者運動はあったが提訴は京都だけ。勝ち目が薄いからだ。それでも司法に賭けたのは、「せめて付言でも」との思いだった。

迎えた二〇〇三年八月の判決、司法は「立法の裁量」に逃げた。立場で他者の痛みへの想像力を擲った裁判官たちは、付言すら書かなかった。ほぼ同時期に提起された日本人原告らの学生無年金訴訟では、地裁段階とはいえ複数の「違憲判決」が言い渡され、政府は〇四年一二月、「特定障害者給付金法」を成立させたが、朝鮮人はそこからも排除された。附帯決議では外国人の無年金者について、「早急に検討を開始し」「所要の措置を講ずる」としたが、一五年経っても動きはなく、生存権を巡る問題は放置されたままだ。それどころか提訴から一九年目の日本社会では、生活保護制度からの外国籍者排除を主張する者たちが跋扈している。

焼香を済ませた私に、旧知の在日三世、金順喜《キムスニ》さん（一九六一年生）が語り掛けて来た。金洙榮さんと共に問題に取り組んできたが、「私には自分を晒す力はない」と原告を辞退した人物である。「最後のご挨拶をしたいので、少し手伝ってくれませんか」という彼女の腕を抱え、車いすから棺の前に身体を起こした。金さんと対面した彼女は、語り終えると同時に訪れる別れを拒むように、ゆっくりと金さんに語り掛けた。「本当に、本当に……、ありがとうございました。これからも私は頑張りますから、どうか見守ってください」

23 アンタら一体、誰の子泣かしとんねん──幼保無償化排除（保護者たち）

子どもを朝鮮学校に通わせる保護者で、民族教育権の確立を求めて活動する在日朝鮮人三世、金香喜《キムヒャンフィ》さん（一九九〇年生）には、「原点」となる記憶がある。

二〇一六年一月五日、朝鮮学校への補助金支給再開と高校無償化の適用を求めて大阪府庁前で続いている抗議街宣、「火曜日行動」でのことだ。生後半年の長女を抱いて抗議ビラを配っていた彼女の前に、松井一郎知事が通りかかった。金さんが差し出したビラを無視して松井氏は通り過ぎていく。その背中に思わず、「この子に民族教育を受ける権利はないんですか！」と叫んだ彼女に彼は、「ない」と吐き捨て立ち去ったという。

朝鮮学校支援者らが抗議すると、大阪府の秘書課は松井知事の発言自体を否定し、記者クラブに屯するメディア記者もその言い分を丸呑みして「騒動」に幕を引いたが、知事の発言は現場で複数の抗議者が確認している。「否定し切れば済む」というこの倫理の欠落は、日本の加害を記憶する朝鮮学校と朝鮮人の存在を消そうとする欲望に通じている。

事実、この一〇年間の大阪府と大阪市は、「朝鮮学校潰し」を実践してきた。その「先駆者」は元府知事の橋下徹氏だ。二〇〇九年の総選挙で誕生した民主党政権の看板政策「高校無償化」で、朝鮮学校への適用に民主党内右派が反発、鳩山由紀夫政権の迷走が始まると、自己顕示の好機到来とばかりに橋下氏は、大阪府の朝鮮学校への補助金見直しを表明した。以降、石原慎太郎氏ら首都圏の知事から見直しや廃止の動きが相次いだ。

橋下氏は補助金継続の条件として、「学校法人として、朝鮮総連と一線を画すること」「北朝鮮指導者の肖像画を教室から外すこと」「日本の学習指導要綱に準じた教育活動を行うこと」「学校の財務情報を一般公開すること」という、いわゆる「四要件」を提示。運営費の約二割を占める補助金を道具に使い、外国人学校の中身に手を突っ込んだ。学校側が肖像画を教室から撤去すると、翌年度には後任の松井知事が「職員室からの撤去」をも要求。拒否すると最後は府内全朝鮮学校への支給を止めた。

歴史的責任は当然として、日本の公が朝鮮学校を支援すべき理由の一つは「税の還元」である。外国人学校を選ぶ児童・生徒には公立学校に通えば支出した額の公費を補助金として支給し、市民が収めた税金を公平に分配する責任がある。だが大阪府市はそれを無視した。税は徴収するが還元はしない、朝鮮学校を選んだものは市民ではないと言うに等しい。

二〇一九年一〇月、朝鮮学校の幼稚班を除外して始まった国の幼保無償化もまた、大阪市が二〇一六年、全国に先駆けて実施した差別施策を国レベルに拡大したものだ。気に食わない者は地域住民として認めないとの露骨な意思表示である。

金さんがそれを痛感したのは二〇一九年九月一八日、オモニ会や支援団体、学校関係者で行った府と市への申し入れだった。

要望の柱は、府、市として国に適用を求めることと、急場を凌ぐ救済措置の実施である。双方とも「地域の住民」との認識が前提だ。しかし行政、特に市の態度は酷かった。学校関係者や保護者、支援者ら二〇人が通されたのは、物置のような入札室だった。幼子を抱えたオモニもいたが椅子ひとつない。出て来た係長級の職員二人は、メモ帳もペンも持っていなかった。役回りとして出て来ただけで意見を聞く気などない。そんな姿勢を隠そうともしないのだ。

参加者から怒りの声が上がった。「しかも隣の部屋から職員の談笑が聞こえて来るんです。私たちが要請してるのは知ってるはず。ここまで馬鹿にされてるんやって。それほど私たちの存在はちっぽけだし、この人たちにはどうでもいいことやねんなって。この認識と闘わなアカンねやって」。出席した在日四世で、元教員の姜未衣《カンミウィ》さん（一九八五年生）は振り返る。

「この日は朝から色々と思い出していた」と金さんは振り返る。民主党が政権を奪取し、高校無償化が実現に向けて動きはじめたのは彼女が大阪朝鮮高級学校三年の時だった。「『そっか、私の下級生はタダになるんや』なんて能天気に思ってたら排除でしょ。それ自体有り得ないのに今度は私の子どもですよ……」。非礼の数々を指摘されても役人は開き直り、ただ時間が過ぎるのを待っていた。トップの姿勢を我が物とし、目の前の市民の痛みを歯牙にもかけない。破廉恥の極みである。金さんは我が子を役人に示して詰め寄った。

「今からこの子を床に落とせますか？　この子は朝鮮人ですよ。朝鮮学校を卒業した人の子です。学ぶ権利ないんでしょ？　生きる権利無いんでしょ？　そういうことですよ」「子どもは宝ですよ。私たちが死んだ後も社会をつくるのに排除するんですか、何のための無償化なんですか？　まったく訳が分からない」「同じ重さの命を平等に大切に扱ってほしい」。まくし立てても人間としての感性を擲った役人からの「応答」はなかった。挙句はこの面談を市長に報告する予定もないと言い放った。府知事の松井氏はお仲間のクラブ詰記者たちの取材には応じ、何もする気はないと嘯いた。

この日夜、無償化裁判の最高裁敗訴への抗議も含めた決起集会があった。金さんはオモニとして登壇、松井氏と当局から受けた侮辱への怒りを述べ、こう結んだ。

「子どもを通わせて、私は自分が通ってた時以上にウリハッキョが好きになってます。今も、私はウリハッキョからたくさんのことを学んでいます。この国がどれだけ差別してもお金を切っても、あの手この手で私たちを消そうとしても、私は屈しません。私は朝鮮人です。私の子どもたちも朝鮮人です。ウリを差別するな！　それだけ強く生きていくだけです。私たちは屈しません。여러분《ヨロブン》、みなさん、なんにも悩むことはないです。堂々と大声で闘いましょう。今やるべきことはこの不当な現実をしっかり理解すること。多くの人に伝えること。そして多くの人の声を集め、しっかり、真っ向から闘うことです。そして堂々と朝鮮人だとこの日本の地で胸を張って生きていきましょう！」

朝鮮学校の幼稚班を排除したまま幼保無償化制度が始まった一〇月一日、この国と社会が恥を上塗りした日、私は大阪府庁前で、三六一回目となった火曜日行動を取材していた。そこには姜未衣さんもいた。彼女の心に火をつけたのは昨年九月二七日、大阪高裁での逆転敗訴時に見た、教員時代の教え子たちが泣き崩れる光景という。

「心臓が潰れる痛みって、本当にあるんだなって。母親が一番つらいのは子どもが泣くこと。あらゆる手を尽くして私たちの子どもを守らなアカンと思ってます。とにかく思ったのは『アンタら一体、誰の子泣かしとんねん！』って。勝つまで闘いますよ」

24 オモニ、ぼくを助けてください……——徴用工判決（柳大根さん）

大阪府豊中市にある大阪市の施設「服部霊園」の北東端に、高さ五メートルほどの碑が立っている。大阪空襲で死亡した無縁仏二八七〇人の慰霊塔だ。そこに眠る一人が「柳村大根」。だがこれは皇民化で強いられた臣民名である。奪われた本名（民族名）は柳大根《ユテグン》という。

生まれは一九二五か二六年、本籍は平安南道平壌府水上町。渡日の契機は一九四三年九月、日本製鐵（現・日本製鉄）が平壌で労働者募集の広告を打ったのだ。大阪工場で二年働けば、本社か朝鮮の会社で技術者として雇うという。働き手の頭数を確保するための甘言である。現代の奴隷制ともいわれる「技能実習生制度」の原型がここにあった。

柳さんら一〇〇人が「採用」され、釜山から下関経由で大阪に送られた。その間、さっそく彼らの一人が逃げ出した。「脱走者」が目的地に辿り着けたかは不明だが、最初から「囚人」紛いの扱いだったのだ。彼らの不安は工場近くの寄宿舎をみて確信に変わる。窓には格子が嵌り、舎監が出入りを常に監視していた。「騙されたと思った」。柳さんの元同僚の証言だ。担当の警察官が全員を集めて嘯いた。「お前たちの実家は全員把握している。逃げられると思うな」。明け透けな恫喝である。警官は毎週巡回してきた。

起床は朝六時。軍事教練の後、午後は見習工として働かされた。平炉に起重機で針金や屑鉄を送り込み、石炭などを燃料に融解させる。千度を超える平炉周辺での炎暑労働は危険の極み。制御盤の端子に触れて感電死した者もいた。

約束の月給は支払われず、小遣いとして月一円のみが渡された。食事は麦飯にまるで具のない野菜汁。刑務所でいう「ションベン汁」だ。厨房に忍び込んで盗み食いをする者もいたが、バレれば舎監や指導員によるリンチである。逃亡を企図して木刀で滅多打ちにされた者もいれば、逃げて捕まり半死半生の目に遭わされた者もいた。何かあれば連帯責任だ。朝鮮人全員が並ばされ、ビンタを張られ、監視役の気が済むまで延々と腕立て伏せをさせられた。夜通しの正座も何度かあった。そして一九四四年春、指導員が言った。「お前らはもう日本帝国のものだ」。今後は「徴用工」として扱うとの宣告である。徴用令状こそ見せられなかったが、軍需企業で行われた現場での身分の切り替え。いわゆる「現員徴用」とみられる。

賃金も十分な食事もない、ただ労働負担だけが増していく。根底には民族差別があったが、戦争被害だけは平等だった。一九四四年末から大阪でも空襲が始まり、翌年三月一三日、大空襲に見舞われた。一〇〇機以上のB29が次々と焼夷弾を落とした。「伝令係」を命じられた柳さんは火の海の中を駆け回り、近くで炸裂した焼夷弾の破片を膝に受けた。

同胞たちが柳さんを病院に運んだが、既に電気も途絶え、薬も切れていた。一度燃え上がった焼夷材は身体を焼き続けた。一人が彼を押さえ、もう一人が金鋸で、プスプスと燃え、肉の焦げる匂いを発し続ける脚を麻酔なしで切った。「オモニ、ぼくを助けてください、オモニ、ぼくを助けてください……」。これが柳さんの最期の、そして書き遺された唯一の言葉だ。彼は翌日、一九歳で死亡した。これが私の知り得た彼のすべて。日本のマスメディアが報じようとしない、停戦ライン北側を故郷とする朝鮮人が「臣民」として強いられた死である。

彼の最期を語り遺したのは元同僚の呂運澤《ヨウンテク》さん（一九二三年生）。その後、呂さんらは清津の工場に連行されたが、ソ連が参戦すると日本人は彼ら「奴隷」を棄てて我先にと逃げた。給与は結局、支払われなかった。厚生省（現・厚労省）の指示を受け、日本製鐵などの軍需企業は彼ら徴用工の未払い賃金を法務省に供託し、一方で企業は政府から「損失補償金」を貰っていた。横領した給与を資金洗浄したに等しい。はじめに犯罪があったのだ。

呂さんは一九九七年、元同僚の申千洙《シンチョンス》さん（一九二六年生）と共に、日本国と日本製鐵の後身「新日鉄」を相手取り謝罪文の交付や未払い賃金、慰謝料などの支払いを求めた訴訟を大阪地裁に起こした。二人は折々に来日して弁論に出廷、法廷外では新日鉄との交渉を重ね、支援者と各地を回り闘いの輪を拡大した。一方で呂さんが気にかけていたのは自らが運び、燃える脚を切断した柳さんの遺骨だった。おそらく公園か校庭の片隅に埋められていた柳さんは、行政の手で掘り返され、一九五八年に「柳村大根」として合葬されていた。呂さんの闘いは、臣民として死んだ数多の柳の無念、奪われた時間を背負っていた。

日本の裁判所は二人の請求を棄却した。賃金の一部が支払われず、食糧も満足に提供されない中で危険労働に従事させられたことを強制労働と認める一方、旧憲法下では国家は不法行為責任を負わないという、いわゆる「国家無答責の法理」などで訴えを跳ね付け、新日鉄への請求については、財閥解体前の日本製鐵と新日鉄は別の法人との詭弁を弄して請求を退けた。ならばと原告を増やして韓国で裁判を起こしたが、二審までは韓国でも棄却、日本の司法判断を覆すことは「公序良俗に反する」とまで判じた。

だが金大中政権以降の「過去清算」の波は司法にも及んでいた。二〇一二年五月、大法院が高等法院判決を差し戻し、翌一三年、高等法院は植民地支配の不正義を根拠に企業の責任を認定。軍政時代の残滓である朴槿恵政権の妨害を乗り越えて、五年後の二〇一八年一〇月三〇日、韓国大法院はその勝訴を確定させた。被害者たちの願いについに司法が応えたのだ。

しかし呂さんと申さん、そしてもう一人の原告は既に鬼籍に入っていた。この瞬間に立ち会えた唯一の原告、李春植《イチュンシク》さん（一九二四年生）は記者たちにこう振り絞った。「胸が痛い。私一人しかいないのが、悔しくて、寂しくて、涙が止まらない……」

七〇年越しの勝利は、夥しい犠牲を払いつつ、幾度もの市民革命を実現してきた韓国社会の到達点を示していた。それは米国の防共戦略を後ろ盾に、日本の加害責任を曖昧にすることで始まった「日韓関係」。更には「東アジア秩序」の欺瞞を暴露するに止まらず、現代世界を形作った不正である「植民地主義」を根から問う契機を含んでいる。だからこそ大法院判決と韓国政府の対応に、安倍自公政権は本性を剥き出しにし、新聞、テレビとの協働作業で隣国と隣人への「敵意と嫌悪」を煽ったのだろう。

判決から一年が経つ。政府の意向に付き従い、今も日本製鉄は判決を無視し、外務省の邪魔立てで差し押さえも停滞する。ましてや「国交」の壁に阻まれる柳さんの「帰還」は議題化すらしない。「日韓請求権協定で解決済み」と繰り返し、加害責任と被害者の痛みに向き合わず、「被害者面」までする恥知らずたちに私は訊きたい。「正義の実現」への一歩が、そんなに非常識か、許せないことか。いつまで罪の上塗りを続けるのか。

25 ここで駄目なら、居場所がなくなる——レイシャルハラスメント裁判

「私、面倒くさがりやけど、これは譲れへん。黙ってたらもっと酷くなる。子どもにこんな思いをさせたくない」。時に裏返るハスキーな声で、女性は語った。

大阪府生まれの在日韓国人三世。結婚を機に仕事を辞めたが、二〇〇二年、大手不動産会社「フジ住宅」（本社・岸和田市）にパートタイムとして入社した。勤務時間は午前一〇時から午後四時まで。家事との両立も可能だったし、非正規労働者に対しても福利厚生制度は充実していた。本名で働くことも尊重された。何より業務内容である。思春期に「寄る辺なさ」に悩み、苦しんだ経験もあったのだろう。顧客に「ホーム」を提供する仕事に充実と喜びを感じていた。だがそれは暗転していく。元陸軍士官候補生でアサヒビールの名誉顧問、日本会議の代表委員でもあった中條高徳氏（一九二七年生）の著書『おじいちゃん戦争の事を教えて　孫娘からの質問状』を勧める文書が、創業者会長の今井光郎名で回覧に供されたのだ。「知らない本だったので本屋でめくってみました。教育勅語を礼賛するような本でした」

それはほどなく日本の近現代史を礼賛する歴史改竄本のコピーや、韓国人や中国人を「嘘つき民族」などと罵るヘイト文書にエスカレートしていった。

「誰かが声を上げると思っていた」が、社員は沈黙した。それどころか会長への「従順」を競う者まで出て来た。会長に向けた配布資料への感想に「正しい歴史をありがとうございます」「会長の思いは素晴らしい」などと書く者もいた。架空の在日朝鮮人が登場し、日本教職員組

合（日教組）をいわゆる「自虐史観」の大元と批判し、植民地帝国日本の歴史的犯罪の数々を否定する『マンガ日狂組の教室――学校が危ない!!』や、「慰安婦」を「高級売春婦」と誹謗中傷する「ヘイト本」を自らの推薦書として紹介する者まで現れた。それらはすべてカラーコピーで社内に配布された。彼女のいる職場でのことだ。名指しはされていないが、それはまさに属性への攻撃である。涙が溢れトイレで何度も吐いた。

　声を上げる直接の契機は二〇一三年、「新しい歴史教科書をつくる会」の流れを汲む出版社「育鵬社」の教科書採択運動に会社から駆り出されたことだった。地元の教科書センターに赴く前に渡されたマニュアルには、同社の教科書を称賛し、地元教委に採択を求めるだけでなく、日教組非難の例文までもが記されていた。「もちろん私はマニュアル通りには書かないし、『動員されてる』とか『こんな教科書は採用して欲しくない』とか書いて出したけど、本名で勤める私が会社からセンターに行ったことを皆はどう思うやろって。仮に誰も何も思わなくても、何より私自身が自分のしたこと知ってるもん。これは一生消せない」

　会長の「右翼趣味」を右から左に受け流す同僚もいたが、「否」の声を出す者はいなかった。労働基準監督署に話を持ち込んだが、「会長にも表現の自由がある」とにべもなかった。二〇一四年五月、「これで繋がらんかったらええわ（諦めよう）」と思って掛けた弁護士団体の電話労働相談に出たのが、弁護士一年目の金星姫《キムソンヒ》さん。朝鮮学校出身の在日弁護士だった。翌年一月、会社に配布停止を要請、三月には大阪弁護士

会に人権救済を申し立てたが、社のレイシャルハラスメント（人種差別的嫌がらせ）は止まらない。レイハラだけではない。上司からは事実上の退職勧奨も受けた。仕事では従来なら問題にされなかったことを「ミス」とされ、「顛末書」まで求められた。同年八月、ついに同社と会長を相手取り、慰謝料など三三〇〇万円の支払いを求めて提訴した。

「恩知らず」「人間性が低い」「これから本当のヘイトスピーチが始まる」……。提訴後には、こんな社員の感想が会長名で回された。メディアでは名前も顔も出してはいないが、社内では誰が原告かはすぐ分かる。針の筵だった。

法廷で彼女は、会社が「かつての寛容さを取り戻すことを願ってきた」と述べたが、目にしたのは、どこまでも組織に付き従い、日常の継続を優先する者たちの姿である。その異様さは一〇月三一日の尋問期日に顕わになった。会社側は社員や協力会社（＝下請け）に傍聴券取得への参加を呼び掛け、わずか四九の傍聴席を求めて七四九人が大阪地裁堺支部に詰め掛けた。フジ住宅のＨＰによると、うち約六五〇人が会社側だったという。

裁判所をグルリと取り巻き、毎朝、会社でするように同僚と挨拶し、世間話に興じる。そこには、人間を貶める行為に加担する恥も疚しさも感じられなかった。あるのは日常の継続である。この社会の頽落が、異様な光景に凝縮されていた。抽選が終わると、並んでいた者たちは潮が引くように現場から消えた。ただ一人の原告に「社の姿勢」を見せつけ、彼女を支援する傍聴者を一人でも多く減らす。それが社員の「務め」だとでもいうのか。

私も入廷できず、後で原告や弁護士らに取材した。四〇席以上を会社側が占める法廷で、彼女が痛感したのは「軽さ」だった。会長は日教組が労働組合だと知らず、尋問した原告側弁護士を「共産系」と呼ぶなど不規則発言を繰り返し、裁判長から幾度も注意されたという。「会長の発言で傍聴席（に居る会社側の人）から笑いが漏れるんですよ。あれは馬鹿にしている笑いも入っていた」。だがその軽さに彼女は変調を来すほど苦しめられ、裁判にまで追い込まれた。無邪気に笑った者たちは、その「荒唐無稽」に付き従い、ヘイト暴力に苦悶するパート職員の女性を更に抑圧する自らを省みたのだろうか。「『会長がおかしい』と思っても、やはり（矛先は）弱い方に行く。私を非難して、『立場を分かってくれるやろ』みたいな。だって私が高校生時代に自分の出自を恨んだ時、行き場がなくて母親にあたったもんね」

犠牲も大きかった。「一人になっても、味方がおれへんようになっても、やっぱり何とかしたいって、そう言い聞かせてやってきたけど、ね……」。その後の沈黙は、提訴で壊れた人間関係の数々を物語っていた。一方で毎回、彼女の闘いを支援するため傍聴希望の列に並ぶ「仲間」を得たことは大きいという。「立場は違っても自分の頭で考えて、『これは違うやろ』って行動する人の存在を確認できた」。暮らしの場から「否」を叫んだ数多の先人たちと同様に、彼女の闘いもまた、「生きるに値する社会」の像を描き出していた。

自ら会社を辞去するつもりはない。そこにとどまって闘うことが、裁判にかけた思い、「被害、心の傷の回復」への道だと信じるからだろう。「ここでダメなら私や同じような人の居場所はなくなると思う。やっぱり私、人をどこかで信じてる、切れない自分がいるんです」。二〇二〇年春には一審判決が出る。

26 判決を紙切れにしない――京都朝鮮学校襲撃事件（朴貞任さん）

二〇一六年に「ヘイトスピーチ解消法」が成立するまで、専ら在日外国人を対象にした法律は「外国人登録法」（二〇一二年、入管法に吸収される形で廃止）と「出入国管理及び難民認定法」の二法だけだった。共に管理・監視と追放を規定したものであって権利を定めたものではない。在日にとって法は「味方」ではない。濁酒造りの摘発も公安による家宅捜索も法律が根拠。ヘイトデモを守り抜く警察の「共犯」も官憲曰く「法に基づく適正な職務執行」である。

事実として積み上げられてきたこれら日本の法制度への不信感の中で取り組まれたのが「京都朝鮮学校襲撃事件」での刑事告訴であり民事訴訟だった。日本の司法制度を使った被害回復モデルは、差別被害を受けた在日朝鮮人らマイノリティーが、司法に「正義の実現」を賭ける流れを生み出した。京都事件の闘いは、いわば「二一世紀の日立闘争」だった。

しかし自らの恥も含めて言えば、マス・メディアは当初、事件を報じなかった。初出は初回襲撃から九日後、『東京新聞』の記事である。マス・メディアは「差別」を主体的に判断することを避けるし、何よりも右派レイシストの抗議が煩わしかったのだ。

風向きが変わったのは二〇一三年春、ヘイトスピーチの社会問題化である。暴力性を増すレイシスト集団に対峙するカウンターの登場や、ヘイト問題を取り組むべき課題と見做す国会議

員の動きなどで、メディアが問題を取り上げる手掛かりができたのだ。

その中で注目されたのが、ヘイトデモ問題の一つの原点で、民事訴訟が係争中の京都朝鮮学校襲撃事件だった。既に訴訟は最終盤で、記事に使える双方の主張は出揃っている。裁判という公的制度に乗っていたことも報じ易さとなり、新聞やテレビの取材が増え始めた。事件の社会的注目は当然ながら裁判官にも伝わる。勝つしかない闘いにとっては好材料だった。

とはいえ当事者とメディア記者の認識には溝があった。そもそも裁判の獲得目標は「ヘイトクライムのない社会を」と「民族教育権を保障しよう」の二点だ。オモニたちの思いはむしろ後者だったが、メディアにとって事件はヘイトデモ問題だった。それは企業メディアが依拠する多数派の常識でもあった。追い風が吹く一方で当事者の願いは後景に退いていた。

裁判闘争は人種差別を認めての高額賠償と街宣禁止という画期的な勝訴を確定させた。民族教育についても、在日朝鮮人が民族教育を行う社会環境を事実上、「法で守る利益」と認定したが、目標だった「民族教育権」には届かなかった。最高裁決定後、原告団が掲げた次の目標は、「京都判決を例外にしない」。そして「京都事件の判断を無償化裁判で『民族教育権』にまで高める」だ。具体的には徳島事件と高校無償化裁判の支援だった。

二〇一九年一二月二二日、京都市で京都事件から一〇年に因む集いがあった。過去の勝利を寿ぐ寄り合いではない。その後の闘いの中間報告と今後の課題を確認する場である。

登壇者の一人が朴貞任《パクチョンイム》さん（一九六七年生）。当時のオモニ会会長である。当初、法的応戦への賛否は割れた。日本の法制度に対する根も葉もある不信である。「日本の法律で勝てるの？」

「余計に攻撃される」。同胞たちの不安と逡巡、やり場のない怒りを全身で受け止めて対話を重ね、裁判では自ら証人尋問にも立った。勝訴以降のこの五年余りは、保護者としての立場から事件についての証言をほぼ独りで担ってきた。

顔と名を明かしての講演は、不特定多数の悪意に晒されるリスクを伴う。ネット右翼の攻撃対象にもなる。それでも続けたのは、「自分の中で風化させたくない。何よりも次の襲撃を起こさせたくなかったから」。語れない／語らない同胞たちの分も、との思いもあった。

だが語ることは痛みが伴う。私もこの間、幾度となく一緒に講演し、彼女の痛みを間近で垣間見た。思い出せば傷が開く、「でも、話さなければ入口にも立てない。目の前の相手と『立場の交換』ができない」と自らを鼓舞していた。蔓延する「北朝鮮フォビア」にも晒された。人権研究集会で来場者から「ゴキブリと言われるには理由がある」などと罵られたこともある。

彼女を支えたのは、「判決を紙切れにするか否かは私たち自身にかかっている」「差別に慣れ過ぎている」「これはあったことをあったことにする闘い」など、仲間から受け取った言葉の数々。そして徳島事件の原告や香川の支援者、広島の無償化裁判を闘う者たちとの出会いだった。そこには、自らの言葉を貫き差別と闘う者、相手の痛みを知り、共にあろうとする者、先人から引き継いだ宝の価値を知り、身を挺して守ろうとする者たちがいた。

「まだ道半ば」、壇上で彼女は語った。京都事件で掲げた両輪のうち「ヘイト対策」は、日本で初めての反人種差別法「ヘイトスピーチ解消法」の制定や、その不備を補う川崎の刑事罰条例などの形で前進しているが、「民族教育権の保障」は前が見えない。徳島事件で支援者攻撃への法的指弾は勝ち取ったが、国相手の無償化裁判は敗訴が続く。差別の是正を求め、各地で街頭行動や署名が取り組まれる中でも公的ヘイトは激化の一途を辿り、二〇一九年一〇月に始まった幼保無償化でも朝鮮幼稚園は適用外にされた。同じ「ヘイト」なのに、朝鮮学校への公的差別に対するメディアの問題意識は余りに低い。それでも、「襲撃事件のあった京都だからこそヘイト対策と民族教育権を反差別の両輪として発信できる」と彼女は信じ、行動してきた。

「オモニ一人一人の思いを置き去りにせず語らねば」。そんな焦りが募り、一〇周年集会の二日前には涙が止まらなくなった。「話せるか」との不安を抱えて臨んだ当日、会場は共に闘った「私たち」で埋まり、木の葉型のメッセージカードは木の幹と枝が描かれた台座パネルを覆った。温かく、前向きの熱気に満ちた集会は、止まることなく歩んだ一〇年間の証だった。

この日は朴さんの娘を含む当時の在校生三人がトークを行った。事件時は小学生。レイシストの罵詈雑言に混乱し、「オモニ、朝鮮人って悪いことなん」と問うた世代だ。「在日は憐みでも恩情の対象でもない」。あの時からの一〇年を総括した学生の言葉に、朴さんはこう応答した。「大人が何を護ろうとしたかを分かってくれていると思った。私たちは間違ってなかった」

三日後、朴さんと会った。集会の感想と一〇年の変化を訊くと、花が咲いたような笑顔で言った。「各々の問題に取り組む人が一線で繋がり、個別の顔が見える関係になった。相手の痛みに寄り添い、人の大事なものが傷つけられていることに『アカン』と声を上げる。一〇年でヘイトを転換できたかな。今後はここで繋がれたみんなとワクワクすることをしたいね。私自身は変わってないと思う。強くなったけどね」

27 ヘイト暴力に対峙できる刑事司法を――京都事件以降の立法運動

レイシストによる京都朝鮮第一初級学校への攻撃が続いていた二〇一〇年二月、国連の人種差別撤廃委員会でヘイトクライム対策を問われた日本政府は、「人種差別的動機は犯罪の悪質性として量刑上考慮される」と答弁した。

だが京都事件の判決は、有罪とはいえ執行猶予が付いた。犯人はその後も差別街宣を繰り返し、うち二人は韓国俳優をCMに起用した企業への強要事件で実刑判決を受け、執行猶予も取り消された。「考慮」どころか同種事件を起こすことが自明な人間を野に放ち、新たな被害者を生み出したのだ。これが失態でなくて何だろうか。

政府は以降も同じ答弁を繰り返しているが、一〇年を経た二〇二〇年二月現在まで、刑事裁判で「人種・民族差別」を理由に明記して、量刑が加重された例はない。だからこそ二〇一九年一二月に川崎市で、悪質な差別煽動に最高で罰金五〇万円の刑事罰を課す条例が制定された意味はとてつもなく大きい。「障害者」施設でのヘイトクライム「やまゆり園事件」が起きた相模原市でも条例制定の動きが進む*。レイシズムと歴史改竄を資源とする安倍自公政権を条例運動で包囲していく。これは川崎市発の運動モデルであり今後の展望だ。

元より差別を巡る司法判断は、被害者が起こした民事訴訟で判決が積み重ねられ、前進してきた。「京都事件」では日本三例目の人種差別撤廃条約援用で、差別を賠償額に反映させた。「徳島

事件」では日本人である支援者への攻撃を「人種差別」と認定した。フリーライターの李信恵《リシネ》さんが元在特会会長の桜井誠氏らを提訴した「反ヘイトスピーチ裁判」では、日本の司法史上で初めて、民族にジェンダーや障害などが絡んだ「複合差別」を認定した。

　これらが日本の人種差別を巡る判例、裁判例の現地点だ。心身や社会、経済的被害を被った者たちの覚悟と決断が、この国の司法に「命」を吹き込んできたのである。闘えば前に進むのだ（立ち上がった多くが女性であることも考えなければいけない）。

　だが被害者が加害者と主張を交わす民事訴訟は、被害者の負担が余りに大きい。被告が全面的に争う場合は、法廷自体がヘイトスピーチの独演会場と化してしまう。裁判体の心証を考えれば傍聴席からのカウンターは難しい。裁判官が制するか、弁護士の異議が認められない限り「法廷ヘイト」は止まらない。被告や代理人の差別発言を浴び続け、閉廷後の法廷で「なんでこんなことを言われなきゃ……」と繰り返して泣きじゃくっていたオモニの姿は忘れられない。法廷に臨む心労で不整脈が出て病院に運ばれた者や、処方薬を服用しながら弁論に臨んだ者もいる。多くのヘイト裁判では、少なからぬ原告が突発性難聴を患った。

　だからこそ、国が被告に対峙する刑事司法が大切なのだ。これまで何人もの被害者が告訴や告発で適正な捜査を促してきたが、ここはヘイト国家である。すんなりとはいかない。「差別煽動」が刑法上の犯罪でない現在、それに最も適合するのは名誉棄損罪だが、立証が煩雑な同罪を検察は避ける。京都、徳島両事件では延べ一二人が訴追されたが、前者では刑法で法定刑が最も軽い「侮辱罪」に「格下げ」された**。後者ではそれすら適用されず、量刑上は両事件とも

「威力業務妨害案件」に押し込められた。しかも加害者が撮影した動画が存在する犯行で、前者の立件は告訴の八カ月後、後者は五カ月後だった。加えて徳島事件では当初、十数名もの襲撃者中六人しか起訴されなかった。検察審査会への申し立ての結果、主要人物二人が追加で起訴されたが、検察は被疑者に、正式裁判のない略式起訴を持ちかけていた。司法エリートにとっては甲斐の無い案件なのだろう。

差別が犯罪でなく、ヘイトクライム法もない日本の刑事司法で、差別は重要な問題ではないのだ。その認識の低さは警察、検察に止まらない。裁判所である。京都事件の主犯が出所後、旧京都朝鮮第一初級学校跡地で強行したヘイトデモを巡り、学校側の告訴を受けた京都地検は二〇一八年四月、犯人を名誉棄損で起訴した。従来にない検察の英断だったが、肝心の裁判所は罰金刑に逃げた。名誉棄損での有罪は前進とはいえ、裁判所は街宣の目的を「拉致事件の周知」とする彼の主張を受け入れ、「公益性」を認めた。被告は控訴し、近く大阪高裁での審理が始まるが、検察側は控訴しなかった。制度上、「これ以上」の判決は出ない。

もとより捜査機関はレイシズムと親和性が強く、在日朝鮮人などのマイノリティは保護よりも監視と猜疑の対象である。一九九七年、千葉朝鮮会館に何者かが侵入。宿直者の在日朝鮮人男性が撲殺され、金庫が荒らされて放火された事件でも、警察は当初、内部犯行を疑い総聯関係者の聴取や尾行を重ねた。初動捜査に失敗したこの事件は「御宮入り」状態だ。二〇〇三年から翌年にかけ、部落解放同盟の職員（当時）らに大量の差別葉書が送り付けられた事件でも、警察の広報担当は告訴を放置したばかりか、出入りの記者に「自作自演だ」と耳打ちしている。

当局は狭山事件から何も学んでいない。

刑事司法の現状を前に進めるには教育と法整備の両輪が必要だ。今すぐ実行すべきは裁判官と検察、警察に対する国際人権の研修である。加えて被害者参加制度の適用対象を差別的動機が想定される事件にも広げ、裁判官に実態を伝える回路を設けることも大切だ。そして多くの国と同様に、日本でもヘイトクライムに量刑を過重する法制度が要る。そもそも冒頭に記した答弁「動機の差別性は量刑に反映」は事実ではないが、仮に実行されたとしても、裁判官の認識レベルで量刑が左右されること自体、不安定に過ぎる。何より必要なのは「差別」それ自体の犯罪化である。差別は差別として司法判断の俎上に載せられるべきだ。

実効性ある対策が進まぬ中、ヘイトクライムと思しき事件は起き続けている。今年一月四日には、「共生のまち」「川崎市桜本の象徴「川崎市ふれあい館」に、「在日韓国朝鮮人をこの世から抹殺しよう。生き残りがいたら残酷に殺して行こう」と記した葉書が届いた。年末年始の休館を経て、仕事始めに職員が目にしたのが殺害予告だった。子どもや保護者に不安が広がり、利用者が減少するなど実害も生じている。NPOを中心に捜査機関や政府に対策を求める署名運動が取り組まれており、福田紀彦市長も卑劣な行為を非難した。あらゆる手立てを講じ、「差別天国」日本の社会風土を食い破らなければいけない。

＊市の審議会は先進的な答申を出したが、本村賢太郎市政はそれを骨抜きにした条例案を提出。二〇二四年三月に可決。
＊＊女子プロレスラー、木村花さん自死事件を契機に、従来の「拘留又は科料」に「一年以下の懲役・禁錮か三〇万円以下の罰金」が加えられた。二〇二二年七月施行。

2020

28 半地下で待つ正義の実現――勤労挺身隊裁判（梁錦徳さん）

四〇年前の一九八〇年五月、「光州民衆抗争」の「主戦場」となった旧全羅南道庁舎近くの住宅街。半地下の六畳間で、気怠そうにベッドにもたれて彼女は呟いた。「勝ったけど、謝罪も賠償もない」。裁判に関する質問は、軒並みこの思いに収斂されていく。元朝鮮女子勤労挺身隊、梁錦徳《ヤングムドク》さん。一連の「徴用工」裁判の一つで、二〇一八年一一月に韓国大法院で勝訴した「三菱重工名古屋訴訟」の原告の一人。数えで九一歳である。

ご自宅を訪ねたのは二〇二〇年三月のことだ。壁には孫との写真や韓国の中高生からの寄せ書き。テレビの横には「平和の少女像」の模型がある。今はテレビでお笑い番組を観るのが唯一の楽しみと言う。体調不良を伝え聞いていたが、取材を始めると言葉が溢れ出す。「私は幼い時に日本に行き、日本のため働いた。日本人はその歴史を知って欲しい。日本の人も安倍（晋三）に反省させて、企業にプレッシャーをかけて欲しい。解決して本当に仲良くしたいだけなのに、もう先がない。せめて謝罪と補償を受けて死にたい」

一九二九年、全羅南道の羅州で生まれた。国民学校六年の一九四三年、日本人の校長が二人の憲兵を伴い教室に来た。「日本に行けば女学校に通えて、家を買えるだけの金を稼いで帰れる。行きたい者は手を上げろ」。難色を示す父に黙って印鑑を持ち出し、教師に渡した。いまだ贖われぬ「苦難」の始まりだった。「併合」から一九年後に生まれ、「皇民化」が徹底されていく時期に教育を受けた彼女には、日本の女学校への憧れがあった。一度は募集に応じたもの

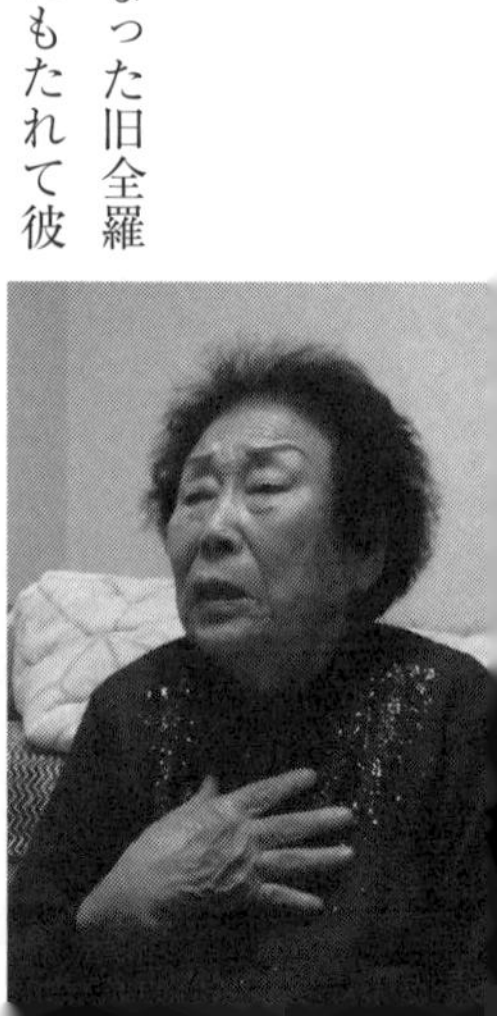
著者撮影

の、肉親の反対や「出来過ぎた話」への不安で辞退を申し出た級友もいたが、日本側の返事は「なら父親を捕まえる」などの恫喝である。自由意志とは程遠かった。

先輩たちと故郷を発ち、麗水で他地域の少女と合流、下関経由で名古屋の工場に配属された。「神風」と記した鉢巻を締め、宿舎から軍歌を合唱して工場に行進する。仕事は飛行機の塗装だった。吊り下げた飛行機の胴体下に入り、立ったまま錆を削ってペンキを塗り直す。小柄故の持ち場である。溶剤を浴び続けた影響で嗅覚と右目の視力をほぼ失った。

トイレに並べば同じ工場の日本人女学生に追い払われ、戻りが遅れると監督に殴られることもあった。サボリを疑う男性監督にパンツの湿りを調べられた屈辱は今も鮮明だ。「検査」が嫌でトイレに行かず、失禁する者や膀胱炎を患う者も出た。帰寮するや何人かは、汚れた下着を洗い布団下に挟んだ。母から渡された下着の異臭を嗅いだ時、まだ乾かぬ下着を身に着けた時、一〇代の彼女たちは何を思ったのだろう。

耐え難いのは空腹だった。朝昼は僅かな飯に漬物のみ。夜はそれに一品が加わるだけ。汁物は週に一度しか出ない。品数も量も多い日本人の食べ残しを漁った。バケツの残飯を掴んだ手を日本人女学生に踏みつけられ、「この半島人！」と罵られたことも忘れられない。入浴は週一回。深夜、雑魚寝の寮で誰かが泣きだすと、見る間に嗚咽が広がっていった。

紛うことなき誘拐と、離脱の自由を認めない奴隷労働が実態だった。安倍晋三は、日本製鐵訴訟の原告が、労務動員の三段階「募集」（一九三九年開始）「官斡旋」（四二年同）「徴用」（四四年同）の三番目に当たらないとして、梁さんを含む一連の強制動員訴訟の原告を全て「旧朝鮮半島出身労働者」と言い換えた。細部に難癖をつけて全体の信頼性を貶め、出来事自体を否定していく歴史改竄の常道だが、問題は不義不当な植民地支配下での不法な強制連行と強制労働であり、法的な時期の区切りではない。彼の詭弁は破廉恥な誤魔化しだ。

八・一五は富山の工場で迎えた。女学校に通うどころか賃金すら払われなかった。「でも戻ってからが地獄だった」と梁さんは言った。挺身隊は韓国で「慰安婦」と認識されていた。当時の韓国で「慰安婦」は「倭奴と寝た汚れた女」だった。歪んだ認識に基づく社会的差別と迫害である。一〇代後半で戻った彼女の先輩たちには結婚差別を受けた者や、結婚後に経歴が発覚して家を追い出された者、夫の虐待に晒される者たちが少なくなかった。

男尊女卑や純潔主義への批判は当然だが、問題は無知偏見の根である。それは日本政府が謝罪と補償をしなかったことと、経済協力で「植民地責任」に蓋をした「日韓請求権協定」だ。これが強制動員による被害の実態を隠し、犠牲者を社会的に沈黙させ、偏見を温存、助長し、彼女たちの社会疎外をより深刻かつ複雑にした。

梁さんも二一歳で経歴を隠して結婚したが、他人の嘲笑で「それ」を知った夫は、毎日、酒を浴び、「体が汚れてる」などと怒号して妻を殴り、やがて蒸発した。一〇年後、彼は誰かの元から再び姿を現したが既に体は壊れ、彼女が三六歳の時、六人の子を残して逝った。最期に夫が「悪かった」と口にしたのがせめてもの救いだった。

苦境は続いた。「一番辛かったのは、子どもの前で嘲られることだった」。長男を連れて買い物に出れば、近所の男たちがニヤつきながら声を掛けて来た。「一晩に何人相手した?」「幾ら稼いだんだ?」』。「オンマ、『慰安婦』って何?」と無邪気に訊く長男を抱きかかえて逃げ帰り、必死で説明した。母を蔑む男たちに怒り、時に「殺してやる」と叫んで殴りかかった長男も、やがて梁さんを非難するようになった。酒浸りになった長男は父同様に早世した。子の人生にも彼女の経歴が影を落とした。「私があの時、日本にさえ行かなければ……あの時、校長の言う事を信じさえしなければ……。みんな私のせいだ。子どもに会うのも辛い……」。両手でティッシュを握り締め、彼女は引き裂くように嗚咽した。

状況が変わったのは八〇年代終盤からだ。韓国民主化と共に、被害者たちが声を上げ始めた。梁さんも一九九四年、裁判の陣列に加わった。日本で聞いた計六回の判決はすべて棄却だったが、韓国の司法は植民地期のみならず「その後の苦難」を認め、企業に賠償を命じた。

歪んだ認識で沈黙を強いられ、ないことにされてきた彼女たち固有の被害実態が認められたのだ。「慰安婦と誤解された」との主張は微妙な問題を含む。実際、元挺身隊員や遺族らの中には「慰安婦」の言葉に激越な反発を示す者も居る。だからこそ、梁さんはテレビ横に置いた少女像の模型を見つめ、私に幾度も言った。「彼女たちは私たちより遥かに苦しい経験をした」と。裁判で勝った時、彼女は支援者にこう言った。「半分だけ恨が解けた」

勝訴から一年四カ月が過ぎた。「名古屋訴訟」の原告で、取材を受けられる状態なのは今や彼女ともう一人だけだ。彼女は呟いた。「謝罪を受けてから死にたい。亡くなった仲間の分も喜びたい。解いて(日本の人と)仲良くしたい……」。半地下の一室で彼女は、私たちがこの不正を正す日を待っている。その先にしか、「私たち」の未来はない。

29 差別行政を市民力で覆す——さいたまマスク問題）

公による差別の禁止は、共生社会実現への最優先課題だ。公の差別はヘイト暴力に正当性を与え、民間のレイシストを後押しする。社会制度に埋め込まれたレイシズムは、差別をそれと認識する感覚を麻痺させ、社会を壊す。だからこそ人種差別撤廃条約では締約国の義務として「公による差別」の禁止を記しているのだが、この国では逆に「公」が差別を率先垂範してきた。脱植民地化、反レイシズムの実践として生まれ、まつろわぬ者を輩出し続けて来た朝鮮学校への弾圧の数々は、その典型だ。コロナ対策を巡り二〇二〇年三月にさいたま市で発覚した、朝鮮幼稚園マスク不支給問題を取材して痛感したのは、条約の義務に反し、自らが先頭に立って差別を煽り立てて来たこの国の現在地点だった。

さいたま市が、市内の幼稚園や保育所の職員らに備蓄しているマスクを配っている。埼玉朝鮮初中級学校（さいたま市）幼稚部の朴洋子《パクヤンジャ》園長がそれを知ったのは、配布が報じられた九日のことだ。店頭での品切れが深刻化していた時期である。翌日、朴園長が市に問い合わせたところ、担当職員は、朝鮮学校は市の管轄外で配布の対象外だと告げた。子どもの命に直結する問題だ。「ああ、そうですか」とはならない。食い下がる園長に対して職員は、「不適切に使用された場合、指導監督できない」ことを「理由」にあげた。「不適切」とは転売の意味か、と

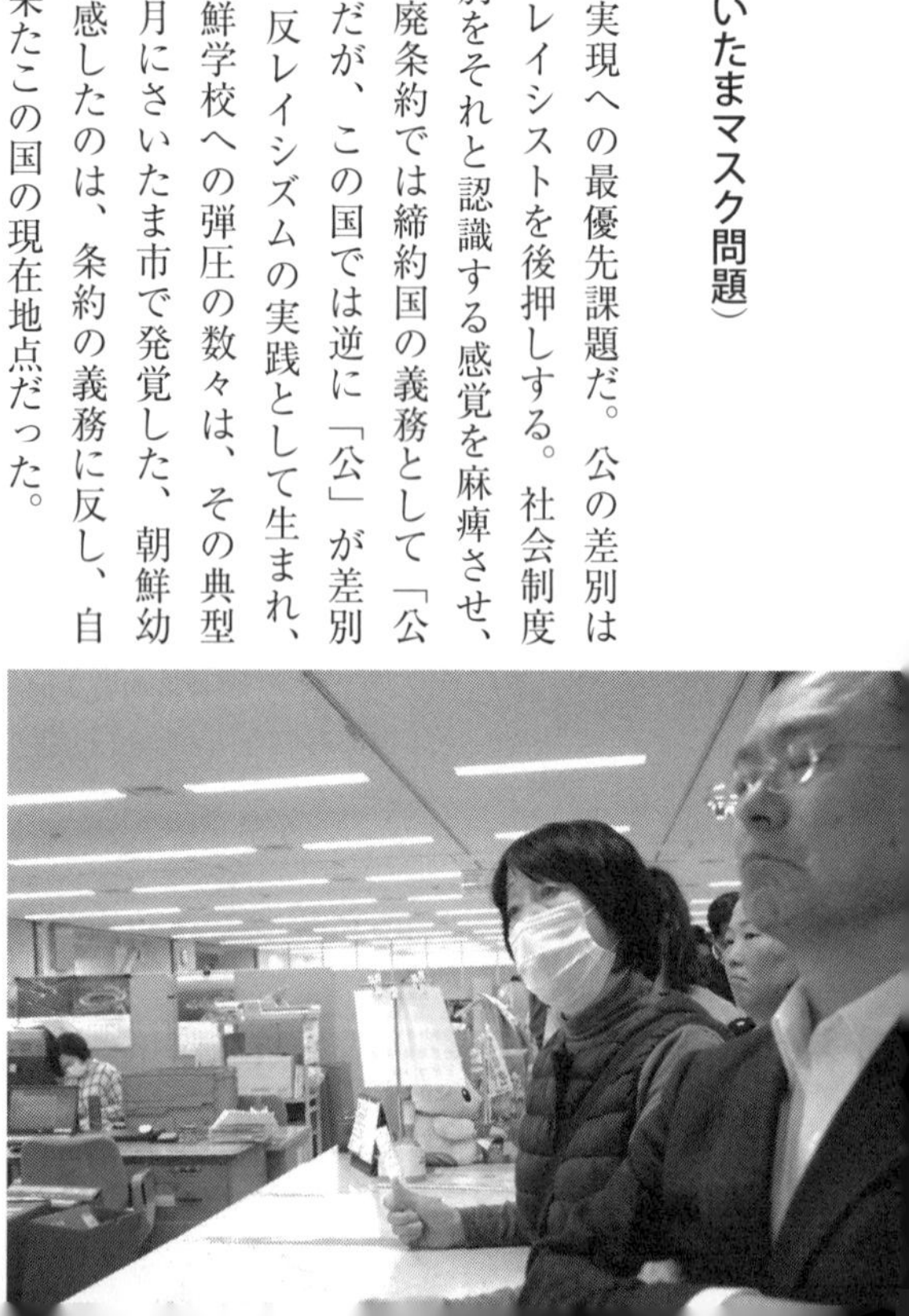

写真提供:『朝鮮新報』

質された担当者は、「それも含まれる」と言い放ったという。

それは高校無償化裁判で国側が述べてきた主張であり、原告敗訴の判決にも取り込まれた不適用の理由、「北朝鮮、朝鮮総聯傘下の朝鮮学校に公金を出せば、生徒に充当されず流用される恐れがある」の引き写しだった。国が進めてきた朝鮮学校の「例外化」は地方行政にまで浸透し、安心・安全の分野にも及んでいる。今回の問題で、二〇一三年に東京都町田市で起きた「防犯ブザー問題」を思い起こした向きも多いと思う。同市教委が小学校に実施している防犯ブザー貸与の対象から、朝鮮学校を除外した問題だ。「北朝鮮」を巡る政治情勢と、「市民の理解が得られないこと」がその「理由」だった。市は後に決定を撤回したが、「政治情勢」次第で、残念ながら最も防犯ブザーが必要になる子どもへの貸与を拒否したのである。

翌日には学校関係者と支援団体、弁護士らおよそ二〇人が市役所に出向いた。四時間もの抗議の末、市幹部は「担当者の発言は不適切だった」と謝罪したという。

詳細を確認するため市に電話をした。だが責任者は自らの差別発言を頑なに認めなかった。上司が「不適切だった」と謝罪したのは何だったのか。「はい」か「いいえ」で答えを迫ると役人は黙り込み、回答を促すと「聞かれたから応じただけ」と嘯いた。

市は、朝鮮学校だから除いたのではない。市の管轄外なので除いた、と弁明。制度に基づく区別だと主張した。国立の埼玉大教育学部付属幼稚園も当初対象外にしたと言ったが、では後者の理由も「転売の恐れ」なのか。そして市は「差別の意図はない」とオウムのように繰り返した。確かに「意図・目的」は重要だが、「結果・効果」があれば差別であることは、人種差別撤廃条約の一条に明記されている。その「区別」が権利侵害、いわんや命に係わる不利益に繋がるからこそ問題視したのだが、彼ら市当局は「差別の意図はない」を繰り返すばかり。やりとりで感じたのは、役人的な保身以前に彼らは、これは「区別」と「誤解」の問題であり、差別とは無関係だと認識しているということだった。

クワメ・トゥーレという黒人解放運動の支柱がいた。ブラックパンサー党の代表を経て、奴隷の末裔としての名、ストークリー・カーマイケルを棄てた彼は、黒人差別の一類型として「制度的レイシズム」を提唱した。それは肌の色などを元にした特定行為者による黒人差別「古典的レイシズム」や「科学的レイシズム」(レイシズムはそもそも非科学的だが)とは違い、あからさまな暴力抜きで権利を奪い、白人優位の社会を構築、固定化する社会制度や構造を指す。彼は言う、「制度的レイシズムは、行為者の意図や意識からレイシズム行為を分離することを可能にする」と。命に線引きしておきながら「区別」と強弁した彼らのことだ。制度に埋め込まれた差別は法制度の執行者から「疚しさ」を消し去る「魔法の杖」なのである。

そして今回の対応は、レイシストを勢いづかせた。事件を報じたネット記事は夥しいヘイトコメントが連なった。SNSでは誹謗中傷が溢れ返り、学校には差別主義者からのメールや電話が殺到した。お決まりの「国へ帰れ」をはじめ、罵詈雑言の絶叫や害意を告知する内容まで。公の行為が民間差別主義者を煽動したのである。結果と効果をもたらしたのだ。

さいたま市は一三日に差別方針を改め、配布を決めた。報道によれば清水勇人市長は、配布環境が整ったので決定したと説明。抗議を受けて撤回したのではないと強調したというが、見苦しい。「朝鮮学校を外そうとしたわけではない」と語ってもいるが、前述したように、結果が出た以上、それは差別なのだ。清水市長は責任を認めて謝罪し、「この事件を契機に『さいたま市』は、差別を許さない、誰ひとり取り残さない都市に向けてこれまで以上に努力する」と宣言すべきだ。それこそが実効性のある「人権啓発」である。

コロナ禍は続き、「排外主義」と親和性が高い「社会防衛論」によって、レイシズム国家とその構成員たちの醜悪な地金がさらに剥き出しになるだろう。高校無償化排除、補助金の停止、幼保無償化からの排除、そして今回の措置……。「差別のモグラ叩き」は消耗するが、諦念と順応に呑み込まれず、この倫理の「荒地」を耕していくしかない。そのような状況だからこそ今回、市民の力で公の差別を覆した意味は大きい。排除が報じられて以降、さいたま市には、一日一〇〇件を超える電話やメール、ファクスが届いた。その大半が市に撤回や謝罪を求めるものだったという。朝鮮中央通信も批判し、韓国でも多くのＮＧＯが連名で抗議声明を発表した。これらの動きが報じられる中、匿名でマスクや手紙を送って来た者や、カンパの申し出まであった。新たな「友人」が出来たのもまた事実なのだ。

「夜を歩み通すときに助けになるのは、橋でも翼でもなく、友の足音だけだ」。ヒトラー独裁の時代を生き、悲劇的な最期を遂げたドイツのユダヤ人思想家、ヴァルター・ベンヤミンは、友人への手紙にそう書き記した。私たちもまた繋がりを手放さず、この「夜」を歩み通そう。友の足音に耳を澄ませながら。

2020

30 平気で損ができた人——朝鮮人被爆者救援（李実根さん）

「侠」のある人だった。「任侠」の侠である。一度、それを本人に告げると、オルグと講演、酒と煙草で鍛えたハスキーな声でこう言って笑った。「いやあ、私『ヤクザ活動家』と呼ばれてましたから」

李実根《リシルグン》さん（一九二九年生）。日本共産党員時代の非合法活動による獄中経験や左派民族団体での活動、被爆者団体の設立など、闘いの日々で培った胆力と突破力、後先を考えぬ大胆さは、確かに「その筋」でも大成したかもしれないと思わせるが、彼は欲得や面子に生きるヤクザと違い、それらの「武器」を同胞のために惜しみなく使った。端的に言えば、平気で損ができたのである。

初めて聞き取りをしたのは、新聞社で「平和担当」をしていた二〇一〇年春のこと。指定された平和記念資料館の喫茶店で待っていると、自ら車を運転してやって来た。私はその時、未明までの深酒で宿酔い状態だった。自分でも分る酒臭さを詫びると、李さんは破顔一笑した。「酒くらい呑まなきゃ、生まれてきた甲斐がないですよ」

以来、何度も時間を頂いた。いつもスーツとネクタイ、真夏でも必ず襟のあるシャツである。常に外交を意識していた。この人は寝間着も三つ揃いかもしれないと妄想したものだ。

山口県内日村（現・下関市）に生まれた。「国粋主義色が強かった」という下関で育ち、陸軍大将を夢見る皇国少年だったが、旧制中学では配属将校に目の敵にされてリンチの的になった。

「このままでは殺される」と案じた母の懇願で退学。父の伝で国鉄に潜り込み、「兼業闇屋」として三宮に行った帰途、広島で入市被爆した。日本敗戦後は下関の闇市で喧嘩に明け暮れるが、在日本朝鮮人連盟に縁して「民族性」を取り戻し、当時、朝連を指導していた日本共産党に入党。朝鮮戦争反対のビラを撒いて指名手配犯となり、逃亡生活の末に検挙、投獄された。

刑務所では映画『仁義なき戦い』シリーズの人気登場人物で、成田三樹夫さんが演じた大物ヤクザ、網野光三郎氏と知遇を得た。詳細は『思想としての朝鮮籍』に記したが、先んじて出所した網野氏との友誼は長く続いた。広島の朝鮮学校に右翼の街宣がこないのは、李さんの威光との「説」があるほど、山陽道の筋者からは畏敬の対象だった。

自宅で聞き取りをした後、「差し上げますよ」と笑いながら、「三代目共政会」の襲名披露芳名禄を手渡されたこともある。李さんを慕う三代目、山田久氏が就任の挨拶で持って来たものだ。彼は時折、李さん宅を訪れ、談笑して「渡世」に戻っていたという。権謀術数の世界に疲れた時、会いたいのが李さんだったのだ。損得を度外視して生きる李さんの「侠」に山田氏をはじめ「仁義なき戦い」を生き抜いた極道たちはある種の憧れを持っていたのだと思う。

総聯専従を経て商工会理事長に就いた。その頃、補償もないまま放置されていた在日同胞被爆者に出会う。先輩からは「今は祖国統一に全力を挙げる時」と説かれたが、支援への思いは抑えられず独自に実態調査を始め、一九七五年には「広島県朝鮮人被爆者協議会」を設立。商工会の理事長は自ら辞して運動に没頭した。

私が会うたびに李さんが強調したのは、「ヒロシマの平和」の中身だった。原爆が落とされた

「八・六」を全ての起点とするような「被害」の物語は、日清戦争時に大本営が設置され、数々の侵略戦争に兵士を送った軍都廣島の実像を隠蔽する。そして罪なきものたちの日常が原爆で破壊されたとの物語は、植民地支配の結果、廣島で被爆した二重の犠牲者、朝鮮人を排除して成立していた。廣島の日本人もまた、帝国日本の膨張政策を担った関与者なのだが、「ヒロシマ」という抽象化は廣島の破局を、真摯に検証すべき加害の文脈から切り離す側面があった。

さらに言えば、アルファベット表記からの転用は、世界（＝欧米）からの承認という思い込みと、侵略されたアジアの民心を無視する日本の悪癖を強化した。だからこそ原爆投下に関する米国と日本の認識のギャップが「ニュース」になるし、オバマが二〇〇九年四月にプラハで行った「核廃絶発言」に狂喜した広島市は、秋葉忠利市長の音頭で、「広島」を世界の笑い者にしているとしか思えない礼賛運動「オバマジョリティ・キャンペーン」を展開したのである。

その話題になると、いつも李さんのギアが数段、上がった。「要は無辜の被害者でいたいんですよ。反省と検証と謝罪があってこそ平和がある。どんな平和を求めるか？ その内実の問題なんですよ。日本が被害者なんてアジアの人々に通じるわけがない」。平和を語ってさえ、自ら為した侵略と植民地支配の責任を胡麻化す日本社会の欺瞞が許せなかったのだ。

そして聞き取りや講演会で李さんがよく言及したのは、被爆直後の広島市西部で目にした、折り重なって事切れていた遊女の姿である。軍都ゆえに存在した「慰安所」に囲い込まれ、搾取され、被害だけは同じく受けた者たち。李さんが講演で、意識的に彼女たちの存在を語ったのは、「無辜の日本人」の物語によって不可視化された者への共感だったのだと思う。

同胞被爆者の救済に猪突猛進した。訪朝を重ねて朝鮮政府の協力を取り付け、被爆者の掘り起こしや平壌での写真展を実現。朝鮮国籍を公言して初めて訪米するなど、世界中で講演やロビイングを展開し、在朝鮮被爆者の来日と、小渕恵三首相らとの面会を実現させた。

だが活動は膠着する。在外被爆者を巡る状況は少しずつ改善してきたが、朝鮮民主主義人民共和国（DPRK）の被爆者は蚊帳の外だった。二〇〇〇年代中盤以降、日本メディアでの李さんの役回りは、DPRKの核実験を批判する総聯系人士だった。「祖国」の核実験に対する一言では言えぬ「苦悩」をメディア記者が毟り取り、日本の多数者に向けた情報として発信、消費するのである。それでも「私が語らねば」との責任感で、李さんは取材を受け続けた。

最後の聞き取りは二〇一六年九月だった。直前には入院するなど体調を崩し、次の訪朝はないと自覚していた。「生きている間に助けて欲しい」「最後の願いを」。在朝被爆者が手紙に記した言葉は叶えられず、刻々と時間だけが経っていく。李さんは言った。「私ね、怒りが解けないんですよ。誰も解いてくれようとしない」。表情には疲れと憔悴が浮かんでいた。

二〇二〇年三月二五日死去、二日後の告別式に向かう新幹線で、私は最後となった取材の別れ際に言われた言葉を反芻していた。「時間切れになる前に、怒りや無念を解いて欲しい。あなたも歴史的経緯も含めてしっかり書いてください。そうすれば先立った同胞たちも笑いながら手を振ってくれると思うんですよ……」。今生では叶わなかったが、私も李さんの果たせなかった約束を抱えて行く。享年九〇歳、自伝のタイトルは『プライド』。人が遺せるのは「筋」であり「生き方」だと教えてくれた。

2020

31 これからを生きる動機づけの場――在日生活支援センター・エルファ

在日朝鮮人一世やそれに近い世代の二世への聞き取りを重ねて来た。植民地期に渡日して以来、あるいは日本で生を受けてから、彼彼女たちは多数者が書いた「歴史」という物語の外に排除され、留め置かれてきた。多くは文字から疎外された彼彼女らにあるのは記憶だけ。それを記録し、歴史として残したかった。

そんな思いを確かなものにしてくれた場の一つ、京都コリアン生活センター『エルファ』(南区東九条)が二〇二〇年春、開設二〇年を迎えた。設立者は現在の特別顧問で在日二世の鄭禧淳《チョンフィスン》さん(一九四三年生)。岐阜県に生まれ、朝鮮大学校卒業後、専従活動家として京都に赴任。組織活動を通して、福祉の狭間に置かれた在日一世、特に女性たちの苦境を垣間見た。

一九五九年成立の国民年金法に長く国籍条項があった影響で、完全な無年金者状態にある人も多い。役所から書類が来ても非識字者には日本語だけの書類など読めない。ましてや植民地期を生きた一世は日本社会や行政への不信感が特に強い。時は二〇〇〇年の介護保険制度開始の直前だった。「先人が取り残される」との思いで家庭訪問を重ねた。

彼女が目の当たりにしたのは、文字から疎外されたまま高齢になった一世たち、とりわけ女性の置かれた「複合差別」の実態だった。認知症が進んで日本語を忘れ、子孫とも言葉が通じずに暴力的になる者、日本の施設で「文盲の朝鮮人」と「バレる」のを恐れ、習字などのレクリエーションになると突然、不機嫌になり、「帰る」と言い張る者もいた。その「理由」を職員に語れない悔しさ、悲しみが怒りを増幅したのだ。疎外感に苛立ち暴れる者もいた。
「『アイゴー』と嘆きながら玄界灘を渡って来た一世たちの叫びを、嬉しい時の感嘆符『エルファ』に変えたい」。その一心だったという。同胞ヘルパーを育成し、二〇〇〇年四月、伏見区の高速道路脇に事務所を開設。満を持して同胞対象の訪問介護事業を始めた。私が彼女に出会ったのはその頃である。高松支局から京都支局への転勤による僥倖だった。

　翌年には同胞が多く暮らす東九条にデイサービスセンターを開設した。室内は伝統の虹模様「セットン」の色調で調えられ、職員は日本語と朝鮮語の二言語対応。食事や娯楽の多くは朝鮮半島に根差したものだ。少なからぬ利用者が差別と貧困、男尊女卑で学びを奪われたことを踏まえ、施設の年間行事やレクリエーションは、運動会や遠足など学校での行事を意識して組み上げている。同時に進めたのは外部からの視察や交流の積極的な受け入れである。

　中高大学生の人権学習や教職員、人権団体の研修はもちろん、福祉関係者も多かった。当時、在日朝鮮人一世や高齢の二世を対象にしたデイサービスは未踏の分野だった。

　共にレクリエーションを楽しみ、おやつを頬張り、お茶を飲み、ハルモニたちの体験を聞く。「自分たちを人間として認めてくれるのが嬉しい」。何人かの利用者は職員にこう語った。彼女たちが幾重にも「見えない存在」にされてきたことの証左だった。

　印象深いのは二〇〇四年一一月、国連人権高等弁務官のルイーズ・アルブールさんがこの場を訪問した時のことだ。幾人もの利用者が職員に「これまでのこと

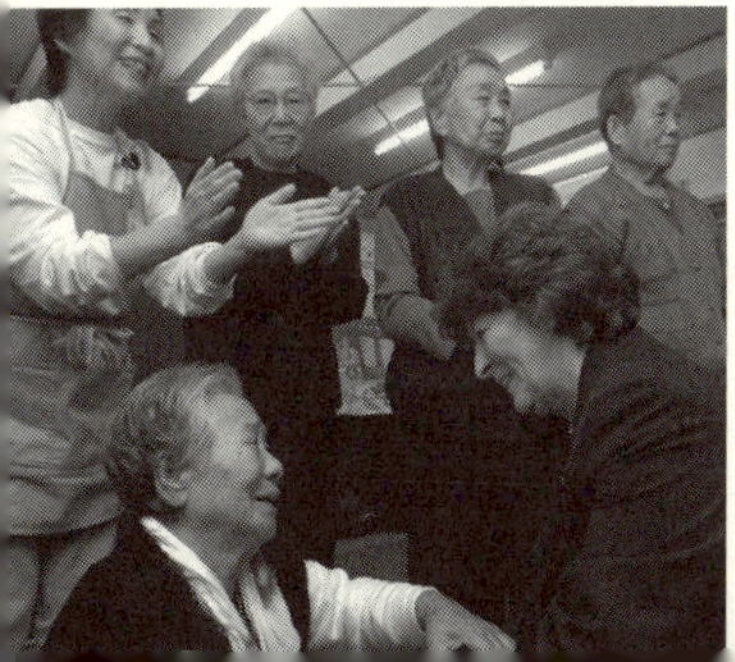

はとても話し尽くせない。一晩中でも話したい」と語っていたという。二〇人ほどの利用者が参加し、アルブールさんを囲んで一人ずつ発言するが、多忙な彼女の滞在時間は限られており、時間は各自一五分だけ。ハルモニたちは、堰を切ったように溢れ出す思いにブレーキを掛けつつ言葉を短く結ぶ。「過去は引き摺りたくない。今は胸がいっぱい、ここは安らげる場所です。昔は食べるにやっとでしたけど、今は朝鮮料理のお代わりもできます」「言いたいことはいっぱいあって、みんな言うのは時間がかかりすぎます」。正座したズボンの腿を擦り、組んだ手の指を幾度も組み替え、思いを言葉にしていたハルモニたちの姿は、今も鮮明に覚えている。

訪問者との交流に立ち会う度に私が感じたのは、ハルモニたちの「歓待の精神」だ。彼女たちにとって、自分がエルファにいることは「特権」ではない。来たいと思う者にはただ訪問の権利があり、自分たちには歓待の責務がある。むしろここが素敵な場だからこそ分かち持つべきと考えていたように思う。そして彼女たちの多くが語り、強調したのは「人は平等」という思想だった。「共生」の前提であり絶対条件はここにある。何人もが来客に告げた将来の願いは「仲よくしよう」。彼女たちがその人生から掴み出した思想だった。

ここは特別な場だった。ふらりと訪問し、その場にいる人とゆったりと話をする。故郷を離れた経緯や学びからの疎外。何でもやったという仕事の数々。差別、ＤＶと夫の遊蕩。同胞社会の男尊女卑……。出自を隠すことを「選んだ」母、祖母の元に生まれ育った私にとってそれは、アイデンティティの根幹たる「肉親の来歴」を想像する時間でもあった。差別への怒りもここで鍛えられた。エルファにある在日無年金訴訟支援団体の事務局を狙い、在特会のメンバーらが差別街宣をかけて来た時、その襲来を知ったハルモニたちが激怒し、「私らが本当の歴史を教えたる」とカウンター行動に飛び出そうとしたこともあった。

この十数年は毎年、非常勤先の大学の授業として学生たちと訪問を重ねてきた。大学で私が講義する時はゾンビ状態になる学生たちが、ハルモニとの交流では目を輝かせ、別れ際には何人もが涙する。徹夜で授業の準備をして臨んでいる身からすれば立つ瀬がないが、堪らなく嬉しくもある。例えて言えば自慢の兄貴や姉貴を友達に紹介する小学生のような気持ちになるのだ。一方で、時折ハルモニたちがみせる遠い眼差しや、羨望の入り混じった学生への視線に、自らの奪われた時期を謳歌する学生たちへの複雑な感情を垣間見ることもある。

彼女たちの多くは鬼籍に入った。一〇年前には二〇〇人いた利用者は二〇二〇年六月段階で一〇三人、大半は二世になった。彼女たちを管理・監視、追放の対象とするために構築された「入管体制」が、今も新たに渡日する外国籍住民を蹂躙し続けている現実や、無年金や公務員の国籍条項、参政権などの制度的差別の数々。レイシストの差別街宣、そして公人や選良の差別発言や歴史改竄に直面した時、私はハルモニたちの姿を思い浮かべる。彼女たちの歴史、その正当性を否定されるからこそ怒りがこみ上がるし、逆に差別状況は一歩でも「改善」されれば、報告が出来ると嬉しくなる。

「植民地主義」「戦争」「民族差別」「女性差別」……。彼女たちの生を規定した「不正」に一人の人間として向き合い、「正義」を還していきたい。私にとってここはこれからを生きる「動機付け」の場なのだ。

2020

32 心の痛みを汲みとってくれた——レイシャルハラスメント裁判（地裁判決）

「結局、私ら『アウェー』なんだって」「俺ら所詮朝鮮人なんですよ」「引き戻され感ですね」「自分らやっぱり日本で生きてる『外国人』なんやって……」。ヘイト暴力事件の数々を取材する中で、被害者が吐露した言葉の一部である。

差別は被害者からこの社会で生きる「展望」を奪う。差別社会に生まれ、幼少期から屈辱や恐怖の体験を重ね、進学や就職、結婚など人生の節目では「国籍」や「民族」の壁を思い知らされる。それでも社会の成員として努力し、知人友人を得て、この社会で自己実現しようとしてきた歩みが、ヘイト暴力で根こそぎにされるのだ。「信頼感覚」の崩壊である。

25話で書いた「レイシャルハラスメント裁判」。社内で嫌韓嫌中本やヘイトブログのコピーなどを執拗に配布され、右派教科書採択運動にまで動員された在日韓国人三世のパート女性（五〇代）が、勤務先の不動産会社「フジ住宅」の創業者会長、今井光郎氏と同社に損害賠償を求めた訴訟である。この法廷闘争も、壊された社会への信頼を回復しようとする思いの発露にほかならない。二〇二〇年七月二日、大阪地裁堺支部で判決が言い渡された。

職場の変質は植民地帝国時代の日本を讃えるトンデモ本の推奨に始まった。ヘイト文書の配布は、憲法番外地のムラ社会「カイシャ」の中で暴走していく。「在日は死ねよ」「嘘つき民族」「卑劣」「野生動物」などの言葉で韓国人や中国人を罵倒し、「人間以下」の存在に貶める。元「慰

安婦」ら植民地主義と侵略の犠牲者を嘘つき呼ばわりし、日本の加害をなかったこととする。そんな本やネット文書のコピーが、多い時で月千枚以上、社内配布された。

　今井氏らはそれを日本人に染み付いた「自虐史観」を払拭する社員教育だと主張した。彼らにとって「歴史」は、「共生の未来」を築くための「対話の相手」ではない。他者なき共同性をつくり上げ、「無謬の物語」に酩酊し、相容れない者たちを蔑み、叩くために改竄、捏造する道具に過ぎない。そこにはこの国の「病理」が濃縮されていた。

　業務とは無関係なばかりか、内容は紛うことなきレイシャルハラスメントだが、ムラは沈黙した。それどころかムラの論理に同一化する者は、自らの正当性を誇示するように、嫌韓、嫌中言説を過激化させていく。「頭のいい人ほど負けていく。一回踏むと、突き進まなあかんみたいになる」。彼女に「違和感」を伝える者もいたがそれだけだった。耐えきれず提訴した。「人間への信頼を回復させたいと思ってきたけどダメだった。裁判を通して私が受けた心の傷を回復したい」。第一回口頭弁論の陳述で彼女は訴えた。

　法廷闘争が始まると、彼女を攻撃する従業員の感想が閲覧に供された。「金目当て」「哀れで愚か」「でっち上げ」「浅ましさを目の当たりにした」など、「和」を乱す者への会社ムラを挙げての報復だった。信頼していた直属の上司が「今後は在日を採用しないルールができそうだ」と当て擦り、会社は株主に対して、彼女の主張は事実ではないとの文書を配った。それ自体が暴力だが、ヘイト暴力はより過激化する。彼女は言った。「これが本当の暴力になったらどうなるんやろって。行動する人間が出る危険性は常に考える」

2020

この間、会社を去った者もいる。彼女に「違和感」を耳打ちした者も辞めた。会長を褒めそやし、率先して知覧や靖国・遊就館研修に取り組んだ者も、自らの言動には何の責任も取らずに消えた。彼らは別の会社で、あるいは苦笑交じりに語っているのだろうか。「あの会社は酷かったけど仕方なかった」と。「あの時は軍国主義一色、仕方なかった」と、自らの戦争責任を胡麻化した者たちのように。結局、声を上げたのは彼女だけだった。

法制度の限界にも傷ついた。日本の現行法では、個人を特定した誹謗中傷でなければ名誉棄損は成立しない。被告側はそれを盾に自らの行為を正当化。彼女の「痛み」をも否定した。「もっと酷い目に遭わないと救われないのかなって。労基署でも『法律がない』って言われた。こんな思いを汲み取れる社会制度がないのはおかしい」

そうして迎えたこの日、判決は勝訴だった。文書配布は、その攻撃性や侮蔑性、配布の態様などから、同じ国籍や出自を持つ者に「著しい侮辱」感を与え「名誉感情を害する」と判示。その上で、労働基準法三条の国籍差別の禁止を元に、「国籍によって差別的取り扱いを受けるおそれがないという労働者の内心の静穏」は、一般的な内心の静穏以上に保護されるべき人格的利益とし、女性に具体的な危惧を抱かせているとした。また右派教科書の採択運動に関しては、「労働者である原告の政治的な思想・信条の自由を侵害する差別的取り扱いをともなうもの」と、人格的利益の侵害を認定した。更に提訴後の攻撃に対しては、原告に孤立感と疎外感を与え、「裁判を受ける権利を抑圧するとともに名誉感情を害するなどの深刻な不利益」を及ぼしたと指弾し、会長と会社に連帯して一一〇万円を支払うよう命じた。

「私の心の痛みを汲み取ってくれた」。会見で原告は語った。信頼の回復を目指した彼女の思いに、司法は一定の応答をした。「職場で差別的言動に晒されない権利」を認め、個人を名指ししない、いわば「環境型レイハラ」を違法認定したのは画期的である。今後の法的根拠として使えるはずだ。京都事件、徳島事件、ヘイトスピーチ訴訟に続き、差別事件での司法判断はまた一歩、前進した。だが彼女に手放しの笑顔はなかった。「この判決で会社が変わるか、社会が変わるかが肝心……」。翌日からその会社で働く彼女の現実が垣間見えた。メディアはこぞって勝訴を寿いだが、背後には覚悟と決断、身を捩る苦悩があった。

コロナ禍で報告集会はZOOM併用の開催となった。中継用のマイクとカメラ、現地参加した約三〇人の者の前で彼女は、家で夫や子どもに苦悩と怒りをぶつけるしかなかった時期の痛みに言及して語った。「今やったらまだ、日本の社会にも、希望を一緒に叶えてくれる人がきっといると思って踏み出した。信じてよかった。ちょっと希望を確信に変えることができた。この成果をいかに広げていけるか……」

会社側はすぐさま控訴し、原告側も高裁に判断を仰ぐと決めた。次の課題は、差別被害の正当な認定だ。ヘイトに満ちた職場実態を一定、認めつつも判決はそこで働く彼女の煩悶に寄り添い切らなかった。名指されないから被害が軽いのではない。属性への攻撃だからこそ甚大な被害を与える。裁判体はその本質に向き合わなかった。

踏みとどまっての闘いは続く。裁判官を「次の一歩」に踏み出させる弁護団の立証と支援の勢いが、より大きな勝訴へのカギだ。

33

「野垂れ死にの精神」を生きる――劇団「態変」（金満里さん）

非常勤講師先の大学の授業「メディアと人権」に毎年、大阪市が拠点で、役者全員が重度障害を持つ身体芸術集団「劇団態変」の役者さんを招いてパフォーマンスをして貰っている。募金番組のように、健常者が受容、消費できる可哀想で健気な「障害者」像ばかりを垂れ流し、健常者を指弾し権利を要求する「障害者」を避けて「いないことにしてきた」報道が、いかに「共生」を阻害するバリアなのかを具体的に考える授業の導入部だ。レオタードに身を包んだ役者が、舞台でその人だけの動きをする。「障害者の体をこんなに凝視したのは生まれて初めて」と感想を記した学生もいれば、「（倫理的に）間違ってる」と詰め寄って来た学生もいた。「健常者の社会」を自明とし、障害者を「見てはならない者＝いてはいけない者」としてきた彼らの価値観の根底に触れたのだと思う。

この唯一無二の芸術集団を創設したのが在日朝鮮人二世の金満里《キムマンリ》さんである。一九五三年一一月、大阪で生まれた。母、金紅珠《キムホンジュ》は伝統芸能の伝承者、独立運動で官憲にマークされた当時の夫、黄熊度《ファンウンド》と共に渡日してきた。母は金さんを継承者に考えたが、娘は三歳でポリオを患う。入院を経て重度の後遺障害が残り、七歳のとき、通名で施設に入った。間仕切りもない大部屋で、生理現象も職員の都合に従わせられる日常が始まった。職員の不

注意で障害を重度化させ、病を得て死んだ者や自死した者。「手がかかる」入所者への職員の差別的、暴力的な対応と、そこになびいていた自分……。

当時を述懐して彼女は言った。「あそこには人間の本質があった。人は善にも悪にもなり得る存在だし、苦しい状況になるほどエゴが出る」

入所から一〇年後、自宅に戻り、「脳性麻痺（CP）」の当事者運動に出会う。「青い芝の会」だ。「我らは健常者文明を否定する」「我らは愛と正義を否定する」「我らは問題解決の道を選ばない」などを綱領にかかげ、「障害児殺し」の減刑嘆願運動を激越に批判。差別事件を起こした施設や路線バスを占拠するなどの直接行動で知られた。

「自立生活」を掲げる運動の中で金さんも「家出」を決意するが、首から下は麻痺している。腕の力もほとんどない。二四時間体制の介護が必要だった。母は包丁まで持ち出し止めようとしたが、仲間の支援で意志を貫いた。この世に生を受けた以上、自らの欲するままに生きたい。家や施設なら回避できた事故で死んでも構わない。その時に自分の人生は良かったと思えるか否かが大事なのだと。生涯の指針「野垂れ死にの精神」だった。

一方で、論理（言葉）で正しさを突き詰めていく社会運動に限界を感じはじめていた。やがて運動から身を引き、一九八三年に「劇団態変」を旗揚げする。健常者の土俵に乗らず、健常者文明を転換する可能性を芸術にみたのだろう。

旗揚げは京都大の西部講堂だった。健常者が享受する社会が、いかに障害者を抑圧、排除して成り立っているかを突き付ける。当初は「挑発芝居」とも言われた作風は、沈思黙考する空間へと変貌し、金さんの出産を契機に、表現はより研ぎ澄まされていく。

言葉は使わず身体の動きだけで表現する。その演出は、役者がこれまでの生活で身に着けた動きを取り払うまでが勝負という。健常者中心社会で生きる中で彼彼女らの多くは、体の不随意運動を抑えて健常者に近づこうとして来た。それを削ぎ落し、社会の中で抑えていた自分本来、自分だけの動きを取り戻していく。それは芋虫が蛹の中で溶解し、蝶に変態していくプロセスに似ている。演じるとは解放の謂いなのだ。

着実に公演を重ねた。一九九二年にはケニアで初の海外公演も実現した。九八年に母親が死去すると、彼女との葛藤と自立をソロ作品『ウリ・オモニ』にして上演。二〇一一年には母の地、韓国での公演も果たした。彼女が「病で跡取りにできなかった」と嘆いていた娘が、その障害を表現にした他に類を見ない表現集団を率いて凱旋したのである。

最重度の障害を持っての地域生活、身体障害者のみの芸術集団の立ち上げ……。常に困難な選択をして道を開いてきた。「常識」に囚われない発想は、障害者として教育から疎外されてきた影響もあるだろうが、「安住」を拒み、破壊と創造を繰り返す彼女のエネルギーは、持って生まれた魂のレベルで考えざるを得ない。もう一つ感じるのは「平等」への意志である。身近な健常者である介護者との関係を突き詰める。多数者と関係して生きるしかない絶対的少数者の実存を踏まえた上で、徹底的に自己主張し、対等な関係を築いていくのだ。

劇団が刊行する雑誌『イマージュ』でヘイト問題を巡って金さんと対談した時のこと。常に明日の介護者を探さねばならない日々を語り、彼女は私の反応を確認するように語った。「私は常に周りの人に対して『私はこうしたい』と言い続けてきたんですよ」

食事や風呂、移動など、生きる上での少なからぬ基本動作には介護者が必要だ。現《うつつ》の大半を他者と過ごし、自らの要求を伝える。それはもしかすると介護者には我儘に写るかもしれないし、反発を抱かれるかもしれない。それ以前に介護を必要として生きるとは、相手に自らの命を委ねることだ。入浴中に介護者が心臓発作を起こせばそのまま溺死するかもしれない。駅のホームで介護者が転べば、車いすは電車が入ってくる線路の上に転落するかもしれない。マジョリティとの非対称な関係の中で自らの「意志」を表明する緊張感は、マイノリティの実存である。重度障害者は施設で一生を終える存在とされていた時代、「野垂れ死にの精神」で地域での自立生活に踏み切り、月日を闘って生きのびてきた彼女の積み重ねを再認識した。

「私って劣等感がないんです」と事も無げに言う。自己肯定感の根には母の愛情があるのだろう。時に衝突しながらも金さんの思いを一番理解し、応援してきた母から教わったのは、「あなたはあなたでいい」ということ。「命の肯定」、それこそが金さんの「母語」なのだ。

冒頭の授業で私は学生に、金さんの著書『生きることのはじまり』（二〇二四年、人々舎より復刊）を紹介し、こう言う。「『もうだめだ』と思った時に読んで欲しい」と。「野垂れ死にの精神」と、命の全肯定が全編を貫いている。彼女四二歳時のこの本が二〇二〇年六月、韓国で出版された。韓国語題は〝꽃은《コチュン》 향기로워도《ヒャンギロウォド》〟。旗揚げ公演の演題『色は臭えど』から取った。やまゆり園事件、コロナ禍、ＡＬＳ患者の嘱託殺人事件……。何かが起こる度、「命の選別」が明け透けに語られるこの社会に、金さんはその肉体と作品を投げ込み、破壊的創造を続ける。

34 掻き毟るようなあの声——旧日本軍「性奴隷制」問題（鄭書云さん）

私が初めて証言を聞いた元日本軍「慰安婦」は、韓国在住の鄭書云《チョンソウン》さん（一九二四—二〇〇四年）だった。出会いは新聞記者一年目の一九九五年、香川県でのこと。「戦後五〇」年を迎え、過去清算を求める声が高まっている時期だった。

一九八〇年代末から、植民地帝国日本の責任を問う戦後補償裁判が次々と提起され、金学順さんら当事者の声に押される形で一九九三年八月、河野談話が発表された。宮沢喜一内閣の河野洋平官房長官が、慰安所の設置と監理、「慰安婦」の移送に日本軍が関与したことや、強制連行と「性奴隷制」の事実を認めた謝罪と反省の表明である。満点には程遠いが、歴史的責任を果たさずにきた日本政府の態度を思えば、今後に繋がる進展だった。

翌年には社会党出身の村山富市を首班とする「自社さ連立政権」が発足、政権のプロジェクトチーム「従軍慰安婦問題等小委員会」が始動した。しかし村山内閣が打ち出したのは募金を原資とする「アジア平和国民基金」構想であり、被害者が求める国家賠償ではなかった。「解決」と称する政治プロジェクトが、被害者の思いを蹂躙していく起点である。

その渦中で、証言者として来日した一人が鄭さんだった。日本で働けば、供出を拒んで監獄にいた父を釈放してやると区長に騙され、大勢の少女たちと共に船でインドネシアに送られた。上陸すると同世代の少女二三人と共に病院に送られ、そこでレイプされた。その後は朝七時から夜八時まで数十人に凌辱される「性奴隷」の日々が続いた。

兵士たちは無闇矢鱈《むやみやたら》に彼女たちを殴り、煙草の火を押し付け、刀を振り回しては面白半分にあちこちを刺した。苛烈な暴力でボロボロになり座ることもできなくなった鄭さんに、軍医は毎日アヘンを注射して「仕事」をさせた。その合間には、兵士が使うサックを再使用のために洗浄させられた。近くの小川で腰をかがめてゴムを裏返し、手で洗う。「悲しかった……」。白濁した体液が水に広がっていくのを彼女はどんな表情で見つめていたのだろう。泣いていたのか、あるいは感情を封殺していたのだろうか。「いまも牛乳をみると吐く」と鄭さんは言った。日本敗戦はスマランで迎えた、証拠隠滅のための皆殺しを逃れて帰郷したが、父は獄死、母は自殺していた。禁断症状に耐え、半年かけて身体からアヘンを抜いた。「生き延びよう。心まで奪うことはできない」と思えたのは後々のことだ。

香川でも何カ所かで体験を語り、質疑に応じた。「勝訴の可能性のない国賠訴訟にどんな意味があるのか」という通信社記者のひねくれた質問を、「私は訴える。どう応えるかは日本の問題です」と撥ねつけ、「貴方は体験を語るべきだ」と言った無神経な活動家を「(敗戦五〇年に)被害者である私が証言する意味を考えてください」と静かに諭した。訪問先の大学では当時の自分と同年代を生きる若者に体験を語り、こう言った。「可哀想だから(国民基金で)処理するのでしょうか?　言葉にならない痛みに耳を傾け、みなさんは一つの見解を持ち世界に出て欲しい。恥ずかしいのは私ではない。過ちを認められない日本政府です。これは『物語』ではない」と。

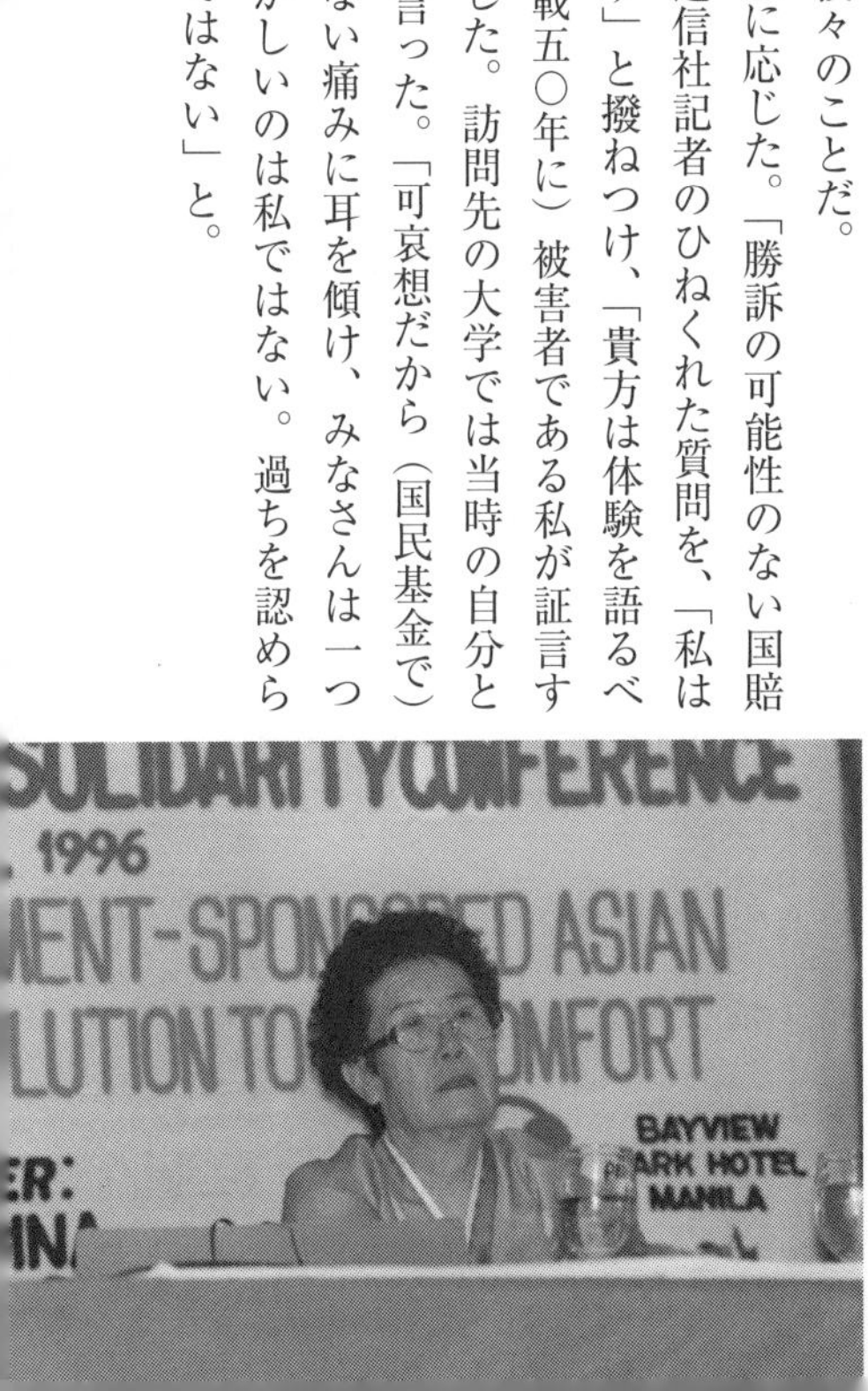

写真：正義記憶連帯 提供

交流会では服を捲り上げ、若者に首や腹部の刺創痕を見せた。特に深く切られた左腕は、肩の高さにも上がらなかった。既に滞日一週間が経ち、顔には疲れが滲んでいた。愛煙家だった彼女に喫煙の仕草を示し、交流会場を抜け出して一緒に煙草を吸った。「書き語ることで応えます」と約束した。証言時からは想像もつかない柔和な表情が印象的だった。

他愛もない話の合間に「松山」の地名が出て来た。香川に来る前の愛媛での証言集会でのこと。参加者が演壇に歩み寄り、取り出したガマ口を逆さにして、所持金を鄭さんの前に撒いたのだ。凄惨な体験を聞いたがゆえの発作的な行動だったと思うが、それは「国民的責任」とは全く異質の「哀れみ」であり、彼女の思いを踏みにじる更なる凌辱に他ならない。「証言」という生き方を選び、思い出したくもない記憶を話す、しかもそれが聞き届けられなかった。

その時を思い出し、ひたすら韓国語で捲し立てた彼女は、言葉が感情に追い付かなくなる苛立ちを露わに、右手で自らの太腿を叩いて叫んだ。「生意気な奴だっ！」。日本語だった。二度、三度、強張り切った顔で、射貫くような眼で宙を睨みながら。それは最初にレイプされた時、軍人がニヤ付きながら彼女に発した言葉かもしれない。薬物自殺に失敗した彼女を見下ろし、軍医が吐き捨てた言葉かもしれない。殴られ、蹴られ、踏まれながら毎日聞かされた言葉かもしれない。感情が制御不能になった時に彼女の口を衝いたのは、おそらくは「生き地獄」と直結する一言だった。掻き毟るようなあの声は今も耳朶に焼き付いている。

翌一九九六年にも鄭さんは来日、「国民基金は私たちを二度殺す」と題して九州各地で証言した。「慰安婦」の事実を記載した中学歴史教科書全てが検定を通過、翌年からの使用が決まった年である。この年には「女性に対する暴力」に関する「クマラスワミ報告書」も国連人権委員会に提出された。「慰安婦」を「性奴隷制」と呼び、日本政府に対し、被害者への謝罪と補償、関係者の処罰を勧告した報告書である。真の贖いに踏み出す好機だったが、この国は真逆に進んだ。右派による「揺り戻し」の動きだった。

一九九七年には「新しい歴史教科書をつくる会」「日本会議」「日本の前途と歴史教育を考える若手議員の会（教科書議連）」が結成され、彼女たちを「嘘つき」呼ばわりする者たちが跋扈していく。一九九〇年代後半から二〇〇〇年代は、「記憶」「責任」が「忘却」「否認」とせめぎ合う転換点だった。その最悪の産物が安倍晋三であり、彼を首班とする政権なのだ。

鄭さんの証言は自らナレーションを務める動画絵本『日本軍「慰安婦」被害者　少女の物語』（金濬起《キムジュンギ》、日本機関紙出版センター、二〇一四年）に収められている。あれから二五年、彼女を含む大半の証人が謝罪と補償を得られぬまま鬼籍に入った。一方で、安倍政権は二〇一五年、「最終的かつ不可逆的な解決」として朴槿恵政権と被害者不在の「合意」を結び、彼女たちをさらに踏み躙った。当事者の思いを重視する文在寅が政権に就き、その「履行」が膠着すると、日本の政官報は文政権叩きに躍起になったが、まさに宗主国意識の噴出である。この国の多数者の目には、「歴史的痛み」に応えようとする隣国の英断が、「生意気」「愚行」「非常識」としか映らないのだ。この底の抜けた倫理的退廃は、「証言に内在する信頼への呼びかけ」（鵜飼哲）に応答するどころか、否定と罵倒に徹してきた結果に他ならない。この荒れ地を、私たちはいつ、豊饒な土地に変えることができるだろうか。

35 二〇〇二年九月レバノン――もうひとつの「九・一一」

二〇〇二年九月、私は中東のレバノンにいた。一九八二年九月、「パレスチナ解放機構（ＰＬＯ）」の戦闘員が撤退し、女性や子ども、老人ら非戦闘員ばかりが残された首都ベイルートのパレスチナ難民キャンプ、「サブラ」と「シャティーラ」に、キリスト教マロン派の右派民兵組織のメンバーが乱入し、三日にわたって殺戮と拷問、レイプに明け暮れた。判明分だけでも約二〇〇〇人が殺され、約一〇〇〇人が行方不明となった。その取材だった。

事件当時、ベイルートはイスラエル軍が占領していた。制圧者が支配地域の民間人を守るのは国際法上の義務だが、当時のイスラエル国防相、アリエル・シャロンは、「妨害するな、自由裁量と援助を民兵に与えよ」と指示。軍は難民キャンプの中に民兵を招き入れ、夜には昼間と見まがうばかりの照明弾を打ち上げ、丸腰の非戦闘員に対する虐殺を後押しした。

シャロンは責任を追及されて国防相を辞任したが、ほどなく政治の第一線に復帰。その後は首相にまで上り詰めた。そして彼をはじめ下手人は誰一人として刑事責任を問われていない。贖われぬ悲劇は二〇年後も傷口を広げ続けていた。追悼証言集会に参加すれば、登壇していたある老婆は「私の娘が殺されたようにシャロンを殺してくれ」と絶叫し卒倒した。

レバノン滞在中、私は各地にあるパレスチナ難民キャンプも回った。民族、宗教が入り乱れ

著者撮影

るモザイク国家レバノンは、微妙なパワーバランスで成り立っている。そこでのパレスチナ難民政策は、「定住阻止」だ。難民キャンプに囲い込み、当時は医者や法律家など七〇以上の職種から法で排除していた。社会保障も適用外で、いわんや参政権もない。「ここで生きる」との展望を徹底的に潰すのである。

そんな中でも彼らは「パレスチナ」の実現と「祖国への帰還」に望みを繋いできたが、イスラエルは彼らを諦めさせるため、パレスチナ自治区ヨルダン川西岸地区への違法入植地拡大や、同じくパレスチナ自治区であるガザの完全封鎖など、パレスチナ国家樹立阻止のあらゆる手段を取り、国際社会は沈黙と黙認でその歴史的犯罪に共謀してきた。

一九四八年の離散と難民化から世代を重ねて続く、先行きのまるで無い生活と、彼らの苦境に対する国際社会の無関心は、人々、特に青年層の心を蝕み、キャンプではギャング化やドラッグの問題が深刻化していた。滞在中、私は幾度も朴鐘鳴さんの言葉を思い出した。「展望がないということは、人間を恐ろしいまでに荒ませてしまうのです」

そんな状況下で、諦念や現実への順応と闘っていた一人が、アイネルヘルウェ・パレスチナ難民キャンプで、文化、福祉活動に取り組んでいた難民二世、バハー・タイヤールさん（一九五七年生）だった。そこは当時、「レバノンで最も治安の悪いキャンプ」と言われていた。昔の朝鮮人部落を思わせる不良住宅が密集し、煤けた路上には険しい目をした青年たちが屯する。ヒリつく空気の中を彼女の活動拠点の文化センターへと向かった。二メートルほどの鉄扉には銃撃痕があり、ここでの厳しい日常を想像させたが、インターホンを押して数分後、分厚い扉が開くと、それまでの灰色の景色は一変した。庭には色鮮やかな遊具が花壇のように並び、室内には子どもの描いた絵や風景写真が飾ってある。劣悪住宅とスラムが生活圏の子どもに、せめて安心できる場所を与えたいとの思いだった。

センターの事業の柱は芸術文化活動である。武器や薬に走るのではなく、楽器や絵筆、カメラで自らを表現し、世界との繋がりを得るのだ。青い鳥が檻の中から飛び立つ絵が目に入った。鳥はパレスチナであり子どもたち自身だ。キャンプの囲いや国境、さらには「難民だから」「仕方ない」といった諦念や、世界への憎悪や憤怒など、自らを囲う幾重もの檻から自分自身を解放したい。そんな願いが込められている。

海外からの来訪者との交流も重視していた。この鳥の絵も日本人ボランティアとの共同作業だった。バハーさんは言った。「芸術、文化活動による情操教育はもちろん大事ですが、何よりも大事なことは、身銭を切って、私たちの苦境に遥か彼方から駆け付けてくれる人がいる事実を子どもに教えることです。たとえアラブ人でなくとも、ムスリムでなくとも、私たちの境遇に共感して来てくれる人はいる。人間とは、他人の境遇を想像し、その痛みに共感できる存在であること、私が子どもに最も伝えたいのはそのことなのです」。あらゆる悪徳が解き放たれた地で最後に残った「希望」、それは他者の痛みに対する人間の「想像力」であり「共感性」、換言すれば「人が人であること」だった。

これからを生きる支えとなる言葉を得て日本に戻ると、新聞各紙には日朝首脳会談についての記事が躍っていた。中心は「拉致問題」である。一方でそこには、日本が歴史的責任を持つ「慰安婦」や「被爆者」「徴用工」についての記事はほぼなかった。そして二日後、「拉致事件」が公然化した。日本にとってそれは、隣人に与えた現在進行形の痛みに思いを馳せ、生き直しの回路を開く契機となり得たはずだったが、対朝鮮で初めて「被害者」となったこの社会は真逆に振れた。悲劇を横領し、歪んだ正義に酔いしれ、敵視と嫌悪、攻撃性を増幅させる者たち。「国民の物語」が溢れ、他者の歴史的痛みを押し流す。「人であること」を擲った醜悪な姿があった。この濁流に乗って首相の座に登り詰めたのが安倍晋三だった。彼が政権トップに就いた二〇〇六年九月から、退陣、下野を挟んだ二〇二〇年九月までの約九年間は、そのまま「北朝鮮とそれに関連する者」を叩き抜いた歳月である。「敵」を措定し、「不利益を受けて当然」とする発想は、人と社会を内面から蝕み、倫理のタガを外す。結果がヘイトデモの頻発であり、加害責任を完全否定する者たちの跋扈。そして朝鮮学校を「公共の敵」と見做す判決を書き、差別煽動を「公益目的」と称して恥じぬ司法である。バハーさんの「希望」とは対極の在り様を体現してきたこの国の現在であり途中経過だ。

新政権が発足し、右翼とカルト宗教の連立は次のステージに移った。宰相は安倍内閣で官房長官を務め、政治の頽落をより進めた菅義偉である。陰惨というほかない暗い目からは、他者の痛みへの感受性はおろか、安倍晋三ですら「仲間」には持っていたという「情」さえも読み取れない。まつろわぬ者への抑圧は激化し、人を分断する差別の言葉も前以上に大手を振るうだろう。そのような人物を是とするこの社会、人種主義と歴史改竄の毒が回り切ったこの社会という奈落に、私たちは対峙しなければいけない。

2020

36 「進歩」とは想像力の産物――高校無償化裁判（広島高裁判決）

裁判に魂を入れる――二〇〇六年に五九歳で早世した弁護士、新美隆さんのことばだ。一九四五年、秋田県で起きた中国人虐殺事件への贖いを求めた「花岡訴訟」で、加害者の鹿島建設との和解を実現した人権問題のアルチザンである。外国籍者の公務員任用制限を巡る「東京都庁国籍任用裁判」では、対国籍条項裁判で初の違憲判断を引き出し（最高裁で逆転敗訴）、石原慎太郎都政が、東京朝鮮第二初級学校に立ち退きを求めた「枝川訴訟」では、実質勝訴の和解への道筋をつけた。その彼が若手との酒席でスイッチが入ると必ずと言っていいほど語り聞かせたのが、指紋押捺拒否裁判の法廷で在日の金敬得《キムギョンドク》弁護士が「『なんで朝鮮人に生んだんだ！』と子どもに胸を叩かれる母親の気持ちが貴方（裁判官）に分かりますか」と涙ながらに訴えた話だった。そしてこう繰り返したという。「あれで理論や理屈に魂が入ったんだ。君たちは裁判に魂を入れなければいけない」

法廷闘争の現場を取材する中で幾度か、「魂が入る瞬間」に立ち会った。その一つが二〇一九年一一月二〇日、広島高裁であった高校無償化裁判の証人尋問である。

広島地裁の訴訟指揮は全国五カ所の中でも群を抜いて最悪だった。小西洋裁判長は、学校視察どころか尋問も全て撥ね付け、二〇一七年七月一九日に訴えを棄却した。地裁段階で全国初の司法判断がこれだった。産経新聞の記事や公安調査庁の報告書を丸写しした判決文は、それ自体が「ヘイトスピーチ」である。「子どもの権利の問題やないか！」「学ぶ権利の問題だよ！」。

法廷では怒号が飛び交った。席から立ち上がれない学生がいた。保護者仲間に両脇を抱えられて退廷し、廊下で「絶対に諦めないから」と絶叫していたオモニもいた。

そこからだった。広島朝高の学生らは毎月一九日、まるで月命日のように街頭に立った。絡んでくる者や罵声を浴びせる者、そして圧倒的な無関心の中で、彼彼女らは差別の不当と「当たり前」の実現を訴えた。公正な裁判を求める要請葉書や署名活動にも取り組み、雨の中、平和公園の周りをパレードした。その声は、大半が一回結審となる高裁で、異例の九回もの弁論と、原告と学校長に加え、全国でここだけの保護者の尋問を勝ち取った。

法廷に立ったのが元オモニ会会長で、在日朝鮮人三世の朴陽子《パクヤンジャ》さんだった。

下関市に生まれた。小学二年まで「日本人のふり」をして暮らし、地元の朝鮮学校に転校した。「人としての根っこを偽りなく話せて、解放感を感じた」というが、一歩校門を出れば嫌がらせや暴力に晒された。子どもにも朝鮮学校での学びを授け、オモニとして学校を支えた。だが、母校は制度的差別がのしかかり、経済的、社会的負担から生徒は減少し、維持できなくなった。休校を告げた我が子に「学校を取り上げないで、友達を奪わないで」と泣きすがられた時の無力感と申し訳なさ。「親の生活基盤より子どもの幸せ」と、朝鮮学校のある広島への移住を決めた時の思い。子から「原告になる」と告げられた時の不安と、「私もウリハッキョを守る」という、子の決意に触れた時の誇らしさ……。

涙で何度も声を詰まらせながらも、原告側代理人の質問に答える形で、朴さんは一言一言に命を込め、ハッキョへの思いを語った。無機質な法廷に彼女の声が響き、場が思いで満ちていく。「偏見や民族差別がある中、私たちが自分のルーツに誇りを持ってしっかり生きて行くためには、自国の事を知り、文化を学び、歌や風習を習う必要があります。その場が朝鮮学校です。私たちは朝鮮学校のことをウリハッキョといいます。それで一生懸命、必死で、時には命をかけて守ってきました」

そして最後、裁判体にこう訴えた。「私たちはいまだ民族差別を受けています。裁判官のお子さんが海外に行って、日本人だということで様々な差別を受け続けたらどう思いますか？ 裁判官のお子さんが裁判官の子どもだからということで、ありとあらゆる権利を奪われ続けたらどう思われますか。差別を受け続けると人は自信を無くし、生きて行く意欲がなくなっていきます。国を奪われ、祖先が日本に来て、どうして民族教育を始めたのか。七〇年を超える歳月、どうやって私たちがウリハッキョを守って来たのか、その歳月を想像してください。見てください。私たちの声に耳を傾け、本当の姿を見ようとしてください。私たちは、私たちの子どもたちが朝鮮人として誇りを持って、尊厳を守り、日本の社会で、日本の友人たちと共に立派に生き、幸せになってくれることを望んでいるだけです」

一片の誠意もない地裁判決に打ちのめされながらも、先人からの宝を守り、引き継ぎたいと闘い続けてきた皆の思いが、勝ち取った五分間に凝縮されていた。閉廷後の集会で、広島訴訟の足立修一弁護団長が感極まってこう発言した。「私は今日まで、本当に何も分かってなかったです。朝鮮学校とは何か。どんな思いで学校が守られてきたのかを……」

そうして迎えた二〇二〇年一〇月一六日、広島高裁は控訴を退けた*。

「朝鮮学校の否定」という植民地主義の継続に「否」を突き付け、日本の「公」に賠償、補償を命じ、支援を促すことは、この社会が過去を清算し、共生の未来へと歩み始める第一歩だが、高裁は証言に耳を塞ぎ、政治に従属し、不正の延長、「過去」の奴隷としての「現在」と「今後」を選択した。

　数時間後、ハッキョを会場に報告集会が開かれた。全国から集まった二〇〇人もの仲間を前に、朴さんは最初の声を上げた。「裁判は負けましたけど、裁判を通じてこれだけの皆さんとの輪、深い絆ができました。闘いには負けることもあります。諦めなければいいんです……。今日、ちょっと落ち込みましたけど、もうこの場で終わったら皆さんと笑顔で次の闘いに向けて、共に手を取り合って頑張っていきましょう」。「ウリ」が開けた瞬間だった。

　次々と力強い声が続いた。「（一世がそうしたように）次は私たちがカッコいい背中を見せる番です」（高己蓮《コキリョン》さん・大阪中高級学校オモニ会会長）。「私たちはこの司法の『口封じ』のマスクを外して声を大にして叫び続けないといけない。朝鮮学校への差別は絶対に許さないと。それが差別社会を変える一歩です」（冨田真由美さん・徳島県教組襲撃事件元原告）。「芸人ではなく人として寄り添いに来ました」という「ウーマンラッシュアワー」の村本大輔さんも登壇した。そこには、闘いを通して獲得された繋がり、社会像があった。このとき私が想起したのはこの言葉だ。「『進歩』は予め決定されているものではなく、むしろ闘争を通じて結束した人々の想像力の産物である」（アンジェラ・デイヴィス）

＊二〇二一年七月、最高裁は広島原告団の上告を退け、全国五件の訴訟すべての敗訴が確定した。

37 まだ見ぬ「公正な社会」を求めて――ヘイトと闘うジャーナリズム（石橋学さん）

文章は書くのではなく、出会いが書かせてくれるのだ。突き動かされるような出会いの中で、取材者は「いま」の自分を超えていくのだろう。

その一人が石橋学さんだ。在日朝鮮人を見つめて来た新聞記者である。

一九九四年に神奈川新聞社に入り、記者二年目で川崎支局に赴任した。初めて取材した在日は尹乙植《ユンウルシク》さん。植民地期の労務動員に起源を持つ在日朝鮮人集住地域・池上町に独居する一世だった。キムチと塩鮭、味噌汁の昼飯を挟んだ聞き取りで、この国の「地金」を知った。

時は一九九〇年代、川崎で取り組まれた「日立就職差別裁判」以降、在日外国人と日本の市民による権利闘争が実りをもたらす時期である。その先進地が川崎だった。

一九九六年、制限付きながらも政令指定都市で初めて一般事務職の国籍条項が撤廃され、地方参政権もない外国籍住民の思いを市政に届けるための「外国人市民代表者会議」も発足した。その中で石橋さんは同世代の在日三世との語らいも重ねた。「同じ学校で机を並べて一緒に勉強してるのに、なぜ在日は日本人と同じ夢を見れない。市職員になって街のために働きたいのに……」。まだ見ぬ「公正な社会」への思いに出会う日々だった。

彼の反ヘイトの姿勢は比類ない。紙面で読者に反ヘイトカウンターへの参加を呼びかけたこともある。「偏向している」との批判には「ええ、偏ってますが、何か？」と切り返し、傍観の加害性それ自体を問うた。

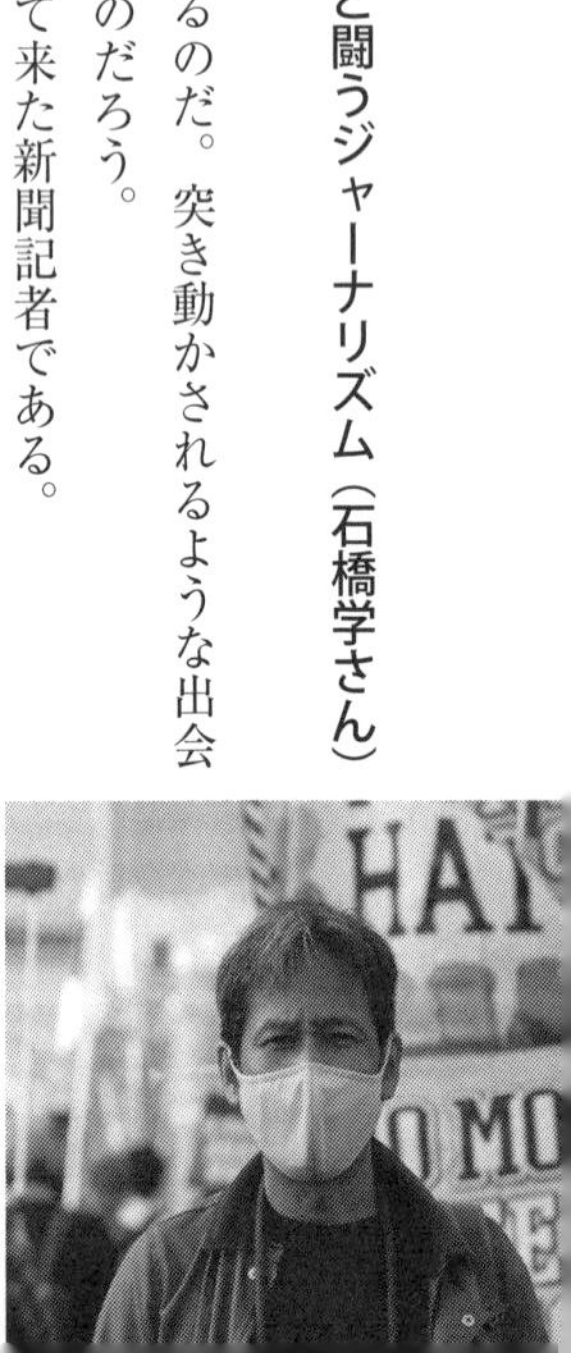

写真：本人提供

彼とて最初から突き抜けていたのではない。二〇一三年五月、初めて川崎駅前でのヘイトデモを取材した時の率直な認識は、「厄介な問題」だった。「抗議されたら面倒だなと。それにこの問題は歴史認識にまで至る。自分の手に余ると思っていた」。三回目のデモでようやく記事にしたが、内容は「市民団体が外国人排斥のデモ」だった。

そんな姿勢は出会いによって変わっていく。二〇一六年一月二三日、「ヘイトスピーチを許さないかわさき市民ネットワーク」が結成された。集会ではダブルルーツの中学一年生、一三歳の中根寧生さんが発言した。差別者の悪罵と、警察が彼らを守る衝撃を涙ながらに語った彼は、こういった。「それでも大人を信じている」

記事化するに際しての課題は、名前の表記だった。書けばネット上で晒されるのは目に見えている。意向を確認すると、彼と母の崔江以子さんは実名、写真付で構わないと言い切り、こう続けた。「差別はいけないと言うのは正しいこと。悪いのは差別する側でしょ」

「自分はこれまで何のため、何を書いて来たんだ」と自問したという。「差別を非難し、差別をなくすために書く。反差別の仲間を増やし、社会と行政を動かすことが、記者である自分のやるべきことだった。書くことで当事者を守ろうと思った」。彼は二人の覚悟と出会ってしまったのだ。そして彼を変えたもう一つの出会いは「ふれあい館」に集う、さまざまなルーツをもつ子どもたちの怒りだった。「『どうしてあんな奴らが来るの』『あんな奴らぶっ飛ばしてやる』とか。子どもたちは同じ地域で遊び、暮らしてる人たちへの攻撃を自分の痛み、地域の痛みと感じていた。『止めるルールがない』と言うと、『じゃあルール作ってよ！　大人は何やってんだよっ！』って。素直で正しい怒りに背筋が伸びたし、申し訳なかった」

これが「共生のまち」桜本の「文化」だった。二〇一六年一月三一日の対抗行動で現前した光景はいまも鮮明に覚えている。地域内外から結集した千人ものカウンターが、ヘイトデモとレイシストを守る警察に抗議する。ヘイターが桜本に近づくと、皆が横断歩道の上で手を繋ぎ、次々と寝転がった。進路を塞ぎ、侵入を防ぐ「シットイン」である。道路交通法を無視して、桜本への攻撃を止めようとしたのだ。「呆然としてしまって、ひたすら同僚の記者に『写真を撮りまくれ！　カウンターを手前にレイシストを守る警察とレイシストを向こう側に』って叫んでた。警察は『道交法違反です。直ちにどきなさい』と警告して、何人かが警察に腕をとられていた。寧生君も、江以子さんも泣いていた」

桜本の闘いは二〇一六年六月の「ヘイトスピーチ解消法」施行の決定打となり、その勢いは二〇一九年一二月、ヘイトスピーチに刑事罰を課す全国初の条例制定に繋がった。

その都度に見たハルモニたちの喜びが自らの支えになっているという。「ヘイトスピーチ解消法の時は、『やっと法律に護られた』とか『これまでは何を言っても相手にされないばかりの人生だったけど、やっと少しは分かってもらえるようになった』とか。川崎市の条例では、『やっと川崎市民になった気がする』と言った人もいた。本当に遅ればせながらだけど、こういう場面に出会えてることが今の支えになってるし、これからも少しでもそういう場面を共につくり出し、取り返していきたい」

そんな彼はいま、民事訴訟の被告である。ネオナチで、「行動保守運動」を代表するヘイト活動家、瀬戸弘幸氏と連携し、前述の池上町を攻撃対象に差別煽動を繰り返してきた元川崎市議選候補、佐久間吾一氏の言動を「デマによる敵視と誹謗中傷」と「正確に」書いたことで、佐久間氏から名誉毀損で訴えられたのだ。話題をつくり、法廷でヘイトを楽しみ、あわよくば都合の良い判決を得て「仲間」にアピールしたい。先頭走者の石橋さんを訴えることで、他の記者の委縮をも狙ったのだろう。

二〇二〇年一一月一〇日の横浜地裁川崎支部、第一回口頭弁論で石橋さんは意見陳述に立った。傍聴席の瀬戸氏を名指しで非難し、原告らの吹聴するデマを徹底論破した上で彼は、「私たちは関東大震災直後、流言を信じ、敵と見なした朝鮮人を虐殺したという、決して忘れてはならない過去を背負っています。私はこのデマを打ち消し、差別を批判する記事を、私たちの町の暮らす人々を守る地元紙の使命として当たり前の思いで書いたのです」と述べた。彼は当事者の闘いが生んだ川崎市条例の意義を強調し、最後には傍聴席のメディア関係者に訴えた。

「傍観もまた罪と同義。もう被害者が抗うのではなく、行政機関や市民一人一人が差別をなくす当事者として声を上げていく。もはや中立はあり得ません。メディアこそが率先して差別を非難する先頭に立っていく。そうして差別を非難することが『当たり前』のこととして根付いてこそ、マイノリティの市民は安心して暮らせるはずです。委縮させられるようなことはもってのほかです。」。彼は法廷をメディアに変え、「まだ見ぬ『公正な社会』」への希求を発信し続けた。出会いを内省の契機とし、「悔恨」や「至らなさ」をも糧として、託された言葉と思いに応答してきた彼の自己超越の軌跡が、六分弱の陳述に凝縮されていた。

2020

38

あり得べき世界への一歩を刻む——ヘイト葉書事件

在日朝鮮人集住地域、川崎市・桜本の多文化交流施設「川崎市ふれあい館」などに、在日朝鮮人の虐殺や爆破を予告する文書が送られた事件（27話参照）。犯人は元市職員の男性だった。横浜地裁川崎支部は二〇二〇年一二月、威力業務妨害罪で訴追されたこの男性に懲役一年の実刑判決を言い渡し、被告は判決を受け入れて収監された。

今回、特筆すべきは、公判廷をヘイト指弾の場に塗り替えた同館館長、崔江以子さん（一九七三年生）の意見陳述だった。同種事件の刑事法廷で在日の被害者が思いを述べたのは初めてだ。

ヘイト葉書が見つかったのは一月四日だった。「館が閉まるのは年末年始だけ。親の仕事や貧困で『正月気分』とは程遠い数日を過ごす子にとって、四日は居場所が開く特別な日です。子どもたちの寂しさを『心で抱きしめたい』と出勤した職員が、甘えて来た子どもに『これ（仕分け）が終わったら遊ぼうね』と言って、あの葉書を見つけたんです」。

定規をあてたような筆跡で書かれていたのは、「在日韓国朝鮮人をこの世から抹殺しよう。生き残りがいたら残酷に殺して行こう」。実は傍にいたのは朝鮮ルーツの子どもだった。「職員は『子どもが見てしまったかもしれない』と思い悩んでいました。その事態は避けられていましたが……」。最悪の仕事始めだった。

「最初は私のせいだと思った」と崔さんは言う。実名と顔を出してヘイトと闘う彼女はレイシ

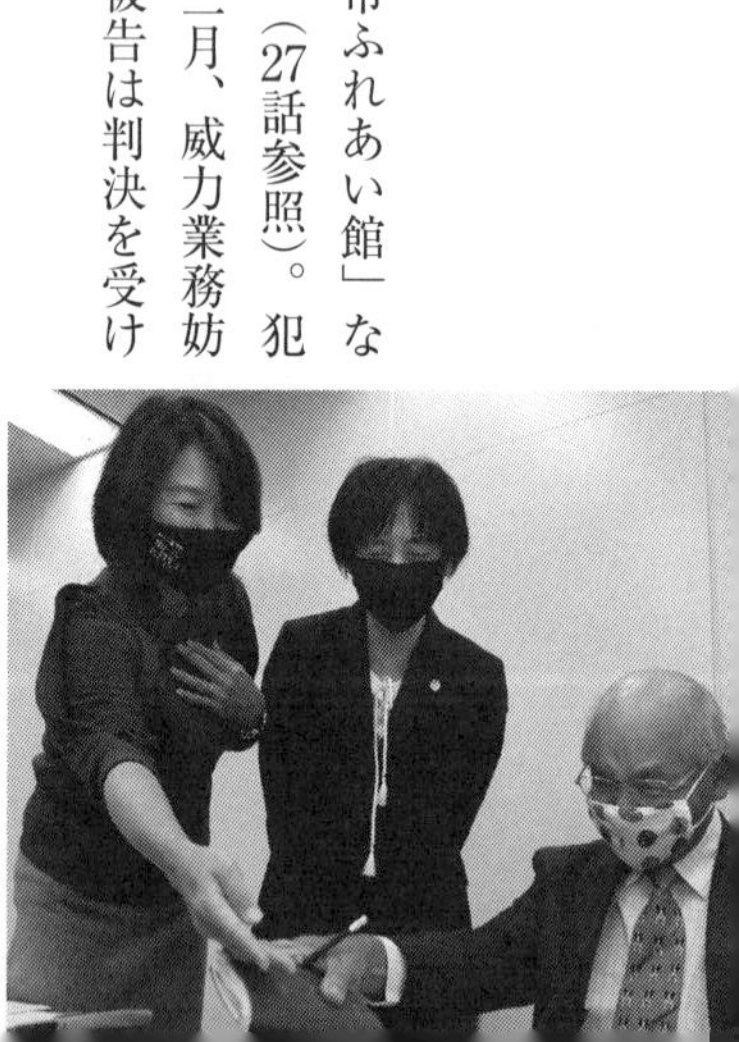

ストの標的となっている。契機は二〇一五年、衆議院で強行採決された戦争法制に「否」の意を示そうと、桜本のハルモニたちが地域で行った反戦デモだった。植民地支配と戦争を経験したハルモニたちの訴えが報じられると、ネット右翼らが反発。桜本にレイシストが押し寄せてきた。「国へ帰れ」の罵倒に「子孫の代になってもこんなことを言われるのか、今が一番辛い」と号泣したハルモニがいた。ヘイトデモの日、カウンターたちが集まった公園に駆け付け、我関せずと通り過ぎようとした地元の男性を掴まえて、「とにかくこっちの味方になってよ！」と語気強く訴えたハルモニもいた。

彼女らの思いを背負い、先頭で対峙した一人が崔さんだった。地域挙げての闘いは、二〇一六年六月の「ヘイト解消法」の施行に止まらず、二〇一九年一二月、全国初の刑事罰条例制定に至った。可決後の会見で、「無学な私だけど、運動は無駄じゃなかった」と語る一世、趙良葉《チョウヤンヨプ》さん（一九三七年生）の横には、先人の歓びに涙する崔さんの姿があった。

その前進に冷や水を浴びせたのが翌年のヘイト葉書だった。警察、地元や利用者への説明……。対応に追われる中、ネット上では排外主義者による「自作自演」の誹謗中傷が溢れた。「結局、日本社会は変わらない」。子どもや一世にこんな思いをさせまいと、崔さんは奔走した。彼女自身、警察とのやり取りで自らの被害体験に引き戻された。地域での孤立も懸念した。ヘイト事件特有の犠牲者非難である。今でこそ「地域の宝」と称される同館だが、一九八八年の開館前には地元の反対運動もあった。「デモだって商売をする人には大変なこと。それが今度は虐殺、更には爆破予告です。開館から三二年かけて地域の施設になったのに、今回の件で信頼回復にまた三二年かかるかもと気が気でなかった」

でも繋がりは「不安」を吹き飛ばした。商店街の渡辺正理事長は「こんな時だからこそ、百人の目で『ふれあい館』を守ろう」と地域に呼びかけ、山口良春町内会長は「『ふれあい館』への攻撃は地域への攻撃」と宣言。警察に出向き迅速な捜査を求め、真冬の見回りを率先した。「こんな出来事で変ですけど、地域との関係が一層強まった」と崔さんは話す。地元だけではない、大阪の朝鮮学校からは、色鮮やかなイラストに「一緒にここにいます」「서로《ソロ》 잘《チャル》 하자요《ハジャヨ》！（お互い頑張ろう）」などのメッセージが躍る年賀状が届いた。

六月、元市職員が逮捕された。かつて同僚の在日朝鮮人に発した差別発言で糾弾されたことを逆恨みし、朝鮮人への敵愾心を募らせていた。浅はかで身勝手な動機だった。

意見陳述は担当検事が提案した。更なる攻撃を懸念する反対意見もあったが、彼女は「やる」の一択だった。被害を自分の声で訴えたかった。事件後、「殺されるの？」と聞いた子がいた。「在日であると言えない」と語った子もいた。自転車が倒れた音で飛び上がる子もいた。事件発生から二カ月間の利用者は対前年比三五五一人（三〇・四％）減少した。コロナ禍も相まってそのまま館から離れた新定住者もいる。給付金などの生活情報が最も必要な時期に、館という「命綱」と切れたのだ。「伝えたかったのは、これは単なる威力業務妨害ではないヘイトスピーチ、ヘイトクライムであることと、私は貴方の行為を許していないこと。貴方の『軽い差別』がどれだけのものを奪ったか。妨害した『業務』が何かを知らせたい。ここは人が人でいられる最後の砦。他の誰も代わることはできないんだ。貴方はその場を奪ったんだって」

二〇二〇年一〇月、証言台の前で思いを述べた。手を伸ばせば届く距離には被告がいる。書面を持つ手が自分でも驚くほど震えたが、語り切った。担当検事も犯人の差別性を指摘した。それだけではない。被告人の弁護士もヘイト犯罪との認識で、男性に猛省を促した。いわば刑事法廷が「確認・糾弾」の場になる前代未聞の展開だった。

そして一二月三日、判決が出た。残念ながら「差別」の二文字はなかったが、量刑は「相場」を上回る懲役一年の実刑だった。被告側は控訴を断念。地裁で事件は終結した。

判決の少し前、崔さんに話を聞いた。「ここで働いて二五年、私は子どもたちに『違いは豊かさ』と言い、本名、民族名を名乗ろうと語り掛けて来た。その私に、こんな社会を放置する選択肢はない……約束ですからね」。先人、次代と交わした言葉を裏切らない、あり得べき世界への一歩を刻んだ言葉の源泉は「責任」だった。いつものように、じんわりと聞く者の心に染み入る声で、丁寧に言葉を選んで話した。とはいえ穏やかな口調とは裏腹に体は悲鳴を上げている。不眠、難聴、蕁麻疹、味覚障害……。それでもヘイトと闘う。

「職員には、これからは子どもたち、利用者、地域、そして自分たちの回復に進もうと話しました」。年末、判決確定を受けて崔さんがくれたメールには、こう記されていた。崔さんの目は先を見据えている。彼女だけではない。山口会長は、市に再発防止の徹底を要請。「『ヘイトスピーチを許さない』かわさき市民ネットワーク」は市に対し、実効性ある条例執行を求める要請書を作成し、署名活動を展開している。闘いを通じてつながった者たちの瞼には、「共生のまち」の次の姿が映っている。

39 飼い慣らされない身体性――ウトロの語り部（姜景南さん）

京都府宇治市・ウトロ地区に暮らしていた最後の在日朝鮮人一世、姜景南《カンギョンナム》さんが二〇二〇年一一月、九五歳で逝った。ひっきりなしに煙草をくゆらせ、肉体労働の現場で身に着けた荒っぽい言葉で語る。焼肉大会で酒が入れば真っ先にアリランを歌い、終宴までオッケチュムを舞う。まさに身体性の塊のような人だった。

一九二五年、慶尚南道に生まれた。既に宗主国に吸収されていた父や兄、姉を追い、母と大阪市に辿り着いたのは一九三四年である。年齢を詐称して堺市の金物工場で働いた。激化する空襲で奈良に避難した一三日後、住んでいた堺の家に焼夷弾が落ちたという。

数え一八歳で結婚、軍事飛行場建設現場で働く兄を頼り夫婦でウトロに入った。国策事業に就けば徴用に取られない。家も配給もあると聞いたからだ。彼女が憤りと共に想起したのは飯場の酷さだった。「屋根はトタンどころやない。杉の皮剥いできて載せてるねん。壁もボロボロで、セメント袋を貼るけど、隙間から隣が丸見えや。小屋ですらないっちゅうねん！」

一カ月後に解放を迎えた。「喜ぶとかの気持ちはなかったな。二〇歳そこらで分からへんちゅうねん。食うので精一杯や」

飢えとの闘いが始まった。「旦那は仕事ないさかい、旅出て仕事拾うたり、飯場行って帰ってきたり。ウチらは仕事あらへんさかい、金物を集めて生活したんや。燃やしているゴミ漁って、鉄片が出ると売ってたな。戦争時代、金物全部使こうてあらへんから、腐った鉄でも買うてくれるねん」。町工場から季節労働、日雇いまで、食べるためには何でもやった。

「口では言えへん、経験せんと分からへんちゅうねん！」。当時の苦境は、常にこの一言で結ばれた。自身の境遇を生きることなど無い者に語るもどかしさも滲んだが、相手の想像力への信頼は手放さなかったと思う。訪問者との交流を心から楽しんでいたし、率先して個人史とウトロへの思いを語った。解放後の集落が、朝鮮人だけが住む劣悪スラムとして、周辺地域どころか、時に在日同胞からも白眼視されてきたことに、怒りと悲しみを抱いてきたからだろう。

　貧困と生活環境だけではない。京都で最初に朝鮮人学校ができるなど左派朝鮮人の一大拠点だったウトロは朝鮮戦争期の一九五〇年代前半、度重なる捜索を受けた。密造酒や武器になり得る農機具など、探せば「証拠品」は出て来る。弾圧こそが目的だった。大勢の警官が地域を取り囲み、「反社会集団」の印象を周囲に振りまく。現在まで続く公安当局の常套手段だ。「あれでウトロの評判が悪なった」。この話になると姜さんはいつも声を荒げた。

　そんな集落にも経済成長の波が及んでくる。板囲いがバラックになり、瓦屋根の家に変わっていった一九八〇年代の末、地上げ問題が起こる。地権者は住民を次々と訴え、姜さんも被告になった。トラックに分乗した解体屋が来たのは一次提訴から二週間ほど後の一九八九年二月一三日の朝、男たちが仕事で出払った時間を狙ったのだ。

　解体の対象は入口の空き家だった。女たちを中心に住民が集まり、ウトロの歴史的経緯や、ここにしか居場所がないと訴えるが彼らは聞く耳を持たない。怒号が飛び交う中、姜さんはダンプの前に寝転がって叫んだ。「ほならブルドーザー

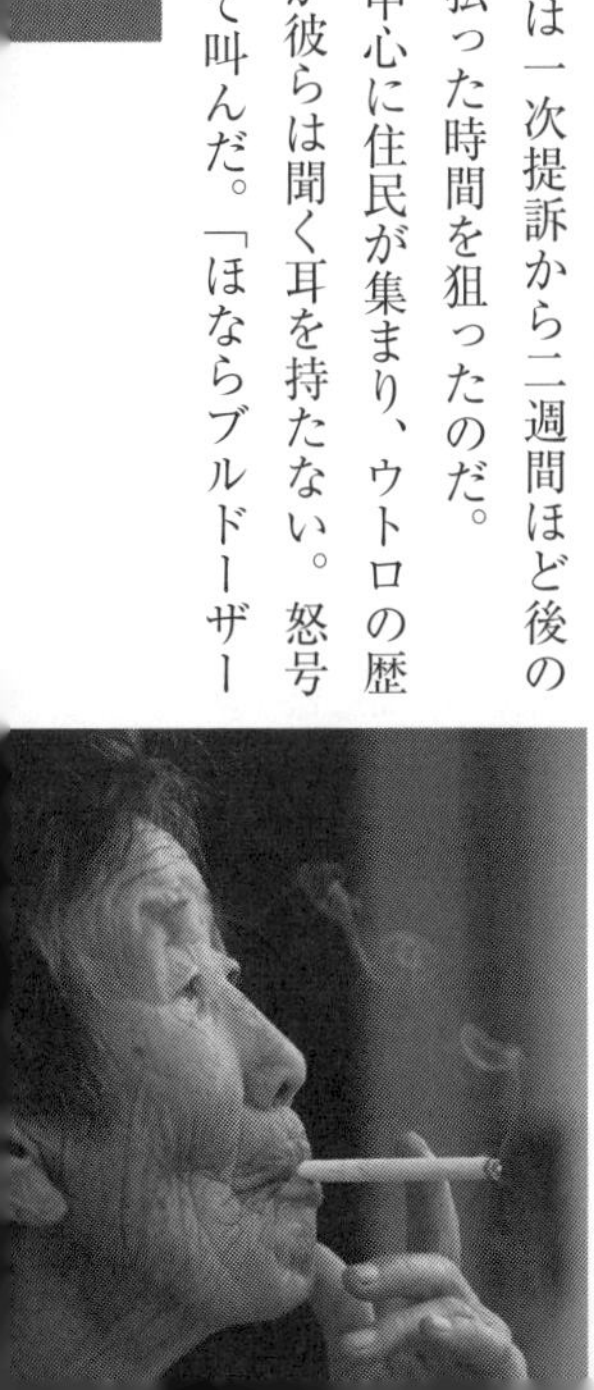

でも持って来て、ウチを轢き殺してから家を潰せ！」。次々と女たちが車の前に身を投げ、皆で声を張り上げ渾身の抗議を続けた。警察も出動する騒ぎとなり、解体屋はついにこの日の作業を断念した（1話参照）。

朝鮮人で、女性であるがゆえに教育から疎外され続けた。そんな彼女だからこそ可能な抵抗だった。学校は生きる上で必要な知識を得る場であると同時に、その社会での「多数派の常識」や「現実的対応」を刷り込む制度でもある。法に則った家屋破壊を断念させたのは理屈ではない。「飼い慣らされない身体性」であり、生きるために身に付けた「物分かりの悪さ」だった。とはいえ裁判は歴史的経緯を無視して進んだ。和解交渉も不調に終わり、判決に至った。司法は住民たちの声に応答せず、日本の「法」で彼女たちの正当性を否定した。地裁敗訴の記者会見で姜さんは声を振り絞った。「ウトロで死ぬまで暮らす。死んでも死にきれない」

彼女の個性はウトロでも突出していた。二〇〇二、三年頃、別の一世女性の家でインタビューをしていると突然、「オバハンおるかっ！」との怒号と共に引き戸が開き、酒を手に姜さんが「乱入」してきた。まるで道場破りだ。私など存在しないがごとく、煙草を吸って一杯呑むと「ほな帰るわ！」と出ていく。台風のようだった。他にも何軒か立ち寄り先があったようだ。理由を訊くと、ニヤリとしてこう言った。「呑んで色々と話すとな、ここ（胸）んところにあるのが治まるちゅうわけや」。言葉に出来ぬ思いを分かち持つ時空が、彼女には必要だった。

その「思い」を知りたくて、彼女の家に通った。昼間から酒を呷り、泉州弁で、奇麗事では済まない被差別者のリアルを明け透けに語る。メディアからの取材も多かったが、姜さんの

「剥き出し」に困惑する者も少なくなかった。彼女の歴史と、その産物である言動は、彼らが依拠する「多数派の常識」には収まり切らなかったのだ。植民地主義とは、差別とは、マイノリティの実存とは……。これらの問いは彼女の逸脱からこそ考察されるべきだと思う。

住民と支援者の闘いが韓国の市民と政府を動かし、「土地問題」解決に光が差したころ、姜さんが「地上げがあってよかった」と呟いたことがある。思わず訊き返した私に彼女はこう述懐した。「『守る会』（支援団体）が自分らのこと真剣にやってくれて、こんな日本人もいてるって分かった。それに前は『陸の孤島』や。誰も来ぃひんかった。いまは日本人とか韓国からもウチらのこと思って人が来るやろ、恨《ハン》が解けた」。彼女はウトロ随一の「言葉の人」でもあった。

その後、傍観していた日本政府、京都府、宇治市が「協議会」を起ち上げ、住民側が買い取った土地に公営住宅を建てると決定。不可能かと思われた「土地問題解決」が実現した。

二〇一八年には一期棟が完成、姜さんも息子と一緒に入居したが、いつの間にか亡き夫と建てた自宅に戻った。心配して翻意を促す息子には、「ここはちゃう（違う）」と繰り返したと言う。先立った仲間たちと再会した際の「土産話」として、闘いの「果実」を一口齧ってみたのだと思う。一一月二一日の朝、自宅で倒れているのが見つかった。晩年には韓国のバラエティー番組にも出演。「ウトロのハルモニ」として人気者となり、韓国からの訪問客が引きも切らなかった。若者に手をとられて舞う彼女は、本当に幸せそうだった。その知名度を反映してか、葬儀の献花には文在寅大統領の名もあったが、もし感想を聴けば彼女はこう突き放したと思う。「大統領？　会うたことないからナンボのもんか分からへんちゅうねん！」

ウトロを訪れた韓国の青年たちと踊る姜景南さん。「陸の孤島」だった時代の悔しさと悲しさゆえだろう。体調が悪くても忙しくても、訪問者には率先して応対した。晩年には韓国のバラエティー番組への出演で「ウトロの顔」となり、来客は引きも切らなかった＝京都府宇治市で 2017 年 9 月 3 日

40 馬鹿野郎と言ってやりたい――在日高齢者無年金訴訟（玄順任さん）

「在日が年金もらえないのは不公平や。使える時はこき使って出すときには出さないのは卑怯やと思ってます。植民地時代、戦争中は朝鮮人を日本人として重労働、低賃金で使い倒して、挙句の果てに戦争が終わったら利になることはみんなカットして、そしていまだ年金ももらえず苦しんでいます」。岩肌に爪を立てるような法廷での叫びが、いまも耳朶にこびり付いている。社会保障における国籍差別を司法に問うた在日高齢者無年金訴訟の元原告団長、玄順任《ヒョンスニム》さんが二〇二〇年一二月二一日、九四歳で死去した。

現在の韓国・光州市で一九二六年に生まれた。日本の収奪で没落、やむなく渡日した父を追い、一歳八カ月で母らと海を渡った。その三年後、産後の肥立ちが悪かった母の療養で、姉や弟と共に一時帰郷し、祖父母宅で七カ月を過ごした。これが玄さんの「原風景」だった。「水路も小屋も田園風景も、ぜんぶ私の記憶の中にあります」。地主だった祖父は彼女に民族の歴史を語り聞かせた。「日本人に土地を奪われたこととか同じ話を毎日ね。『朝鮮人は他の国を侵略したり植民地支配したことはない。正しく、清い民族だ』って。あれが私に染みついてます」

その後は京都市に移り、鴨川近くの「朝鮮人長屋」に家族で住んだ。彼女が口にしたのは強烈な被差別体験だ。「近所を出たら日本人の子どもがいて、いつも『チョーセン、ナップン（悪い奴）、ナップン帰れ！』って。殴られたり踏まれたりもした。父に『朝鮮に帰ろう』と泣いたら、『もう帰るところはないんだ』って」。既に故郷に生活基盤はなかった。無関係の窃盗事件で父が下鴨署に連行され、壮絶なリンチを受けた記憶も鮮明だった。

何より辛かったのは学びからの疎外だった。父は「お前を学校に行かせる余裕がない」と繰り返したが、絶対に諦めなかった。「それで私……、勉強を要求してハンストしましてん（笑）」一週間後、父が折れた。「『朝鮮人は朝鮮の文字を覚えればいい』って、段ボールに朝鮮文字を書いてくれましてん」。学休期には近所の子どもに教科書を借り、家事の合間に妹を負ぶって便所に入り、夢中で日本語を勉強した。「私の学校はトイレでした」

砂利採集で朝から晩まで働いていた母が一九三八年に死去すると、長女である彼女に家事負担が圧し掛かった。家財供出の説明を受けに一時帰郷した父から聞いたのは、収奪で疲弊し切った人々の姿、単一栽培の強制で一変した「故郷」の風景だった。誰かが誰かの手段にされてしまうことへの激しい怒り、公平への尽きぬ思いはこれが原点だったのだろう。

西陣織の美しさに憧れ織子になった。解放後、元徴用工の男性と結婚し、西陣に家を構えた。腕がよければ仕事は入ったが、陰に陽に差別はあった。語尾に「どすえ」や「おす」が付くのも、地域社会での「浮き上がり」を避けてきた結果に思えた。民族団体の活動にも従事した。子どもを背負って街中の電柱に朝鮮戦争反対のビラを貼り、不当弾圧への抗議で警察に押しかけた。国民年金の加入を求め、同胞と区役所に出向いたこともある。「担当者は『国籍が違う』で説明もおへん。『国が言ってる』『国籍が違う』ばっかり。近所の同胞は夫が南方で戦死したんですけど遺族年金もでえへん。子ども三人遺してです。『国籍がないから駄目、生活保護を申請してくれ』言われて泣いてました。八三歳どすえ！」

無年金訴訟への原告参加は即決だった。既に七七歳の高齢で、「当然ながら」年金もない。一日中働かねば生活できない経済状況だったが、この「卑怯」「不公平」を社会に訴えたかった。「日本は植民地支配の根性、まだ抜けてません。私ね、『馬鹿野郎』と言ってやりたいのを堪えて胸の奥に溜めてきた。誰も聞いてくれへんかったことを少しでも言えるかもしれん。もし機会を貰えたら裁判長に言おう思てるねん、『チョーセンは何か悪いことをしたんですか』って。」蔑称の「チョーセン」を抵抗の武器に反転させ、権威の場に投げ込むとの「予告」だった。

自宅を訪ねて聞き取りを重ねた。彼女自身が受けた差別の物語は、常に「徴用工」や「慰安婦」「浮島丸事件」など同胞の苦難へと広がっていった。当時、私は新聞記者だった。記事化の観点から言えば、自分の経験と他人のそれが混同するのは困ったが、それは自らの直接体験ではなくとも、紛れもない彼女自身の物語だった。「死のイメージ」を分かち持つ者を「民族」と定義したのは作家の徐京植《ソギョンシク》さんである。彼女もまた、朝鮮人の一人として、朝鮮人の歴史的受難、そして「死のイメージ」を分有していた。帰り際にはいつも織布をくれた。腕一本で差別社会を生き、子を育ててきた。重厚な色合いの布を通し、彼女は自らの誇りを伝えていた。

一審、京都地裁の最終弁論で彼女は待ち望んだ意見陳述に立ち、こう切り出した。「裁判長、最後にもう一度言います。教えてください。朝鮮人が何か悪い事をしたのか、根本を教えて欲しいのです」……。提訴直後に書き始め、私にまで意見を聞いて幾度も織り直し

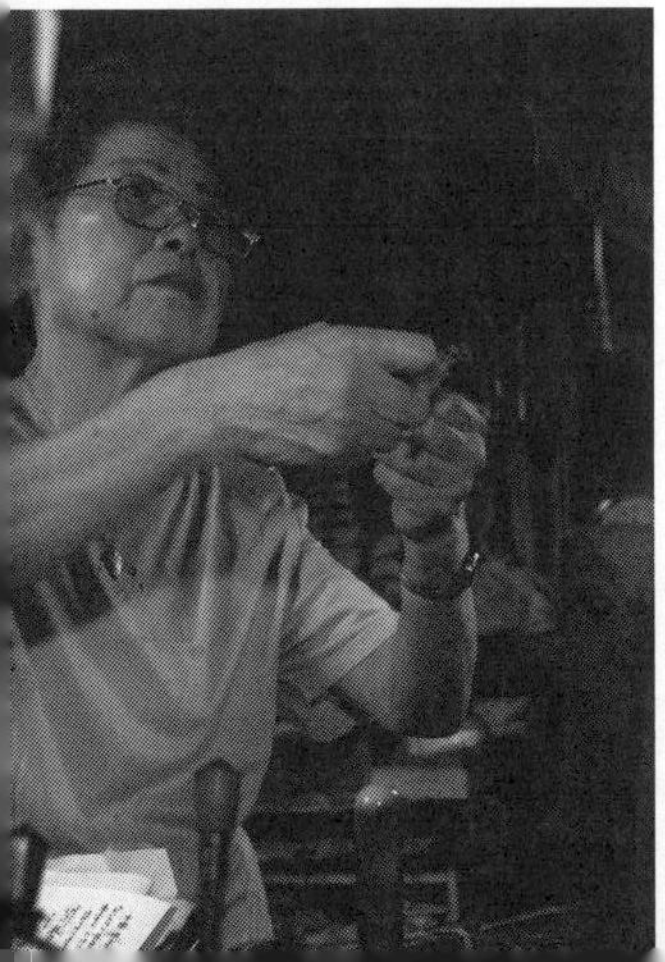

た言葉の一字一句に力を込め、今も続く同胞の苦難を数珠繋ぎに語って彼女は裁判体に訴えた。「植民地時代、戦時中はご期待に沿わなかったら『非国民』という言葉を使い、戦争が終わったら『国が違う』。あまりにも虫が良すぎるのと違いますか。税金などはみんな日本人と同じように取り上げられております。私たちの現状を見てください。事実と誠実に向き合い、裁判長の答えが欲しいのです」。だが司法は正義の実現から逃げた。法廷から出て来た時の、怒りで血の気が引いた彼女の顔を覚えている。最高裁決定から一二年が経ったが、この社会はいまだ歴史的な卑怯と不公平を「過去」としていない。

小さくなった玄さんは真っ白のチマチョゴリ姿で棺の中に横たわっていた。出棺を前に、参列者が最後の別れを告げて彼女の周りに献花する。胡蝶蘭やカーネーション、カスミソウに菊……。薄紫やピンク、赤、黄、白、そして緑、色とりどりの花がより合わさってセットとなり、玄さんを包んでいく。彼女が織り上げた最後の作品だった。私は織り機を繰る玄さんの姿を思い出していた。西陣の片隅で、彼女は奪われた原風景を織っていたのかもしれない。

「死ぬほど辛い時は、母国で暮らしている自分を想像します。やっぱり人間は自分の国がないとアカンと思うんです」と繰り返した。結果的に最後となった聞き取りで、締め括りにこう質問した。「では玄さんにとって自分の国、祖国とは？」。少し考えて彼女は言った。「（朝鮮民主主義人民共和国が）アメリカと対等に渡り合ってるとこは尊敬しますけど、南北どちらかを支持するわけではおへん。私にとって国とは……誇りです。人間としての誇りであり、命、生きて行くために必要なものです」

在日高齢者無年金訴訟の一審で、原告本人尋問を終えた玄順任さん（中）と鄭在任さん（左）、金君子さん。あとは判決を待つだけ。多数者が設えた権威の場で、胸に秘めてきた在日朝鮮人女性としての思いを語り切った達成感と解放感が滲んだ＝京都地裁前 2006年6月8日

41 生身の人間から考える——在日外国人の権利伸長運動（田中宏さん）

人と会って話を聞き、その人の「生き方」や「思想」を教えてもらって文章を書いて来た。だから「師」というべき人は各地にいる。

その一人が田中宏さん（一九三七年生）だ。二〇二一年二月一三日、川崎市の多文化交流施設「川崎市ふれあい館」で、講演会の話し手をご一緒する機会を得た。半世紀を超える彼の闘争史を私がインタビューした『「共生」を求めて』（解放出版社）の出版に因んだ集まりで、私の役目は聞き取りと出版に込めた思いを語ることだった。

初めてお会いしたのは私が新聞記者だった一九九〇年代後半のこと。外国籍者の教育問題についての取材で談話をいただいたと記憶している。大工の棟梁のような風貌とベランメエな口調。その一方でとてもシャイな人だった。彼は二〇〇〇年に一橋大を定年退官して京都の龍谷大学に赴任した。私も同年、京都支局に異動となり、その謦咳に触れて来た。

何か問題が起これば関連法規を読み込み、理詰めで行政担当者らを追い込んでいく交渉術や、論理的で、役人が「取り込み」可能な提案に満ちた書面の数々。何より興味深かったのは、宴席などで口をつく運動の記憶である。とりわけ闘いを通じて「私たち」になった仲間たちの譲れぬ一線、即ち同志の「思想」への思いと敬意だった。

私が新聞記者として職業ライターの世界に飛び込んだ一九九〇年代は、植民地支配と侵略戦争を巡る過去清算と在日の権利要求の動きが、右派の揺り戻しとせめぎ合う、いわば「時代の転換点」だった。以降、歴史改竄・否認とヘイトは勢いを増し、この社会の歴史認識と人権感覚は後退の一途を辿って今日に至る。過去最悪を更新し続けるこの状況の中に、田中さんらの闘いの歴史を投げ込みたい。それが聞き取りの動機だった。

一年半近くに亘り、月一、二回、話を聞いた。贅沢極まりない個人授業である。幾つもの戦後補償裁判や、「民族差別と闘う連絡協議会」（民闘連）が牽引した「市民としての平等」を求める闘い。朝鮮学校の受験資格問題……。「今、やっていることを話すのが一番誠実な態度だと思う」との言葉通り、話はいつも高校無償化問題に接続され、「異化の権利」「アイデンティティ保障」が話題となった。本のタイトルを「『平等』を求めて」ではなく「『共生』を求めて」にした理由もそこにある。「平等」は大事だが、それだけでは「同化」に陥りかねないからだ。

「私もこれまで色々な問題に首突っ込んだけどね、何かの経験を別の問題に応用できたことはなんて一度もなかったよ」。聞き取りの初期、先回りして言われた一言に、田中さんの自負が込められていた。一九六〇年代の入管当局との闘いに始まり、彼の元に持ち込まれる問題は、常にリーディングケースだった。まず、当事者と会って話を聞き、研究論文もない中で資料を集め、法律や条令をその成り立ちまで読み通し、突破口を探していく。未知の問題から逃げなかったし、積み上げてきた学知を当て嵌めて「解決」を探ることもなかった。

そのテーマの多さには改めて驚かされた。原動力は目の前の人間に対する義理と人情と責任感、そして新しい問題に挑むある種の「好奇心」だ

2021

と思う。それらを指摘すると「私は学者じゃないヤクザだから」「素人の強み」「無手勝流です」などとはぐらかす。韜晦と諧謔も田中流だった。知識人の条件の一つを「アマチュアであること」と定義したのはエドワード・W・サイードだが、まさに田中さんのことだと思った。

私が最も訊きたかったのは、現実の闘いでの「着地点」だ。マイノリティの人権を巡る問題、とりわけこの差別国家「日本」での権利伸長運動において、目前の壁が一気に崩れるような事態はまずない。そこで付き纏う難題が着地点だ。

闘争において、制度的差別の「改善」や裁判での和解、何らかの立法措置など、何かしらの「結果」や「前進」が視野に入った時、その「内実」や「正しさ」を巡り運動内部で対立が起きることは常だ。それを見越してのことだろう。権力は「譲歩」を用いて少数者側を混乱させるし、「改善」の中に新たな差別の芽を埋め込んでくる。分断を誘発するのだ。

地方公務員の国籍条項緩和で国は、管理職登用などの「任用制限」を自治体に念押しした。これは賃金や退職金の大幅格差をもたらす。地方参政権法案では当初、朝鮮籍者抜きの案が出た。朝鮮総聯の反対姿勢を逆手に取り、在日社会の分断を図ったのだ。最近では「ヘイトスピーチ解消法」である。大きな歴史的意義を持つ法律だが、一方で対象は「適法に居住する」本邦外出身者だ。アイヌや沖縄人は「本邦外出身者」ではないし、在特会のヘイトデモが一線を越えたのは二〇〇九年四月、埼玉県蕨市における非正規滞在者への攻撃だった。

そのような厳しい状況に直面した時、彼が何に依拠し、何処に判断基準を置くのかを知りたかった。それを訊くと少し考え込んで言った。「分かんない。でも……目の前の生身の人間の状況を前に進めること、それをその都度、真剣に考えて来たとは思うね」

それが彼の「譲れぬ一線」だった。朝鮮学校への高校無償化適用を求め、二〇一三年五月から毎週金曜日、文科省前で行われている「金曜行動」にも可能な限り参加してマイクを握るのも、生身から思考を立ち上げるゆえ。地道な行動を支えるのは、「生きるに値する世界」を夢見つつ斃れた仲間たちの面影なのだろう。盟友、金敬得さんの闘いを語り終えた時、田中さんは金さんや仲間たちの早世を慨嘆してこう呟いた。「それにしても敬得は五六歳か、ほんとに若かったよな。新美隆さんはあと数カ月で還暦だった。梶村秀樹さんは五四歳でしょ。小沢有作さんも七〇歳にいかなかったでしょ。それにしてもみんな若いよな。私はもう八〇歳、お前、八〇まで生きてなにしてんの？って感じだよな」

「転換点」の一九九〇年代は、「女性のためのアジア平和国民基金（アジア女性基金）」に代表されるリベラルの迷妄が顕在化した時代でもあった。基金の役員には、かつてもその後も彼と闘いを同じくした戦後補償や権利運動の「知恵袋」的存在が名を連ねた。「河野談話」直後、そして村山政権誕生という政治状況と、日本社会の「歴史認識レベル」を見据えた苦渋の決断だとも思うが、「解決」ありきの「政治プロジェクト」は、被害者と運動に分断をもたらし、「道義的責任はあるが法的責任はない」との詭弁を強化した。それは二〇〇一年、旧植民地の数々が欧米諸国に対し、奴隷貿易と植民地主義の贖いを求めたダーバン会議でも繰り返された、歴史的犯罪者たちの「言い逃れ」である。「新たな暴力」を担った彼らと田中さんを分かつもの、それは、「生身の人間」に徹底して向き合い、そこから考える、その「思想」の強度だと思う。

2021

42 「誠信の交わり」を求めて――ウリハッキョマダン（鄭想根さん）

「朝鮮」は隠し、消し去るものと決めた者たちの元に生まれ、朝鮮語も文化も教えられず、ルーツに根差したコミュニティーもなかった私にとって、「朝鮮学校」は実のところ敷居の高い場所だった。学校行事などの冒頭で、「立派な朝鮮人になります」とウリマル（朝鮮語）で挨拶する児童・生徒たちの「正しさ」が、何もない私の心に突き刺さったりもした。

そんな「強張り」をほぐしてくれたのが、京都朝鮮学校襲撃事件の取材に端を発する保護者や教員らとの出会いの数々だった。滋賀朝鮮初級学校の鄭想根《チョンサングン》校長（一九五八年生）との巡り合いもその一つである。

鄭さんは滋賀・高島市に生まれた在日朝鮮人二・五世。中学校までは日本の学校に通ったが、「本物の朝鮮人になりたい」と決心し、京都朝鮮中高級学校に進学した。「でも落ちこぼれでした」と振り返る。編入生ゆえの口に出せない苦労も種々あったようだ。

鬱屈した日々を過ごした後、それでも朝鮮大学校（東京都小平市）への進学を決める。民族性獲得への「再挑戦」だった。朝鮮学校の教師になる気などさらさらなかったが、言われるままに参加した教育実習での経験が人生を変えた。ある女性教員に連れられ家庭訪問に出た。訪問先は父子家庭の子どもの家だった。仕事で父親はいない。当たり前のように台所に入った彼女は、道すがら買い込んだ肉と野菜を取り出し、黙々とカレーを作った。子どもと食卓を囲んで夕食を済ますと、片付けを終えた彼女は鄭さんに言った。「はい、帰るよ」。呆気にとられた。

「理屈以前に、あんな人になりたいと思ったんです」

初任地の和歌山では「朝鮮学校界」きっての名物教員、韓富澤《ハンブテク》さん（故人）と出会った。学校を維持発展させるバイタリティと行動力は並外れていた。「客観的に見れば『滅茶苦茶なオッサン』ですけど、あの情熱は凄まじかった」。ミカンなどの農産物から釣りの餌まで、思いもよらぬルートで物品を仕入れて売り捌き、学校の財政を支えた。

政治的にも型破りだった。二〇〇二年、韓国の映画監督、趙恩聆《チョウルリョン》さんの朝鮮学校取材を実現したのも大阪時代の韓さんである。「南」からの「取材」に難色を示す総聯中央を「自分が責任を持つ」と押し切り、何処の朝鮮学校にも入れるように手配した。

北海道など各地の朝鮮学校を取材していた彼女が翌年、韓国で不慮の死を遂げた後、撮影監督だった金明俊《キムミョンジュン》さんがその遺志を継いで完成させたのが、韓国で「朝鮮学校ブーム」とも言える状況を生んだ映画『ウリハッキョ』（二〇〇六年）である。韓さんの英断がなければ、韓国で民族学校を描いたドキュメンタリーが次々と制作される状況はなかっただろうし、金監督が事務局長を務める韓国の朝鮮学校支援団体「モンダンヨンピル」（「ちびた鉛筆」の意）の存在もなかったかもしれない。

個性的と言うよりもむしろ「突破」な韓さんの元で始めた教員生活だった。一方で駆け出し時代は、「自分の教員としての品位、資質の無さ、認識の甘さを思い知らされる日々でした」という。家庭環境が複雑でヤンチャな子も少なくなかった。万引きを繰り返す子に手をあ

げたこともあるし、成績の悪い子を集めて補習を強制したこともある。「上から目線でね、大人、教師として虚勢を張ってただけです。感情に任せた後は『やってしまった……』と悩む繰り返し。私があの時の自分を見たら『貴方は他の道を探した方が良い』と言いますね（笑）」

たとえ政治的、思想的に相入れなくともまずは相手の「理屈」を聞き、共通項を探し、分かり合えぬ部分を敬い、人としての紐帯を太くしていく鄭さんのスタイルは、駆け出し教員時代に自己との批判的対話を積み重ねた歳月の賜物なのかもしれない。

その後、地元滋賀に戻った。教員団体の人権研修で講師を務めたのを契機に、日本の学校教員との関係を深めていく。二〇〇六年に始まった「ウリハッキョマダン」開催の契機は、そんな仲間の一人、高野真知子さんが「ここ（朝鮮学校）でマダンをやりたい」と口にしたこと。日本学校の教職員や部落解放運動家、ブラジル人学校の人たち……。ともに祭りを作る仲間を募った。名称は「ウリハッキョ」に拘った。民族性を育む場を朝鮮通信使に由来する「誠信の交わり」（雨森芳洲）の拠点にもするとの決意だろう。「同胞だけで集まり、民族性やアイデンティティを確認する場を否定はしないけど、この小さい滋賀ではそんな発想はできない。学校以前に、生きている空間で朝鮮人『だけ』で生きられるはずはない。『甘い』とすら思う」。出会う前に「参加資格」を問う党派的な在り様を放棄したのだ。

全国各地にマダンはあるが、「ウリハッキョ」を冠するのは滋賀だけ。「ウリとは『みんな』、『みんな』とは『人』の事です」と公言する。「広場」を意味するマダンを「祭り」と意訳するのも、違う者たちが出会う場を創るとの思いだ。広告、協賛を募り、地域に参加を呼び掛ける。

この積み重ねは初回から変わらない。今では地元町内会がマダンに屋台を出す。

二〇一八年には、滋賀県で開催された「第七〇回全国人権・同和教育研究集会」で、朝鮮学校としては初めて滋賀初級が分科会場となった。初回の実行委員会でのことだ。大会概要などが説明された後、加盟団体の一人が声を荒げた。「なんで朝鮮学校があるねん。拉致、核あんのに！」。会場に緊張が走ったが、その後の展開は鄭さんの「想定外」だった。「その人の前後の席から次々と出席者が発言を求めて、朝鮮学校でやる意味や意義を懸命に説明するわけです」。最後に鄭さんも発言を求められた。話した内容はよく覚えていないが、涙が止まらなかった。大会は大成功だった。

二〇二一年四月二五日の同校六〇周年記念式典には、約三五〇人が集った。安倍政権以降、激化する朝鮮学校攻撃の中、滋賀県の三日月大造知事が出席。「朝鮮学校という多文化共生の象徴があることを誇りに思う」と挨拶しただけでなく、式典終了後はマスコミ記者たちの取材まで受けた。あの場の温かさが三日月知事を後押ししたのだと思う。これも鄭さんらの地道な活動の結果だった。その蓄積の重みは、挨拶に立った支援団体世話人の徳永信一さんが、感極まった表情で口にした一言に象徴されていた。「今日は……言わせてください、ウリ滋賀ハッキョと」

「ここは思想信条を超えた学びの場、子どもだけでなく、大人、社会、地域にとっても学びの場でありたい。これが未来だと思う」。財政難、児童数の減少……。学校共通の課題はもちろんあるが、ウリハッキョを二一世紀の「誠信の交わり」発信の場にするとの思いに変わりはない。

43 「新たなつながり」という勝利——桜本に育まれて（中根寧生さん）

「今回の裁判で、仲間が増えたことを実感しました」。ネット上のヘイトを巡る裁判での画期的な勝訴判決から一〇日後、電話越しの声は力強く、そして安堵に満ちていた。中根寧生さん（二〇〇二年生）。川崎市・桜本出身の大学一年である。

日本人の中根正一さんと、在日朝鮮人三世の崔江以子さんとの間に生まれた。オモニの信条「丁寧」の寧、そして朝鮮語のアンニョンの寧を取って「寧生」と名付けられた。出会いを丁寧に積み重ね、「安寧」な人生を送って欲しい。両親の願いが込められていた。

一九七〇年の日立就職差別裁判闘争以降、在日朝鮮人の権利伸長、反差別運動の拠点として、「共に生きる」実践を積み重ねてきたのが桜本だ。「小学校の卒業式や中学校の入学式でオモニはとってもきれいなチマ・チョゴリを着ます。僕が地域を歩いていると『アンニョン』と保育園の先生や地域の人があいさつをしてくれます」（神奈川新聞「時代の正体」取材班編『ヘイトデモをとめた街』、二〇一六年、現代思潮社）。二つのルーツを周囲からも尊重され、文字通り「ハーフ」ではない「ダブル」として育ってきた。

転機は二〇一五年だ。地元のハルモニたちが企画、実行した「反戦デモ」にレイシストが反発。桜本へのヘイトデモを予告したのだ（38話参照）。カウンターに加わった。「桜本は日本人も外国人も仲良く一緒に生きている。差別を止めてくださいと。相手は大人だから話せば分か

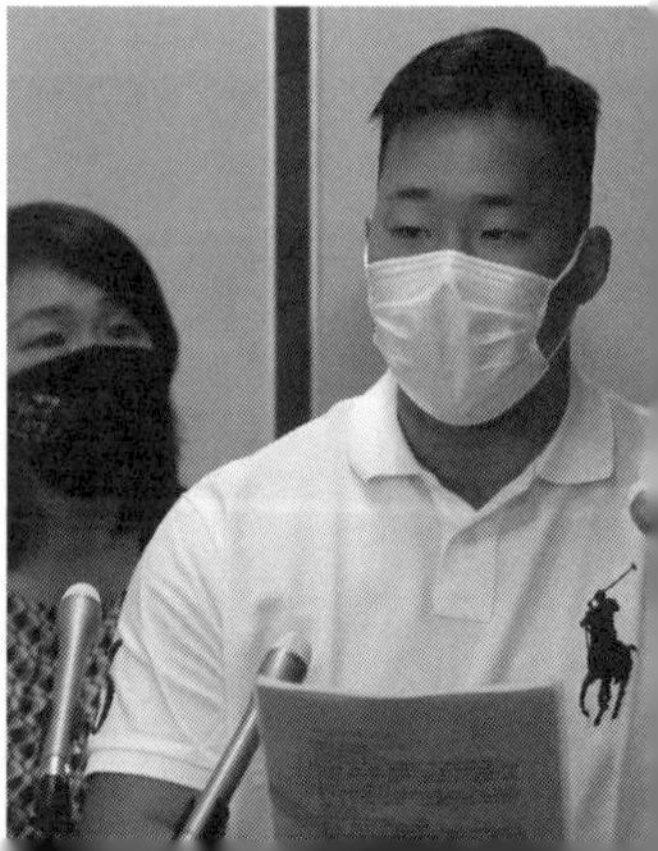

ると思った」。だが現実は違った。警察に守られた差別主義者は「差別はやめろ」と声を張り上げる彼をニヤ付きながら手招きし、罵詈雑言を楽しんだ。

それでも声を上げた。翌年一月には「『ヘイトスピーチを許さない』かわさき市民ネットワーク」の集会で登壇し、「川崎でも早く条例を作って欲しいです。僕も勇気を出して『差別はやめろ』『共に生きよう』と伝えていきます」と皆を奮い立たせた。

今回のヘイト事件が起きたのはその二年後だった。二〇一八年一月、川崎市主催の音楽イベントを報じた地元紙の記事に、平和と共生への思いを込めた中根さんのラップ作品と実名が出た。ネットでそれを見た大分市のレイシスト、竹下裕二氏が飛びついた。

彼は「写楽」の名で開設していた匿名ヘイトブログに、「在日という悪性外来寄生生物種、中学生、ラップで『平和』川崎でイベント」との文章を投稿。地元紙の記事を貼り付けた上で、中根さんや母、崔江以子さんの名を晒し、「通名などという『在日専用の犯罪用氏名』など許しているものだから、面倒くさい」「ヒトモドキ」「如何にもバカ丸出しで、面構えももろチョーセン人面」などと、悪罵の限りを書き連ねた。

犯人を特定して刑事告訴したが、処分は侮辱罪で、科料僅か九〇〇〇円の略式命令だった。金額の低さはもちろん加害者の謝罪もない。翌年三月、三〇〇万円の損害賠償を求めて民事訴訟を提起した。翌年五月、横浜地裁川崎支部は書き込みを差別、差別扇動と認定し、「人格権を享有するための前提として強く保護されるべき」権利の侵害を認め、計九一万円の支払いを命じた。日本の司法常識では、「差別」は侮辱や脅迫などにあたる違法行為の賠償額を算定する上で

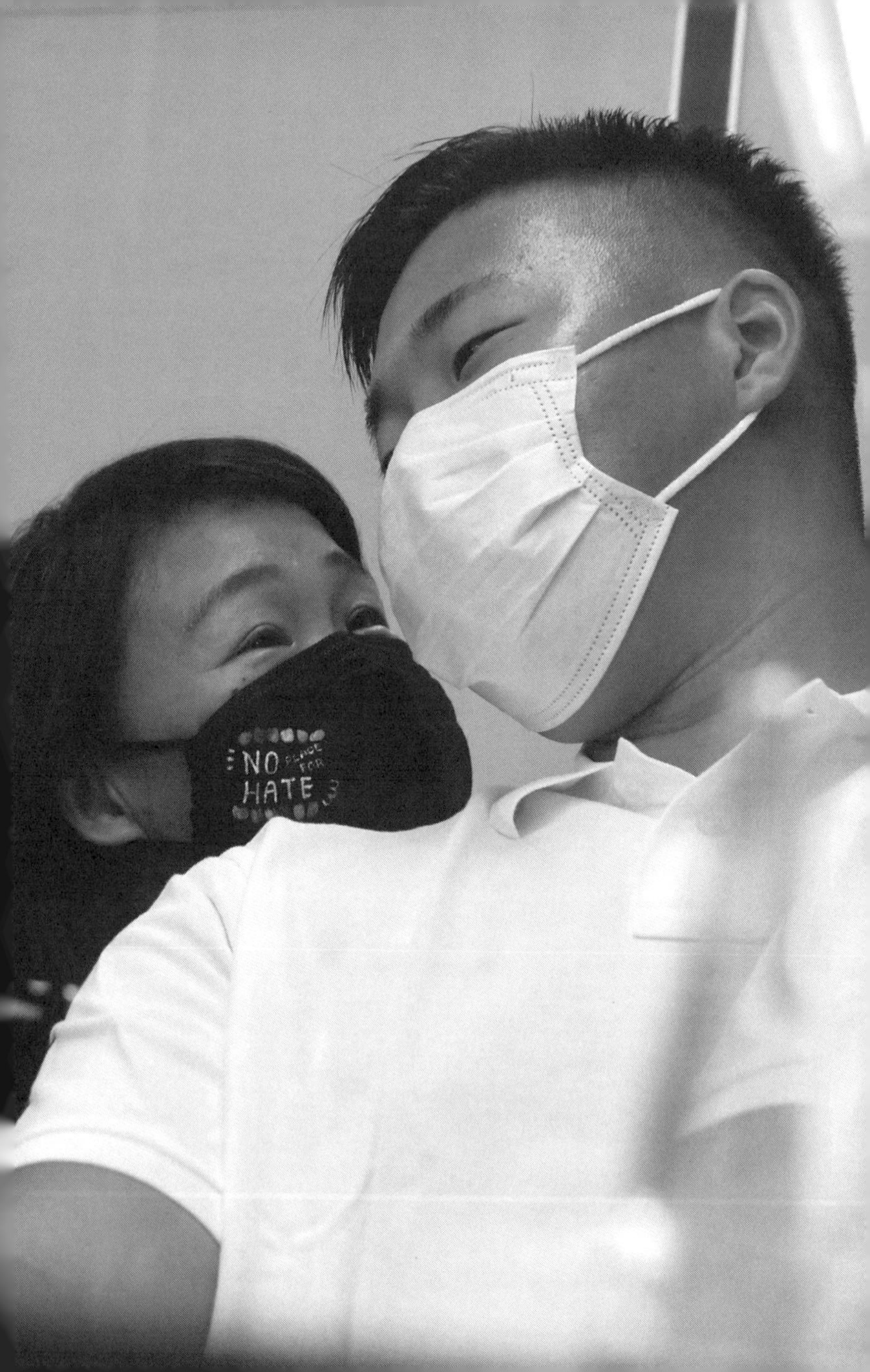
NO
HATE

の要素だが、地裁の判決は差別を独立した違法類型とした。画期的な判断だった。しかしここでも謝罪はなかった。司法判断を巻き戻される恐れもあったが、東京高裁に控訴した。

控訴審では自ら望んで意見陳述に立った。被告に自ら為したことの重大性を伝えたかったからだ。盛り込むか否か悩んだ一言がある。刑事告訴前、警察での被害聴取時のことだった。当局の配慮で圧迫感のある取調室ではない講堂にオモニと共に通され、軽装の刑事が丁寧に話を聴いてくれた。経緯や思いについて、自分でも不思議なほど冷静に語れたが、名前を愚弄された悔しさに話が至ると、肩が震え、涙が止まらなくなった。「丁寧」に「安寧」に生きて欲しいという親の希望が詰まった名前、幼少時から地域で皆に呼ばれ、名乗ってきた大切な名前を踏み躙られたのだ。その帰路でオモニが言った。「私が朝鮮人だからこんな思いをさせてしまって、ごめんね……」。思いもよらぬ、悲しく悔しい言葉だった。

悩んだ末、語ると決めた。「オモニは悪くない。悪いのは朝鮮人でなくて差別なんだって伝えたかった」。彼女の了解を得て原稿を書き上げた。完成したのは陳述の前夜だ。オモニの前で読み上げた。何度も言葉に詰まり、深夜に母と二人で号泣した。

迎えた二〇二一年二月一五日、中根さんは力強い声で陳述した。「僕は悪性外来寄生生物ではなく、人もどきではなく、中身ももろ醜いチョーセン人ではなく、家族に愛されて、家族を大切に思う人間です」。あの一言に至ると言葉に詰まったが、気を取り直した。「僕のことを大切に育ててくれた母が、自分が親じゃなかったらと悔やむ取返しのできないことがこの写楽のブログによって起きてしまいました。僕たち家族にとってこのことは一生消すことのできない、

2021

高裁勝訴後の会見直前、原告の中根寧生さんにオモニの崔江以子さんが声をかけた。名前と顔を出すのは今回が初めてだった。「自分が出ることでオモニに向いている矢を減らしたい。オモニがやっているように、差別に『否』という仲間を増やしたい」＝東京都千代田区で 2021 年 5 月 12 日

深い傷になると思います」

そして五月一二日、高裁は中根さんの思いに応えた。地裁の判断を維持した上でかつ賠償額を一三〇万円に増額した。一〇代の少年が受けた苦痛と恐怖、不安をより重く認定したのだ。

判決後の記者会見には顔と名前を出して臨んだ。自分が表に出ることでオモニに向かう矢を減じたい。そして差別に「否」という仲間を増やしたいとの思いだった。中根さんは言った。「弁護団、地元桜本、友人や家族に支えられて裁判を貫くことができました。でも警察や裁判で、思い出したくもないことを何度も話すことは、本当にしんどかったです。ヘイト被害に遭った他の人に『裁判をすれば』なんてとても言えない。やはり差別の被害者が裁判をしなくても救済され、ヘイトスピーチやヘイトクライムを本気で止めるルールが必要です」。被害者があえて前に出るしかない現実は何としても変えなければいけない。その思いが彼を支えた。

そして中根さんにはもう一つの「勝負」があった。今春進学した大学で、メディア報道で出る前に、裁判で闘っていること、そして司法判断にかける思いをクラブの先輩や監督、教員に話すことである。「記者会見よりもこの一週間、キャプテンや監督にどう説明するかが負担でした」。意を決してメールを送ると、すぐに返事が来た。「最高でも『がんばれよ』くらいかなと思ってたら、『何かあったら自分たちが守る』とか長文が。一緒の思いに立ってくれて本当に嬉しかった」。教員からは授業での講演の依頼があった。「何もなかったかのような不誠実な対応はできない」と学科で話し合ったのだという。闘いが新たなつながりを生んだ。幾つものハードルを越えて手にしたもう一つの、そして画期的判決に勝るとも劣らぬ「勝利」だった。

44 三三歳、「異郷の死」——入管体制（ウィシュマ・サンダマリさん）

一九四五年の敗戦後、日本政府が旧植民地出身者に為した最初の無権利化は、同年一二月の「衆議院議員選挙法改正」である。日本社会では「婦人参政権実現」として語られるこの改定で、日本は植民地時代には同じ「臣民」だった在日朝鮮人、台湾人の選挙権を「停止」した。「戸籍法の適用」を受けるか否かで線引きし、「内地」の戸籍法の適用を受けない植民地出身者からまず政治参加の権利を奪ったのである。

続く措置が四七年五月二日に即日施行された、天皇裕仁最後の勅令「外国人登録令」だ。いまだ日本国籍を有する外国人とみなすことで、国民としての法令順守、例えば朝鮮人学校ではなく日本の学校に通うことを求めると共に、徹底した管理・監視の対象とした。

五一年一〇月には出入国管理令も制定された。ＧＨＱの反対で断念したが、大沼保昭さんによれば、政府はスタート時点から、その段階では日本国籍者だった在日朝鮮人を対象にしようとしていたという。基準は選挙権と同じ「戸籍法の適

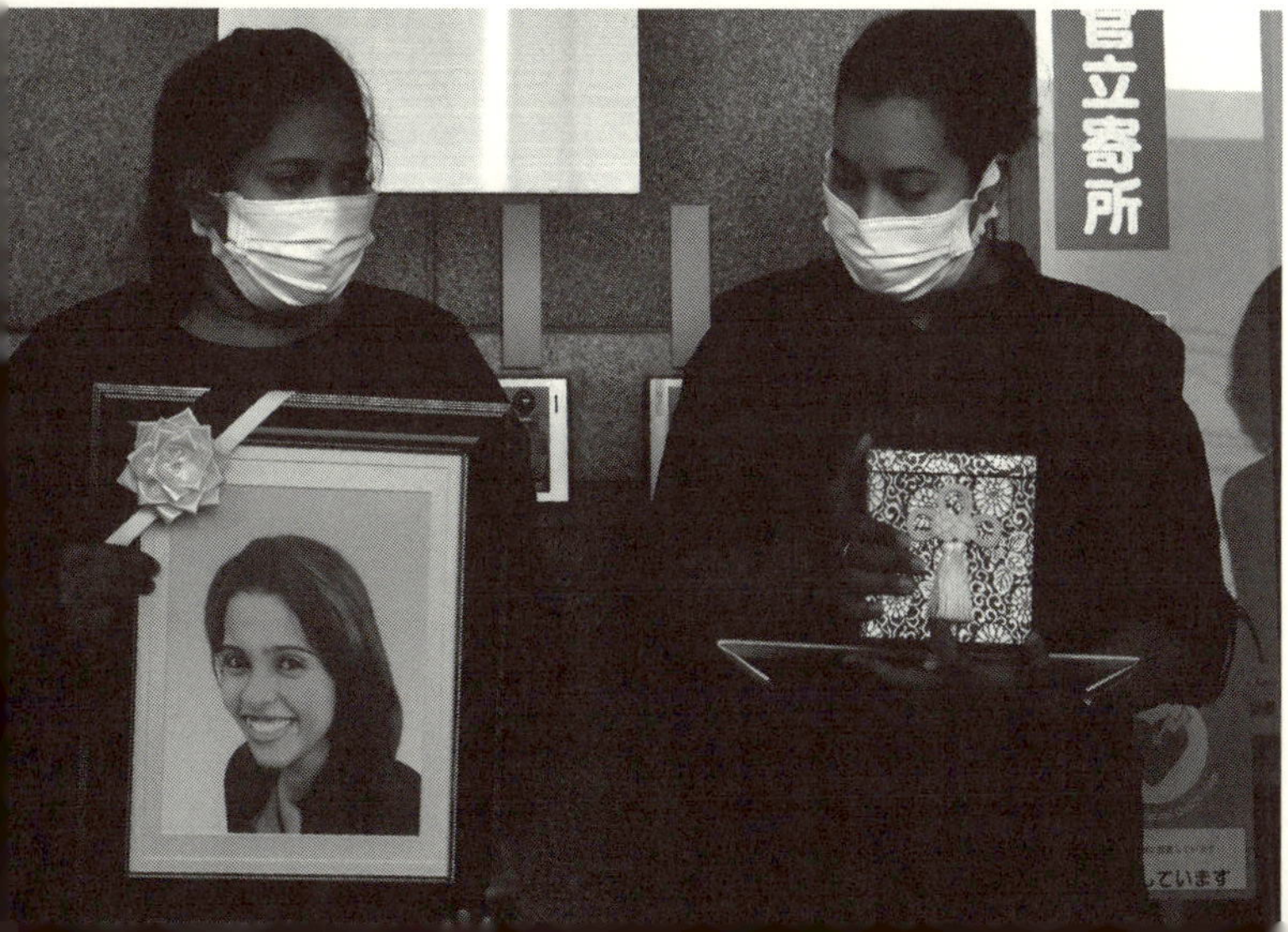

用」だ（『単一民族社会の神話を超えて』、東信堂、一九八六年）。

そして翌年四月二八日、サンフランシスコ講和条約発効に伴い旧植民地出身者の日本国籍は剥奪された。無権利化の完成である。外国人は「煮て食おうが焼いて食おうが自由」。いわゆる「入管体制」の完全施行だった。

成り立ちから邪なこの体制は二〇二一年の現在も続き、非日本国籍者の生を蹂躙し続けている。在留許可期限を越えて滞在する者や、離婚や失業、退学などで在留資格を失った者を拘束し、国外退去しない／できない者を司法手続きもなく収容施設に放り込み、刑期なき「囚人生活」を強いる。その全権を掌握しているのは出入国在留管理庁だ。特別高等警察（特高）の思想・人的流れを汲む、人権とは対極の反社会的集団である。

収容施設などで死亡する者も少なくない。全国難民弁護団連絡会議によると、一九九七年から二〇二一年五月現在までに、少なくとも二一人が落命している。うち五人は自殺だ。職員による暴行致死が疑われる者（一九九七年）や、送還中に職員に制圧されて死亡した者（二〇一〇年）、「死にそうだ」と不調を訴えても放置されて絶命した者（二〇一四年）もいる。

一九五〇年に稼働した「入管体制」の象徴で、朝鮮人を収容、送還するために設立された「旧大村収容所（現・大村入管センター）」では二〇一九年、処遇への抗議でハンストをした者が餓死する事件も起きた。五〇、六〇年代のことではない。ほんの二年前だ。

しかもこの餓死事件を契機に、当局が二〇二一年の通常国会に提出した「入管法改定案」は、「三回目以降の難民申請者は退去強制の対象にする」「送還拒否者への刑罰を創設する」など、入管当局の権限を更に強化する内容だ。収容期間の上限設定や司法の介在など、人権上の改善は欠片もない。彼らの頭の中では、悪いのはあくまで「ガイジン」。在留資格を持たない者は人ではない。「何をしても、どんな目に遭わせてもいい存在」なのである。

この入管体制の犠牲者の一人が、スリランカ人のウィシュマ・サンダマリさんだった。絵を描くことと子どもが大好きで、日本語を学び、日本の子どもに英語を教え、将来は故郷で教育に携わりたいとの夢を抱いて二〇一七年六月、「留学生」として来日した。だが事態は暗転する。何らかの事情で学業を中断し、二〇年一月に在留資格を失ったのだ。同居するスリランカ人男性からの暴力に苦しんでいた彼女は同年八月、警察に行ったが、待っていたのはＤＶ被害者としての保護ではなく、「不法滞在者」としての現行犯逮捕と、入管施設への収容だった。

同居男性は故郷で彼女に「報復」すると宣言していた。身の危険を感じた彼女は当初の帰国希望を撤回し、滞日を希望した。だが入管は収容を解かず、職員が居室にやってきては執拗に「帰国」を迫ったという。重圧からか食事もままならなくなり、水を飲んでも嘔吐を繰り返したが、職員は憔悴し切った彼女に「リハビリ」と称して運動をさせた。詐病と決めつけての「虐待」だった。自力歩行が困難になった彼女に入管が用意したのは、車いすと、嘔吐用の青いポリバケツだ。入院はおろか点滴一本も打たれないまま、彼女は収容から約半年後の三月六日、居室と称する「独房」で事切れた。支援者との出会いに光を見出し、「人間に生まれてきてよかった（……）許すこと、助けることができるのです」と手紙に綴ってから二カ月足らず。最後となった三月三日の面会での別れ際、この日最も大きな声で振り絞った一言は、「今日連れていって」だったという。三三歳、酷すぎる「異郷の死」だった。

二〇二一年五月一六日、名古屋市で営まれた葬儀に参列した。喪主は妹で一家の二女にあたるワヨミさん。傍らには彼女の夫と三女のポールニマさんがいた。この日は入国後のコロナ対策の「自主隔離」期間が明けた翌日である。母は体調を崩して渡日を断念、愛娘との最後の別れに参列できなかった。

白い棺の向こうに座る遺族に頭を下げて焼香を済まし、棺の中にいるウィシュマさんに初めて会った。祭壇に飾られた写真が捉えた、明日を疑いもしないような笑顔との違いに愕然とした。死去してから二カ月半の「保存期間」を差し引いても、枯

れて水分を失い切った花のように萎んだ顔は、収容施設での虐待の末に死去した事実と、そこで彼女が味わった恐怖と不安、絶望を雄弁に語っていた。後の報道で、抜けた頭髪を補うためにかつらを装着していたと知ったが、あの顔以外、私は何も覚えていない。

葬儀の最後、参列者への挨拶に立ったワヨミさんは、妹に手を握られ、時に嗚咽しながら支援者や弁護士たちに言った。「もう誰も、外国の人がこんな目に遭わないようにお願いします」。その視線は幾度か、式場後方に陣取る報道陣に向いた。ワヨミさんはこう言いたかったのだと思う。「これは今初めて起きたことですか。なぜ今になってこれだけの報道関係者が来るのですか。最初からこれだけの関心が払われていれば、姉は死なずに済んだのではないですか」。申し訳なくて悔しくて、涙が止まらなかった。「収容所」で人が殺されることを許し続けるこの社会の一員として。そして、朝鮮人対策として構築され、先人たちが苦しめられてきた入管体制をいまだ「過去」にできていない自らの不甲斐なさに。

在留資格で人をランク付けし、「国民」から離れる程に享受できる権利と自由が減っていく。構造的に「無権利の存在」を生み出す入管体制とは、封建時代後の「身分制」であり奴隷解放後の「奴隷制」、レイシズムの制度化に他ならない。葬儀から二日後、与党は法案の成立を断念したが、これが新たな出発点だ。入管体制とは清算すべき絶対悪である。

2021

「もう誰も、外国の人がこんな目に遭わないようにお願いします」。嗚咽しながら葬儀の参列者に語り掛けるウィシュマさんの妹、ワユミさん（右から 2人目）とポールニマさん（右端）。彼女らの思いを蹂躙し、入管行政はいまも人の尊厳を奪い続けている＝名古屋市守山区で 2021 年 5 月 16 日

45 この倫理なき社会で――レイシャルハラスメント裁判

二〇二一年七月一四日、大阪高等裁判所の大法廷で、「レイシャルハラスメント裁判」の控訴審第四回口頭弁論が開かれた。「裁判所に何か伝えたいことがあれば、ここで言ってください」。原告側尋問の最後、「聞き役」の金星姫弁護士からそう促された彼女は、裁判体に向けて声を振り絞った。「本当に私……しんどいんです」

創業者会長、今井光郎氏の号令で、大手不動産会社「フジ住宅」社内で続いていたヘイト本・ブログのコピー配布などに対し、同社で働くパート社員で在日韓国人三世の女性（五〇代）が、今井氏と会社を相手取り提起した損害賠償請求訴訟である（25、32話参照）。地裁では勝訴。高裁はこの日が結審だった。

一審の大阪地裁堺支部は会長と会社に対し、連帯して一一〇万円を支払うよう命じた。「相場」で言えば高額だ。それだけ悪質だと認められたのだが、会社に反省の色は欠片もなかった。むしろそれは更なる攻撃の始まりだった。元より提訴後も文書は止まず、今井氏らは自己正当化に終始。社員の感想を「使った」原告攻撃も続いた。地裁段階ではこれが更なる悪質性認定に繋がったのだが、判決後は輪をかけて原告非難の度が増した。

勝訴のニュースがヤフーで配信されると、それにぶら下がるヘイトコメントの数々がA３版の用紙にカラーで印刷、配布された。挙句は会社のウェブサイトに設けた裁判特設ページで、敗訴判決を「実質勝訴」と発信した。完全な妄想である。社員なら彼女が原告であることはわかる。「カイシャを貶めた」と認定された彼女に対し、同僚の態度は明確に変わった。

「一審の判決が出るまでは、判決が出たらもうちょっと会社が変わるんじゃないかなと思ってたけど、今回、会社は一切、過ちを認めることもなくて、それどころか、社内、社外に対して私に問題、非があるんだと発信し続けている状況で……」。尋問で彼女は吐露した。

労働者と企業との契約に過ぎない「雇用」を全人格的な主従関係と勘違いしているとしか思えぬ今井氏とその取り巻き。そして自らの思想信条や良心までをも「カイシャ」に委ねて疑問を持たない社員たち。日本の企業文化を濃縮したカルト性は、以前に記したように、一昨年秋の尋問期日でも顕現した。四九席の傍聴券を求めて並んだ七四九人のうち、実に約六五〇人が会社の呼びかけに応じた社員とその親族、取引先だった。

その異様は、高裁段階でエスカレートした。尋問で会社側が法廷に送り込んできた「証人」は、入社後に日本国籍を取得した朝鮮ルーツの男性社員二人だった。彼らは履歴書に「韓国籍」と書いて採用されたことや、今井氏の社員への気遣いなどを礼賛し、「差別のない素晴らしい会社」と褒めたたえた。そして社内での配布文書は原告ら特定個人を攻撃しておらず、不快、差別と感じたことはないと主張して謝意すら述べた。そのうちの一人は取締役である。彼は社内のコンプライアンス委員会で、地裁判決が議題になったこともないと明言した。賠償命令が出た会長と会社の不法行為が不問に付されているのだ。

大勢に順応し、立場や所属、属性で壁を設けて他者への共感を遮り、良心よりも日常の継続を優先する。この裁判では一貫して、その「日常生活と倫理」の問題が迫り出している。正社員とパート、男性と女性、韓国籍と日本国籍……何をもってこの二人は、今も孤独と不安を強いられている彼女の「痛み」に耳を塞いだのだろうか。

そして何よりもこの構図を作り出した者たちの度し難さである。自らが被告となった法廷で朝鮮ルーツの男性社員にその忠誠心を競い合わせ、彼らに同じルーツを持つ非正規の女性を攻撃させる。自らを貶めていることになぜ気付かないのか。

底を抜いたとはこのことだろう。地裁段階での尋問の方がまだ「可愛げ」があった。そこでは今井氏が尋問に立った原告側弁護士に「左派嫌悪」丸出しの不規則発言を連発し、裁判長を呆れさせた。その「暴言」の幾つかは、職権で尋問調書から削除されていた。余りにナンセンスで逸脱していたからだ。地裁法廷で露わになったのは、傍聴席の社員からも笑いが漏れた会長の無知蒙昧だった。が、それでも高裁審理での虫唾が走るような感覚はなかった。

彼女の尋問は二人の後だった。ルーツを同じくする者が自分と会社との闘いに駆り出された事態について彼女は言った。「私と同じルーツを持つ人に『差別はなかった』『感謝しています』と言わせることでその行為を正当化する。姑息というか……」

彼女が法廷で類比したのは、米軍の「日系442部隊」だった。一九四一年一二月八日、日本軍が真珠湾を奇襲攻撃すると、米国では報復世論が高まり、当時、米国で生活していた多くの日系移民が「敵性国人」として砂漠の収容所に閉じ込められた。自国領内の者を的にした「報復」だった(後に歴代大統領はこれを差別と認め謝罪、補償しているが、日本政府は「拉致事件」への「怒り」を朝鮮学校生らに向け、今も見当外れの「報復」を続けている)。

その苦境の中で米軍人を志願した日系人の部隊が、442だった。ドイツ軍に包囲された部隊の救出など、白人兵は出せない死地に投入され、夥しい犠牲者と引き換えに戦果を上げたこの部隊は、米軍史上最多の勲章を得た。戦うことで忠誠と愛国心を示し、社会的地位を上げたのである。そして彼女は言及しなかったが、彼らの大きなモチベーションは、「ファシズムとの闘い」という大義だった。では会社から法廷に派兵された二人には何があるのか。

「なんて、私たちは……なんて酷いことをさせられてるんだろうと、悲しかった」

発話ボタンを押されたように、会長と会社への忠誠を尽くした彼らと自分との「闘い」を語り、憔悴を滲ませつつ彼女は、こう訴えた。「正直……しんどいんです」。司法に「回復」を賭けた彼女の偽らざる心境だった。

「この裁判では一審よりもはっきりと何が悪いのかを示していただいて、文書の配布を止めて欲しいと切実に思っています。会社にはそれを受けて真摯に考え、過ちを認めて、私に非があるかの発信を止め、私の主張を正しく伝えて、今後、差別を助長するような一切の行為をしない、従業員に対してもさせないと社内外に発信していただきたいと思います……」。そして彼女は訴えをこう結んだ。「あと何より、私は……安心して働きたいです」

高裁判決は二〇二一年一一月一八日に言い渡される。暮らしの場からの「否」は、地裁を上回る司法判断を獲得するだろう。そして確実なことは、闘いで繋がった私たちの真価が問われるのはそこからだということだ。

2021

「韓国」を生きる――元死刑囚（李哲さん）

その「戦歴」からは想像もできない柔和な物腰で、ユーモアを交えながら、滔々と「思想の言葉」を紡ぐ。「壊された自分をもう一度、取り戻す。そのためには韓国中央情報部（ＫＣＩＡ）の連中に、『李哲《イチョル》を刑務所に入れたのは間違いだった。刑務所でもっと大きな人間になって出てきた。これは失敗だった』と言わせなければと決めたんです」

李哲さん。一九七五年、留学中の韓国で、「北のスパイ」にでっち上げられ確定死刑囚になった人物である。その後、無期懲役に減刑となり、民主化翌年の一九八八年に釈放された。翌年、日本に戻り、二〇一五年には再審で雪冤を果たし、二〇一九年には大阪で、文在寅大統領から直接の謝罪を受けた。二〇二一年六月、その半生を『長東日誌』（東方出版）にしたためた。これは自由と平等を希求するすべての者たちに差し出された闘いの「バトン」である。

一九四八年、在日二世として熊本県の民団系人士の家に生まれた。中央大学で同胞団体に参加し、通名を捨てた。民族性を奪い返したい。韓国人としての主体を獲得し、民主化、統一にも貢献したい。募る思いを果たす数少ない回路は当時、民族学校か「留学」だった。

ソウルの高麗大に通い始めたある日の早朝、ＫＣＩＡの係官が下宿に来た。目隠しされて拉致されたのは、民主化弾圧の象徴、南山《ナムサン》（ＫＣＩＡ本部）だった。

暴行と尋問、地下室での拷問が続き、友人や知人も連行される。ＫＣＩＡは、李さんの婚約

者、閔香淑《ミンヒャンスク》さんとその母、趙萬朝《チョマンヂョ》さんにも言及し、「自白」しなければ二人を拘引して李さんの目の前でレイプすると言い放った。自白とは「北韓のスパイ活動をしていた」という当局のシナリオを認めることだ。「彼らは実際にやる人間なんです。怖くて、『それだけはやめて下さい』と哀願し、言いなりになるわけです。北に二回行ったかと言われれば「はい、二回行きました」と答える。なんの抵抗もできずボロボロになっていく。殴られること以上に悔しくて、自分に愛想が尽きる。あの時の葛藤、苦しみ……今でもあの感情を引き摺ってる。獄中で常に頭にあったのは、あの拷問に耐えられなかった悔しさ、不甲斐なさ。克服なんてされない。一生涯亡霊のように付きまとう。あんな思いは二度としたくない」

　三九日で完全屈服した。「北で間諜指令を受けた」との「物語」を是認、裁判でも認めた。検事は李さんを「社会から永遠に抹殺しなければならない」と罵り死刑を求刑した。判決も極刑だった。しかも「自供」の結果、閔さんまでもが共犯とされ三年六月の実刑を受けた。自己確立のため父祖の地に渡った青年に対する「祖国」の仕打ちだった。

　だがそこから彼は、壊れた心を作り直していく。「生き直し」を決意させたのは、熊本から面会に来て、抵抗を諦めた息子を叱り飛ばし、闘えと促したオモニ。李さんの無実を信じ、渡韓と面会を重ね、各方面に働きかけた同級生や支援会の者たち。何よりもどこまでも自分を信頼し、支えてくれる閔さんと趙オモニの存在だった。

　そして彼を支えたもう一つの柱は信仰だった。「学び」を奪われた留学生の渇きを見かねた囚人が、マルコ福音書を密かに差し入れてくれたのだ。「辛ければこれでも読みなさいと、窃盗の一般囚です。顔も名前も分からない『天使』でした。最初はカトリック信者である趙萬朝オモニの思いに応えたいと思って勉強しようと思ったのですけど、夢中になって読みました」

胸を衝かれたのはイエスの生き様だった。「貧しい人、困難な状況にある民衆の救済に命を懸けた。まさに自分がやりたかったことだし、それで死刑にされた。二〇〇〇年前にこんな人がいたのだと。傲慢ですけど、イエスを『형님《ヒョンニム》（兄）』と呼ぶようになりました」。最初は共感であって信仰ではなかったと繰り返し、李さんは笑ったが、私は思う。彼のように、イエスを生きようとする者のことを信仰者というのだと。

「私は二度と屈しない」。その思いをぶつけた闘いが「大邱七・三一事件」だ。当時、韓国最凶と恐れられていた大邱矯導所で、仲間と処遇改善闘争に踏み切り、独裁政権の暴力装置だった刑務所で、断食のみを武器に大きな成果を勝ち取ったのである。

時は一九八五年、光州民衆抗争から五年、李承晩、朴正熙時代以上ともいわれた全斗煥《チョンドファン》独裁時代だ。学生、労働運動への徹底弾圧がなされ、大手メディアは軒並み政権の「侍女」と化していた。獄中闘争は、沈滞状況にあった民主化運動再興の起爆剤だった。

釈放されて日本に戻った。すぐに渡韓したかったが、旅券が発給されなかった。加えて韓国から入る情報は、自らの身の危険に関することばかり。再訪の実現は金大中政権時代の二〇〇一年。釈放からさらに一三年が経っていた。

手記は阪神大震災を契機に書き始めた。二人の子に両親の過酷な人生について知って欲しいとの思いだ。電気工事の現場へ行き来する電車内や昼食後の二、三〇分で書き溜め、分量は大学ノート七冊分に達した。私家版のつもりだったが、読んだ友人は出版を勧めた。支援者に獄中の話を報告したかったたし、韓国民主化を更に進める足掛かりになればとの願いもあった。加えて「在日の若者たち。特に朝鮮学校をでた若い人に私のような存在を知ってもらい、南北和解や統一、祖国への貢献について考えて欲しい」との思いが膨らみ、刊行を決心した。

闘争の数々はもちろん、出会った囚人たちの姿が横溢する。文益煥《ムンイクファン》牧師ら民主化、統一運動の偉人だけではない、一般犯罪での死刑囚も等価な命として描かれる。

その一人は洪春基《ホンチュンギ》さんだ。二〇歳そこそこの彼は貧困ゆえに人を殺め、国家に殺される身となった。いつ来るか分からぬ執行に怯える洪さんを「一緒にいこう」と慰めていた李さんだが、ある時、彼の前で政治犯である自分の「正しさ」を口にしてしまう。「(自分には)何の罪もない、堂々と死ねる」。兄貴と慕う李さんの一言に洪さんは言った。「兄貴はいいよね、私は殺人犯だから……」。彼はほどなく執行された。「先に行って待っている」との言伝を残して。名もなき刑死者たちの生き様をも刻みつけ、悼む姿勢には彼の人間性がにじむ。

一九九〇年には「在日韓国良心囚同友会」を結成。約七〇人いる在日政治犯の名誉回復にも取り組んできた。サインには必ず北宋時代の詩人、蘇東坡が囚われの身となった時に詠んだ句「是処青山」を記す。「何処で死んでも、どこで埋葬されてもいい」との境地に共感するという。その根底には、韓国の民衆と願いを同じくし、民主化の実現に向けて闘ってきたとの自負と、これからもこの道を歩み抜くとの覚悟がある。「韓国を生きる」との「思い」こそが、かつて「祖国」に蹂躙された李さんにとっての祖国なのだと思う。

47 狼や見果てぬ夢を追い続け――東アジア反日武装戦線

狼や見果てぬ夢を追い続け――

二〇二一年の八月一五日に観たドキュメンタリー『狼をさがして』（金美禮《キムミレ》監督、二〇二一年）。ラストに浮かぶこの句に胸を掻き毟られた。詠み人は大道寺将司さん。一九七四年八月三〇日、東京・丸の内の三菱重工本社前で爆弾を炸裂させ、結果的に八人を殺害し、三八五名に重軽傷を負わせた、いわゆる「三菱重工爆破事件」の主犯である。

「東アジア反日武装戦線〝狼〟」を名乗っていた彼らはまた、朝鮮植民地化と南北分断、経済侵略の責任を引き受け、在日朝鮮人を見つめ、朝鮮に応答しようとした者たちだった。

大道寺さんは一九四八年、「北海道」の釧路に生まれた。政治の季節に多感な時期を過ごした彼は、従兄の太田昌国さん（『「拉致」異論』『ゲバラを脱神話化する』など）の影響を受け、世界変革への思いを研ぎ澄ます。「アイヌモシリを侵略した入植者の末裔」が、おそらくは生涯にわたる彼の自己規定であり原罪認識だった。

安保闘争の一九七〇年、法政大学に進学する。前年には「入管法案」が提出されていた。従来の入管令を法律とするもので、来日する外国人の経済活動の範囲など、「遵守事項」を細分化する他、在留外国籍者の「政治活動」への規制を大幅に強める内容だった。新たな「弾圧の武器」に対して、在日朝鮮人や中国人から「成立阻止」の声が上がる。その反対闘争の中から飛び出したのが、一九七〇年七月七日の「華青闘告発」だった。

在日華僑の左翼系団体「華僑青年闘争委員会」が、中核派など新左翼党派を「抑圧人民」などと批判し、訣別を宣言したのである。在日朝鮮人や中国人を自らの運動に糾合する一方、外登法や入管法の問題には冷淡かつ無関心な新左翼党派の「裏切り」に、一九五〇年代の反米武装闘争に在日朝鮮人を動員し、逮捕、起訴、退去強制などの犠牲を強いながらもその歴史を総括しない日本共産党の「政治的利用主義」を重ねたのだ。口を開けば「階級闘争」を唱えるが、植民地帝国日本の「国民」に他ならない自らの責任を問わず、天皇裕仁のポツダム宣言受諾で「終戦」を得た「恥」を雪《すす》がない日本左翼、リベラルの度し難さを射抜いたのである。

大道寺さんらはこれに応答しようとする。安保闘争の挫折を経て、大学は中退していたが、仲間と学内にノンセクト系の研究会を立ち上げ、朴慶植《パクキョンシク》『朝鮮人強制連行の記録』（一九六五年）などをテキストに日本の責任を見つめていく。会は活況を呈するが、観念的な「正義」の追求は、「敵の全否定」という政治の毒に染まっていく。行きつく先は武装闘争だった。

標的は天皇裕仁である。侵略と植民地支配、数百万人の死に責任を持ち、沖縄を米国に差し出し、広島への原爆投下を「やむをえない」と嘯いた恥知らずを指弾し責任を取らせるのは当然だが、その手段は「お召し列車」を狙った爆殺だった。裕仁だけではない「御付き」はもちろん、列車運行者や一般市民らをも巻き添えにしかねない「作戦」である。だが歯止めはかからなかった。「命を否定する発想」こそが、次の破局をもたらしたのだろう。

現地視察までしたが、当局の動きを警戒して計画を断念した彼らの前に、背中を押す一人の在日朝鮮人が現れる。大阪出身の在日二世、文世光《ムンセグァン》だった。七四年八月一五日、韓国での光復

2021

節式典に忍び込んだ彼は、朴正熙に向け拳銃を乱射、朴の妻ら二人が死亡した。いわゆる「文世光事件」である。指揮系統や、文の銃撃で妻らが絶命したか否かなど諸説ある事件だが、南北分断と、米国の東アジア戦略を盾に専横を続ける独裁者を暗殺しようとした二二歳の行為にうたれた「狼」たちは、文に応答しようとする。

それが次なる破局、企業爆破だった。標的は旧財閥系の元軍需企業の数々である。狼の狙いは、二〇二一年九月の現在も韓国大法院の賠償命令を無視し続ける戦犯企業の筆頭格、三菱重工だった。彼らは裕仁殺害用の爆薬四〇キロを平日昼間のオフィス街で炸裂させることを決めたのだ。事前に電話で予告すれば企業は一帯から人々を避難させ、建物の破壊に止まると考えていたのだ。実際、彼らは幾度も電話したが、警備員らは「悪戯」と無視した。そもそも甘すぎる見立てだった。もたらし得る事態への想像力を彼らは放棄していた。軽すぎる作戦は大惨事をもたらす。加えて彼らは、死傷者は同じ労働者でも市民でもない、日帝中枢に寄生する「植民者」だと、開き直りでしかない声明を出すのである。

この行動に二つのグループが続く。〝大地の牙〟と〝さそり〟である。彼らもまた、一九二二年に発覚した「中津川朝鮮人虐殺」(新潟県のタコ部屋で起きた朝鮮人労働者の虐待、虐殺事件)に責任を持つ「大成建設」や、同じく朝鮮人に奴隷労働を強いた「間組(現・安藤ハザマ)」などに攻撃を仕掛け、一九七五年、「反日」グループは一斉検挙される。

彼らが夢想したのは過去清算であり、旧植民地の青年たちとの連携、協働による自由、平等な社会の実現だった。「大地の牙」が、韓国への経済進出を支援するシンクタンク、韓国産業経済研究所を攻撃したのは四月一九日。米国の傀儡、李承晩を韓国の青年たちが失脚させた一九六〇年、「四月革命」の日付だった。そのピュアな思いが悲しい。大道寺さんらが「極左テロリスト」「反社会テロ集団」として裁かれている最中にも韓国の青年たちは決死の闘争を続け、一九八七年の民主化を果たした。「揺り戻し」で生まれた朴槿恵政権を倒したのは、流した血から学んだ非暴力の「ろうそく革命」だった。さらに痛切なのは、彼らの行動が、連合赤軍による陰惨な仲間殺しと相まって、「社会変革」や「理想」などの言葉と実践が、何か胡散臭い、危険なものとして敬遠される、今に続くこの社会の空気を作り上げる一因となったことだ。

彼らの思いと歴史を辿り、映像作品にしたのは、他でもない旧植民地出身の作家、金美禮さん（『ノガタ（土方）』『外泊』など）だった。「思想的邂逅」ともいえるが、余りに切ない。

大道寺さんは獄中で、死刑執行の足音と、進行する多発性骨髄腫の激痛に苦しみながらも、本来、対話の相手だった者たちを「植民者」と罵倒した過ちと、目的は手段を浄化しえない真実。そして殺人という償えぬ罪に向き合い続けた。事実上、最後となった太田さんとの面会で、彼は唐突にこう語ったという。「人を殺めたことのある人間と、殺めたことのない人間との間には絶対的な壁がある」

二〇一七年五月二四日、大道寺さんは六八歳で獄死した。「生き直し」を許さぬ日本の死刑制度の中で、生きて獄外に羽ばたいたのは俳句という一七音の結晶だった。痛苦の中から紡ぎ直された「見果てぬ夢」を分かち持ち、飛翔させるのは、遺された者の責務だと思う。

2021

48 「他者なき世界」という病理――レイシャルハラスメント裁判（高裁判決）

家父長的体質、全人格的な雇用関係、外部の欠落、ムラ社会と排他性、自発的隷従。不動産会社「フジ住宅」の社内で罷り通ってきたヘイト文書の配布や右派教科書採択運動への動員を巡り、創業者会長の今井光郎氏と同社の不法行為責任が問われている「レイシャルハラスメント裁判」。そこから浮かび上がるのは、極端だが例外ではないこの国の「カイシャ文化」、そしてそれがレイシズムと歴史修正主義に汚染された時のグロテスクな姿である。

社内でのレイハラを推進してきた今井氏は「右派のタニマチ」としての顔も持つ。二〇一四年には自らの名を冠した一般社団法人を設立し、自民党衆議院議員の杉田水脈氏や「新しい歴史教科書をつくる会」など、差別煽動と歴史否認を重ねる個人、団体に助成金を出してきた。

他者なき振る舞いは裁判所でも全開だった。原告側の尋問時に会長が不規則発言を連発。「私は正しい」「反省するのは貴方方《あなたがた》」などと言い張り、質疑が成立しなかったのは既に書いた（25話参照）。それだけではない。毎回、コアメンバーは日本人拉致問題のシンボル「青リボンバッジ」を胸に法廷前に並ぶのだ。何人かのそれは日の丸付きの特製品である。

彼らはその都度、「メッセージ性のあるバッジは外して入廷する」ことを求める裁判所職員と揉め、支援者が職員に「あんた国民やろ」「日本国民ちゃうんか！」などと怒号した。古今東西、レイシストが発する常套句「ここは俺たちの国だ」に通じる言動だ。挙句は二〇二〇年、地裁堺支部のバッジ禁止は憲法違反として、計三九〇万円の損害賠償を求める国賠訴訟まで提起した。原告三人の筆頭は今井氏である。裁判で公然化したヘイト文書配布や右派教科書採択運動への動員や、それ以降の言動も含め、今井氏らの対応は、社会的存在である企業の評価を貶めているとしか思えないのだが、正社員からの異論は聞こえてこない。会社組織の一員としての「痛覚」がないのだろうか。

二〇二一年一一月一八日、その在り様に更なる「否」が言い渡された。大阪高裁（清水響裁判長）はこの日、地裁堺支部での原告全面勝訴を維持した上で、一一〇万円の賠償額を一三二万円に増額。さらにはヘイト文書の配布差し止めまで認めた。

控訴審での獲得目標は大きく三つだった。「配布態様によらず、ヘイト文書の配布それ自体を違法な差別と認める」「被害に見合う賠償額の認定」。追加請求した「文書配布の差し止め」である。一審判決後も会社は態度を改めなかった。それどころか、「殴り倒してやりたい」といった社員の「感想文」や、会長の「支援者」がブログに書いた原告非難の文章、ニュースサイトに書き込まれた罵詈雑言などが「社内文書」として配布されていた。

表現行為に直結する「差し止め」は認定のハードルが高いし、退けられた場合は相手に「正当化」の口実を与えかねない、ましてや敗訴判決を「実質勝訴」と自社のサイトに記載する企業である。だが彼らの自浄が期待できない以上、加えざるを得なかった。

判決で高裁は企業の反ヘイト責任を明確にし、複数の画期的判断を明記した。

裁判体はまず、原告には「差別的思想を醸成する行為が行われていない職場又はそのような差別的思想が放置されていない職場において就労する人格的利益がある」と明言し、その「人格的利益」の保護を使用者の義務と解することが、「憲法一四条」や「人種差別撤廃条約」、そして「ヘイトスピーチ解消法」の趣旨に適うとまで踏み込んだ。加えて「パワハラ防止法」を踏まえ、使用者には、「差別的な言動が職場で行われることを禁止するだけでは足りず、そのような差別的な言動に至る源となる差別的思想が使用者自らの行為又は他者の行為により職場で醸成され、人種間の分断が強化されることが無いよう配慮する義務がある」とした。

その上で高裁は、配布文書に記された「在日は死ねよ」「嘘つき」「野生動物」などの文言は公序良俗（民法九〇条）に反するヘイトスピーチにあたると認定。そこに至らぬ内容であっても、「売国奴」などの罵倒は、「ヘイトスピーチ同様、専ら国籍や民族を理由とする対立や差別を煽動し、人種間の分断を強化する効果を有することに変わりはない」と指摘した。

職場における「差別扇動の禁止」のみならず、人種差別思想が醸成されない職場環境への配慮義務を企業の「一般的義務」と言い切った。これは司法史上、初の判断だ。今回にとどまらぬ、職場でのハラスメント事件と闘う「武器」になる。

そして特筆すべきは、より人種差別撤廃条約の定義に忠実な形で人種差別を認定したことだ。同条約の定義を素直に読めば、加害者の「目的・動機」か、実際の「効果・結果」のいずれかがあれば人種差別は成立する。しかし先行する徳島事件では双方が揃ってはじめて人種差別を認定した。同条約を使い、目の前の被害者が日本人でも人種差別は成立するとした、徳島事件の判断それ自体はヘイト被害の司法救済に大きく道を拓くものだが、今回はそれを越えた。差別の「目的」や「動機」は判断基準とせず、被告がその「優越的地位」を使って進めた文書配布などにより、社内で差別思想が醸成されたことが推認できるとして、「効果」「結果」の発生をもって人種差別を認めた。

ただこれは、差別への厳たる姿勢に基づく判断ではない。今井氏側は、配布は差別目的ではなかったと主張、実は裁判体もそれを採用している。相手を「立てた」上で、そこから違法性を導き出す上で採用したロジックが、より条文に忠実な条約の読みだった。皮肉な「副産物」ともいえるが、司法判断的に大きな前進を果たしたのは確かだ。

提訴や一審判決後の攻撃についても、「強い疎外感を与えて孤立化させるとともに、本件訴訟による救済を抑圧することは明らか」と批判し、賠償を増額した。被害に見合うとは思えないが、米国のような懲罰的賠償を認めない日本司法の建付け上の限界でもある。だからこそ裁判体は、二の足を踏みがちな「差し止め」を仮処分付きで認めたのだろう。

判決後の報告集会で、明日からまた出社する緊張と、会社に判決を受け入れて欲しいとの思いを込めて彼女は言った。「嬉しいけど、まだ終わってない。いつかこの裁判、この結果が何かこの日本社会に大きな希望となればいいと。自分がやったことと同じことを若い人たちには経験して欲しくない。皆さんと一緒にやっていけたらと思う」

集会の最中、会社側の上告方針が伝わった。会長とその眷属は、いつまで彼女を苦しめるのか。この反省無き会社が、日本では東証一部上場、経産省認定の「健康経営優良法人」なのだ。

49 焼け跡に立ちあがる言葉――ウトロ放火事件

差別と闘うとは、今とは違う世界を夢見ること。現実を凌駕するだけの想像力を鍛えることだ。共に闘う繋がりの拡大だけではない。いまはまだ出会えぬ者たちとも友人やきょうだいとなり得る未来を思い描き、対峙している相手も変わり得るとイメージすることだ。

「ウトロ地区」の闘いが描いたのも、今とは違う未来という「夢」だった。戦中の軍事飛行場建設で集められた朝鮮人労働者とその家族が「住め」といわれて住んだ場所である。だが敗戦後、土地は国策企業の後継会社「日産車体」に引き継がれ、「不法占拠者」とされた住民は立ち退き訴訟の被告となり、二〇〇〇年に最高裁で敗訴した。「土地所有権」に矮小化された裁判で、彼らがそこに居ることの歴史性は歯牙にもかけられなかった。

だが、本番はそこからだった。司法機関の最終決定に対し、住民は徹底抗戦に踏み切る。闘うしかなかったのだ。最後の選択は「そこに住み続けること」だった。

闘いを共にしたのは地元の総聯支部であり、集落外の日本人や在日同胞である。国内法が駄目ならと、支援団体は国連の社会権規約委員会に窮状を訴え、代替地なき強制執行への「懸念」と、差別是正の勧告を引き出した。残念ながら日本政府を動かす実効力はなかったが、最高裁決定後もなお、メディアを含めた社会的関心を繋ぎ止めた。

「礫」が尽きればそこで終了の闘いは、しかし、途切れることなく続き、韓国の民主化闘争世代がそこに加わった。彼らの来訪は二〇〇五年に本格化する。ウトロに入り、住民と寝食を共にし、聞き取りと対話を重ね、どのような「解決」があり得るか、自分たちに何ができるかを考え、韓国に持ち帰って協議する。彼らが口を揃えたのは歴史へのケジメだ。在日同胞を切り捨て、経済発展目当てに日本と国交を樹立した、韓国の国民としての責任だった。

植民地支配の責任を有する日本政府、飛行場建設を進めた京都府、住民福祉を担うべき宇治市がその責任を打っ棄る一方で、韓国の市民運動は波動を起こし、盧武鉉政権を突き動かして買い取り予算を成立させた。キーワードは「過去清算」である。

二〇〇七年一一月、ウトロに隣接する公共施設で催された在外同胞NGO大会で、ウトロ町内会の金教一《キムキョウイリ》会長（故人）は、韓国人、日本の支援団体、在日朝鮮人、在日韓国人の連携による事態の打開に謝意を述べて言った。「私は確信します。人は……人を助けるものなんです！」。人は正義を求める。人は他者の痛みに共感できる。それこそが展望だった。

「『陸の孤島』やったのが日本の人が入ってくるようになった」「日本人が来てくれるやろ、そしたらここ（胸）に固まってたもんが解けていくんや」「やっぱり民族やで、同胞やで」「恨《ハン》が解けたわ」「今が人生の最高潮やわ」……ウトロの女性たちの言葉には、世界への「信頼」を得られた喜びが滲んだ。確固たるものではないと思う。でもこの差別社会で生きるため、端から諦めていた感覚にやっと手が届いたのだ。

レイシストの攻撃も激しかった。ネット上の罵詈雑言はもちろん、町内会には「出ていけ」との手紙も来た。公営住宅建設案も恰好の「ネタ」になった。二〇〇八年一二月から二〇二二年一月現在まで、ウトロを標的にしたヘイトデモは判明分だけで一三回に上る。それをも共闘

2022

で跳ね返し、ここしかない「故郷」を守り抜いた。

「土地問題」勃発以降、地区を取り巻き、見つめて来た看板の数々には、これら住民らの生の軌跡が刻まれていた。最高裁で敗訴し、退去強制の危機が迫る中で内容は尖り、枚数は増えた。事態に「光」がさした二〇〇八年一月には、「地域の一員」として「共に生きる」ことを強調する内容に変化した。闘いを通して育んだ社会像だった。闘いの後に残った文字や絵は、まさに協働の轍である。土地問題の解決に伴い、看板は取り外されて地区内の倉庫に保管され、二〇二二年春に開館予定のウトロ平和祈念館に収蔵されるはずだった。

その最中の二〇二一年八月、事件が起きた。奈良県の日本人男性（一九九九年生）が、看板を置いていた倉庫に放火したのだ。七棟が全半焼。うち二棟には子ども二人を含む二世帯計五人が暮らしていた。死傷者が出なかったのは不幸中の救いだが、看板三六枚が焼損した。

「ウトロは在日のふるさと」「ウトロを無くすことは在日の歴史を無くすこと」「ウトロを無くすことは日本の戦後を無くすこと」「ウトロを無くすことは日本人の良心を無くすこと」。倉庫入り口の看板に記された文言だった。おそらくこれを読んだ後、彼は空き缶で作った発火装置に火を点けて、倉庫に引火させた。

「放火なん？」。事件後、総聯支部委員長の金秀煥《キムスファン》さん（一九七六年生）は、複数の住民からこう聞かれた。「認めたくなかった」と言う。警察は当初、倉庫裏の空き家を火元と特定した。誰かが盗電し、漏電したとの見立てだ。「ここの火事なら不始末に違いない」との差別意識が透けて見えたのは腹立たしかったが、それでも金さんは「失火」と信じたかった。

2022

放火事件から約２週間後、現場から焼損した立て看板などを運び出すボランティアたち。その姿は、闘いから紡ぎ出された言葉の数々を救い出しているようにも見えた。ハングルの看板は韓国・セウォル号事故生存者の元高校生らがウトロ訪問時に描いた＝京都府宇治市で 2021 年 9 月 12 日

事態は三カ月後に急転する。名古屋の民団施設に放火して逮捕された二二歳の男性が、ウトロの放火を自白したのだ。捜査員が追及したのではない、取り調べの席で自ら口にしたのだという。犯人逮捕が報じられると、ネットには犯行を称賛する書込みが相次いだ。金さんが目の当たりにしたのは「やっぱりな」と慨嘆する住民たちの姿だった。

報道によれば彼は、「朝鮮人が嫌いだった」との内容を供述している。彼は奈良県でも民団関連施設に火をつけたと言う。供述や態様からも犯行は差別的動機に基づく「ヘイトクライム」と推認される。個人に恨みや怒りがあったのではない。ウトロだから、朝鮮人が住んでいるから放火されたのである。差別と対峙するとは、自身の内奥から湧き出す諦念との闘いでもある。事件は闘いで積み上げた住民たちの「信頼感覚」を揺るがしていた。

焼損した看板は事件から二週間後、在日青年たちの手で回収された。瓦礫の中から掴みだされた展望の言葉の数々は、事件の記憶と共に平和祈念館に収蔵される。あの焼け跡から次の一歩を踏み出し、毀損された展望を取り戻し、先人に贈りたいと思う。

模倣犯への不安を孕みつつも街は日常を取り戻している。春には刑事裁判が始まり、そこで事件の全体像が明らかになるはずだ。金さんは言う。「もし一世のハンメがご健在なら、落胆した後、被告にこう言ったと思う。『アンタ、何でアホなことして人生棒に振るんや。もう許したるから歴史学んでやり直しや！』」。その通りだ。そして返す刀でハンメは私たちに言ったはずだ。「アンタらもな、もう落ち込まんと前向きや。そしたら何とかなるねん。ウチらこれまでもそうしてきたんや！」

2022

50 彼女の言葉は、岸辺に流れ着いた――伊藤詩織さん

「投壜通信」――難破船に乗り合わせた者が、沈みゆく船の中で大切な人に宛てて手紙を書き、壜に詰めて海に投擲する行為のことだ。思いもかけぬ災厄の中から、それでも「いつの日にかはどこかの岸辺に――おそらくは心の岸辺に――流れ着く」ことを信じて。ナチスの時代を生き延びたユダヤ人の詩人、パウル・ツェランはそこに言葉や詩の本質を見た。

ジャーナリストの伊藤詩織さんが壜を投じたのは二〇一七年五月。元TBSワシントン支局長、山口敬之氏を相手取った準強姦罪での告訴が不起訴にされ、検察審査会への不服申し立て後に顔と名前を出して記者会見をしたのだ。

事件は二〇一五年四月に起きた。米国で面識を得た山口氏に、ワシントン支局での現地採用が可能かを相談していた彼女は、何らかの事情で一時帰国していた彼から呼び出された。何人かでの会食と思って指定の店に向かうと、居たのは彼だけ。二件目の寿司屋で飲食中、伊藤さんは突然、意識を失った。気が付くとホテルの部屋。山口氏が圧し掛かっていた。

日常が破壊された。心身の傷に苦しみ、自らを責めて自死も考えた。そんなどん底から友人知人らの支えで刑事告訴を決意した。「捜査」と言うセカンドレイプも凌ぎ切り、ついに逮捕状が出た。だが上層部からストップがかかる。山口氏は「総理に最も食い込んでいる男」の触れ込みで、ニュースバラエティー番組への出演を重ねていた人物。安倍のヨイショ本も書いた業界随一の「アベ友」だ。逮捕を潰したのは当時、警視庁刑事部長だった中村格・警察庁長官

だった。彼は当時の内閣官房長官だった菅孝偉の「下僕」。政治に従属することでポストを上げて来た政権の「番犬」である。

検審に申立て、顔と名前を晒して不正を訴えたが、報道各社は及び腰だった。番犬のポチは権力には噛みつかない。ネット上では伊藤さんに対する罵詈雑言の嵐が吹き荒れた。検審は不起訴を是とした。刑事司法が機能しない以上、民事訴訟しかなかった。弁護士からは「刑事が駄目だった案件で勝つのは難しい」と言われたが、「被害者が泣き寝入りする社会を変えたい」「ここで『沈黙』すれば、これから『伝える仕事』はできない」と訴訟に踏み切った。

誹謗中傷はエスカレートした、鬱や心的外傷後ストレス障害（PTSD）に苦しみながら戦い抜いた二〇一九年一二月、東京地裁は山口氏に三三〇万円の賠償を命じた。

だが、ここからだった。二審で山口氏側は醜悪な印象付けに徹した。本件と無関係であるばかりか、根も葉もない「愛人疑惑」まで吹聴した。更には人から聞いたと逃げを打った上で、「真の被害者」なら「あのような笑い方はしない」とも言い募った。相手側の弁護士は軒並み、「慰安婦報道」を巡って朝日新聞を訴えた集団訴訟の代理人などだ。戦時性暴力被害者であるハルモニたちを「嘘つき」と罵ることに恥を感じない者の眷属だった。

卑劣の極めつけは昨年九月二一日の弁論である。意見陳述に立った山口氏は、証人席から彼女の方に身を乗り出し、十数分間に亘って彼女を「嘘つき」などと罵り、自分を嘘偽りで攻撃して名を馳せ、国際的な賞を獲ったなどと誹謗中傷した。下劣には底がない。

二〇二二年一月二五日の控訴審判決、既に廷内に居た彼女は、傍聴席に目を遣り、入ってくる友人・知人に目で挨拶をしていた。緊張の中にもやり切った清々しさがあった。

判決は一審同様、山口氏の性暴力を認定し、治療費を上乗せした三三二万円の賠償を命じた。だが高裁は、彼女の著書『Black Box』（文藝春秋社、二〇一七年）の記述などについて、相手方が訴える名誉毀損を一部採用、五五万円の賠償をも認めた。当該の記述は以下だ。「インターネットでアメリカのサイトを検索してみると、デートレイプドラッグを入れられた場合に起きる記憶障害や吐き気の症状は、自分の身に起きたことと、驚くほど一致していた」。裁判体は、これが不法行為に該当すると言うのだ。ジャーナリストには警察や検察の捜査権も、議員の調査権もない。ここまで慎重な被害検証が不法とされるなら、ジャーナリストに不正の追及などできない。あの裁判体は、後世の批判に晒される「恥」をも判決に刻んだのだ。

それでもこの勝訴の意義は毀損されない。元より本件は政治案件で、最も最高裁（＝政権）の統制が強い東京高裁が舞台だった。その高裁で勝てたのは彼女が闘い抜いたからである。映像作家としての国際賞受賞はもちろん、日本の #MeToo 運動の先駆として、『TIME』誌の「最も影響力のある一〇〇人」にも選ばれた。ヘイト漫画家ら、事件に便乗して自己顕示する恥知らずたちを訴えて勝訴を積み上げてもきた。高裁の外堀を埋めていったのだ。

判決日夜の会見。会場は記者で溢れ返った。彼女が最初に言ったのは、判決前に見た傍聴席だった。「二〇一七年五月、初めて自分の性被害を語った時、私が繰り返しお話しした刑法改正の必要性や、会見をした社会的・法的背景、被害者を取り巻く背景については余りフォーカスされなかったように思います。しかしそれから時間がたち、このようにしっかりカバーしてくだ

2022

さる記者の方、そして当初から支えてくれた友人の顔が傍聴席で見えました」

この日、彼女が柵の向こうに見たのは、孤独な闘いを始めた「私」が「私たち」になった事実だった。そこには彼女に応答したいと願い、卑劣な事件と政府介入への怒りを怒りでとどまらせず、「今とは違う未来」を作ろうと思う私たちが居た。彼女の言葉は岸辺に流れ着いた。

会見の最後、彼女に寄り添い続けてきた同年代の映像作家が、二〇代からの七年を闘いに費やした思いを訊いた。「後悔はしていません」と即答した彼女は、この間の苦難を想起しつつ言った。「一つ、個人として言えるのはやはり、時間はかかるかもしれないけど、声を上げたら必ず誰かに届くということ。それは私の信じているジャーナリズムの一つの希望だと思う。今まで上げてきた声がかき消されたり、届かなかったりってことが繰り返されて来た中で、私もそれを聞いてなかった一人だと思うし、この社会に生きてきた一人として何か変えたいと思って行動してきた。報道されても変わらない法律や、教育現場を目の当たりにすると、『伝えていく』ことの限りを感じることもあるけど、そこで諦めてしまってはいけない、ひたすらそこを伝えていくってことだと思います」。会見後、TBSも責任を認め、ついに彼女に謝罪した。

伊藤さんは上告した*。不同意性交罪の創設**、刑法改正、性暴力捜査の抜本的改善……彼女の目は「この先」を向いている。誰かの心の岸辺に届くことを信じて、彼女は言葉を発し続ける。宋神道さん、金福童《キムボクトン》さんら彼女が敬愛してやまないハルモニたちの背を追いかけながら。

* 最高裁第一小法廷は二〇二二年七月、上告を退け、二審判決が確定した。

** 二〇二三年七月、「不同意性交罪」を新設した「改正刑法」が施行された。

高裁勝訴後、都内で伊藤詩織さんの記者会見が開かれた。思いを分かち持つ仲間も詰め掛けた会場で、伊藤さんは言った。「願っているのは伊藤詩織ではなく、これが自分の近い人に起きたらどうなるかということを少しでも想像して頂きたいということでした」＝東京都で 2022 年 1 月 25 日
写真：本人提供

51 次の壁を突き崩すまで、もう少し——ウトロ放火事件

ヘイト犯罪を巡る日本の刑事司法の判断は、蛇行しつつも前に進んでいる。とりわけ京都朝鮮学校襲撃事件が起点となり、川崎・桜本の地域一丸の闘いを決定打に実現した「ヘイトスピーチ解消法」の成立以降、それは顕著に表れている。二〇一六年一〇月には、福岡市の商業施設のトイレなどに差別ビラを貼った男が建造物侵入で起訴され、懲役一年執行猶予三年の判決を受けた。起訴も判決も「相場以上」である。二〇一八年四月には、京都朝鮮学校襲撃事件の主犯格が起こした京都朝鮮学園への差別煽動事件で、ヘイト街宣では初の名誉毀損での起訴がなされ、翌年一一月、罰金刑とはいえ有罪判決が出た。法律施行から三年余で、京都、徳島両事件では適用もされなかった名誉毀損罪での有罪が実現したのだ。そして「川崎ふれあい館」へのヘイト葉書事件（38話参照）では二〇二〇年一二月、初犯の威力業務妨害では異例の実刑判決が言い渡された。

その背後には当事者の、まさに命を削る闘いがあることは忘れてはいけないが、民事だけでなく刑事裁判での判決も前進しているのだ。そして闘いは次の課題をも現前させる。次の壁が、判決理由に「人種・民族差別」を書き込ませ、量刑に反映させることである。

前述したように、これは二〇一〇年以降、日本政府が人種差別撤廃員会で答弁しているヘイトクライムへの対応なのだが（27話参照）、実際に在日が被害者の裁判でそれが実行された例はない。その場しのぎの嘘なのだ。福岡市の事件ではビラの排外主義性への言及はあったが、あくまで被害者は商業施設で、毀損されたのは顧客からの信頼である。差別を煽られ、ビラを目にしたかもしれないマイノリティ当事者の痛みは置き去りにされた。

京都・ウトロ地区で起きた放火事件の裁判は、この一線を超える「転機」たり得る。奈良県の男性が、非現住物建造物放火罪で起訴されてから二カ月が経つ。複数の民団施設への放火という連続性や、「朝鮮人が嫌い」「敵対感情があった」など、幾つものメディアが報じた犯人の言葉から考えれば、これは明白なヘイトクライムだ。

事件の重大性を伝える報道各社の精力的な報道は、逮捕から四カ月、起訴から三カ月を経た二〇二二年三月現在も続いている。だが最初からこうだったのではない。発生時の報道は軒並み地域面での扱い。いずれも来春に開館予定のウトロ平和祈念館の展示予定品が焼損してしまったという慨嘆系の内容だ。

警察の広報が一因だった。当局は端から事件性を否定し、盗電によって起きた漏電と見做していた。朝鮮人集落への偏見、差別があったという他ない。巡回の警官が、外国人と思しき者を狙って職務質問を重ねるのと同じ、レイシャル・プロファイリングだ。「失火」、すなわち住民の誰かの「不手際」ならば、メディアとて深入りしないのが人情だろう。

だが状況は一変する。民団施設の放火犯が犯行を「自供」した。初動捜査のミスだった。態様

2022

から考えて差別的動機が濃厚だし、警察の差別意識丸出しの「見込み」捜査が検挙を遅らせた不祥事である。全半焼した七棟のうち二棟には、子ども二人を含む五人が暮らしていた。人的被害が出なかったのは不幸中の幸いだった。報道の扱いも大きくなると思ったが、違った。各紙の扱いは何と発生時よりも小さかった。全国紙で、京都府内以外の読者にも届く社会面に掲載したのは『毎日新聞』のみ。他紙は「大した話ではない」というのである。

事の重大性がまるで認識されていなかった。関東大震災後の朝鮮人虐殺やナチスのユダヤ人絶滅政策、ルワンダでの大虐殺などが示す通り、ヘイト暴力は偏見から差別、暴力と過激化し、最後はジェノサイドに至る。京都事件から一〇年余、ウトロへのヘイト暴力は、ネット空間やヘイトデモでの罵詈雑言から、放火という、無差別かつ抹殺の意図をより鮮明にした段階に進んだ。しかしメディアはその危機を受け止めなかった。

それを盛り返したのは運動の力だった。ウトロ民間基金財団などは事態の重大性と住民の声をメディアに発信し続けた。一つの節目は京都事件を契機に発足した「京都府・京都市に有効なヘイトスピーチ対策の推進を求める会」が年末に開いた市民集会だった。ウトロ出身の京都朝鮮第一初級学校の卒業生で、京都事件の弁護団員でもあった具良鈺《クリャンオク》弁護士も韓国からＺＯＯＭで参加。「まるで自分の体が焼かれたようだった」と事件の衝撃を語り、こう訴えた。「一番怖いのは、社会の無反応です。どうか、みなさん、それぞれの場所で、この問題に関心を持って、広がりをもつ形で、ヘイトを許さないという強いメッセージを当事者に届けることができればと思います」。これにメディア記者が呼応した。『ＮＨＫ』や『Buzzfeed』、『朝日新聞』は供述を続報、これがヘイトクライムであることと、その危険性を報じた。

二〇二二年一月四日には有田芳生・参議院議員らが現地を視察、そして二月二四日には東京・永田町で、「外国人人権法連絡会」などが主催する院内集会が開かれた。

集会では、財団理事の金秀煥さんが登壇。「住民たちに、このような事件がもう二度と起こらない社会になったとメッセージを届けることが私の課題。この事件をめぐり社会が前進したと振り返れるようにしたい」と語った。具さんもオンラインで参加し、京都事件以降、確かな広がりを見せて来た「反ヘイト」の流れを止めないよう求めた。出席した複数の国会議員が連帯を表明した後、弁護士や研究者がまとめたヘイトクライム対策の提案が発表された。「政府によるヘイトクライム根絶宣言」「対策部署を内閣府に設ける」「政府言論（「選良」による「反ヘイト」の意志表明）」「被害者支援」「加害者への反差別研修プログラム」「現行法による対応、人種差別的動機の量刑ガイドラインの作成等」……。

「いずれも今すぐにできること」（師岡康子弁護士）を提起したのは「待ったなし」の深刻さゆえだ。差別主義者の標的になっている崔江以子さんの被害にも言及し、師岡さんは問いかけた。「勇気を出して被害を訴えた人を見殺しにしていいのか」と。

同じ日には宇治市議会が開かれていた。市議から事件の認識を問われた松村淳子市長は「偏見や憎悪意識にもとづく犯罪で、決して許される行為ではない」と明言し、人権意識の高揚を図りたいと述べた。「政府言論」である。現場からの「声」の力が、消極的だったこの首長すらも動かした。潮目は変わりつつある。次の壁を崩すまで、もう少しである。

2022

52 一世からつないだ魂のリズムで——ウトロ平和祈念館

二〇二二年四月三〇日、京都府宇治市の在日朝鮮人集落・ウトロ地区の東端に、地域の闘いの軌跡と在日朝鮮人の歴史を伝える民間博物館「ウトロ平和祈念館」がオープンした。

延べ面積約四五〇平方メートル、韓国政府からの支援金と韓日の市民募金で建設した。日本政府や京都府、宇治市の出資は一切ない。住宅こそ建設したものの、行政当局の大前提は「人道的措置」である。住民らが練り上げた「まちづくりプラン」には、周辺地域と共有し、交流する公民館やウトロ史を残す博物館の構想が盛り込まれていたが、当局はプラスαをすべて却下した。防災上も必要な公園の設置すら、住民側の土地譲与を要求してきた。まるで供出だ。皆で思い描いた「まち」が削り落されていく中、死守したのがこの平和祈念館だった。植民地支配と戦争で生まれ、極貧と差別、弾圧の中でコミュニティーを守り抜き、「ここで生き、ここで死ぬ」権利を実現した住民たち。彼彼女らの「譲れぬ一線」である公の歴史的責任と、「とどまって闘った」歴史を記録し、継承する。そして国や民族、政治的立場を越えた市民の共闘が切り拓いた地平と展望を発信する拠点が、ついに誕生したのである。

大型連休中は、マダン劇公演や記録映画の上映会などの記念行事が催され、延べ約二〇〇〇人が参加した。最終日のコンサートでは、一九八〇年代以降の闘争を牽引してきた「ウトロ農楽隊」が十数年ぶりに復活し、闘いの結晶たるこの空間に魂を入れた。

農楽隊の中心は金順伊《キムスニ》さん（一九五四年生）だ。終了後のメディア各社による囲み取材を終え、控室にしていた地元の集会所「ハンギョレパン（一つの同胞広場）」に向かう彼女に「再結成」の感想を訊くと、彼女はトートバッグに入れた写真をさすって私に示した。そこには鬼籍に入ったメンバー三人が写っていた。「この人たちが背中を押してくれた」

ウトロは同胞が助け合い、時に迷惑を掛け合いながら生を営んできた一・一世《ヘクタル》の朝鮮だ。そこは長短《チャンダン》のリズムと共にあった。慶事はもちろん、七輪を囲んでの焼肉で酒が入ると誰かがチャンゴを叩く。それは憩いであり日常からの解放だった。

この伝統は、理不尽な立ち退き要求を契機に「武器」となる。呼びかけの中心は、京都朝鮮中高級学校時代に舞踊部で活躍していた洪貞子《ホンジョンジャ》さん（一九五五年生）だった。西宮市から嫁いできた金さんが地元で舞踊をしていたことを何処かで聞いて、訪ねて来た。

「貞子が家に来て『農楽、一緒にやらへん？』って。私、仕事も子育ても忙しいし最初は断ったんですけど、何度も来て、思いを滔々と語るんです。『私たちに出来ることで、ウトロの闘いに貢献したい』って。貞子が当時、子どもの教育に悩んでいたこともあると思う。彼女も京都市から嫁いで来た人だから、ウトロに対する外部の目も分かる。何か『ウトロってええなあ』と周りが認める文化を作って、子どもに背中を見せたいという思いもあったんでしょうね」

二人が中心となり、支部で練習を始めた。歴史的責任から逃げ回る「日産車体」への抗議や、ウトロの正当性を日本社会に訴える街頭デモ。各種の市民集会でも演奏した。農楽隊は常に闘いの先頭だった。洪さんのケンガリが鋭く切り込み、金さんたちのチャンゴとプクが続く。住民

2022

福祉を担う自治体でありながら、ウトロへのインフラ整備すら拒んできた宇治市の市民文化振興事業に応募し、「敵地」たる庁舎中に打楽器を響かせたこともあった。「差別とたたかう」文化の誕生である。「あんな凄味のある演奏って、それまでもそれ以降も聴いたことがない」。ウトロの闘いに並走してきた祈念館館長、田川明子さんの言である。

農楽隊は「ウトロの顔」となった。それは日本での在日、在日の中でのウトロ、ウトロの中での女性という幾重もの抑圧構造を生きてきた女性たちの自己表現だった。

一方でメンバーの高齢化は進んだ。「土地問題」に出口が見える数年前、農楽隊は活動を休止した。そして二〇一四年、要の洪さんが病に斃れた。金さんは言う。「同志であり戦友、親友だった。『祈念館できたら叩けるかな?』って言ってたんだけど……」

再結成が浮上した契機は他でもない「祈念館」の開館だった。「実は私、最初は乗り気じゃなかった。貞子がいないでしょ。私にできるのかなって。それにみんな十数年叩いてないから。でも声かけたらみんな二つ返事で『やるっ』って（笑）」。四月に入り練習を始めた。

開館直前の四月二七日、メディア向け内覧会の後に練習を見た。「チャンゴとプクは最初の音を強くね」。金さんが皆に声を掛ける。こみ上げてくる命の躍動が、放火事件の焼け跡で、力強く芽吹いていた緑に重なった。ケンガリに続きメンバーがリズムを奏でる。滑らかとは言えないが、バチを振るう度に目の力が増し、線描画に色が入っていくように皆の体から気が立ち上がる。ケンガリを手にしていたのは金さんだった。彼女は、自分にしか見えない盟友と語らいながら、皆をリードしていたのだと思う。

開館はその三日後だった。二〇二一年秋の「地鎮祭」では、臨席はおろか要請したメッセージ送付すらも拒んだ宇治市だが、この日は松村敦子・市長が出席し、「歴史を学び、人権・平和を考える場になることを祈念します」などと挨拶した。昨年八月のヘイトクライムに怯まず、この日の開館へと突き進んだ住民、民族団体、支援者らの運動がメディアを巻き込み、行政をして無視できなくさせたのだ。これ自体が大きな勝利である。

そこに上積みしたのが五日のコンサートだった。「これまでは闘うために叩いたけど、これからは楽しむために叩く」。金さんは言った。ウトロ農楽隊一一人がオープニングを飾り、東九条マダンが重厚なリズムを奏でる。全体を纏めるのは京都朝鮮歌舞団だ。続いてシンガーソングライターの川口真由美さんが登場する。先人の生が染み込んだ大地から吸い上げた気が声となり、祈念館前が土の匂いで満ちていく。

最後はウトロ農楽隊が再度登場し、締め括りの中心になった。彼女たちを軸に出演者や来場者が渦となる。座ったまま叩く者もいるが、皆がリズムに突き動かされ、躍動する。

人と人が出会う。まさに「祭り」の場に立ち会いながら、打楽器のリズムとは心臓の鼓動だと改めて思った。命が子宮の中で最初に聞く音であり、命そのものの音、そして次に引き継がれる音である。舞台上のパイプ椅子には先立ったメンバーの写真があった。

十数年前の聞き取りで、金さんが口にした一言を私は反芻していた。「ウトロは一世の代から、チャンゴのリズムが繋がって来たと思うんです。音がなくともリズムはどこかで続いてきた。だからこそ今がある」。長短のリズムが繋がった。祈念館に魂が入った。

2022

53 反差別の報道に垣根はいらない――ウトロ放火事件

京都・ウトロ地区などでの放火事件は、奈良県の男性が、非現住建造物放火ほか二件の罪で京都地裁に起訴され、現在、公判が続いている。

二〇二二年六月七日の第二回公判では被告人質問があった。

凶行の目的や動機を問う弁護士や検察官、裁判官に対して彼は、「敵対感情」「不法占拠や慰安婦問題などの歴史観に対する抗議」「祈念館の開館阻止」「韓国人ばかり優遇される状況に憤り」など、事実誤認と思い込みに基づくヘイト発言を繰り返した。検察や弁護士の制止を振り切り、「政治的主張」を装った差別、歴史改竄発言を得々と披歴する場面も目についた。被告との手紙のやり取りや、拘置所での面会を重ねたメディアが報じていた差別動機が、発言の全てが証拠採用される法廷でも繰り返されたのだ。

彼の動機は差別である。裁判の焦点は次の段階へと移った。判決理由への「差別」の明記と量刑への反映だ。繰り返すがこれは、日本政府が二〇一〇年、人種差別撤廃委員会で述べたヘイトクライム対策である。京都事件を受ける形で、委員から刑法改定を含めたヘイト犯罪への量刑加重策を問われた政府は、裁判官の裁量で対応している（新たな措置は不要）と言ったのだ。だが翌年の刑事判決では、犯人全員に執行猶予が付き、彼らはその後もヘイト街宣を重ねた。その事件から一二年余である。ようやくここまで来たとの思いが強い。

メディア報道もこれを焦点化。「国際人権基準（を語る学識者らの言葉）」を基に、国内法にはない「ヘイトクライム」の文字を紙面や電波に載せた。放送やネットメディアの中には、識者談話でない地の文でヘイトクライムと書いた媒体もあった。大きな前進である。従来は地の文で「差別」という文言を使うことすら避けてきたのだから。

今も根強いこの「差別アレルギー」ともいうべき姿勢には、構造的な要因がある。私が新聞社に在職中、毎年配られた社員手帳の一頁目にあった「新聞社の使命」は、人権の確立や平和の実現に資することだった。ならば新人記者が事件やスポーツ担当を経るように（私はサツ回りを必須にする慣習にも反対だが）、人権問題取材も育成システムとして全員に経験させるべきだ。ところがジャーナリズムの存在意義たる「人権」はそうなっていない。支局レベルでは、行政や司法など他の持ち場をメインに担う者が片手間に取材し、本社レベルでは遊軍記者の中で人権問題に関心のあるごく一部の者が少数で担当するマイナーな分野だ。事件や行政担当の忙しい（花形）記者が兼務することなどないし、関心のない者は学びもしない。人権について高度な専門性を持つ記者は必要だが、こうしたシステムが、「人種差別撤廃条約」を読んだこともない（あるいは、その存在も知らないかもしれない）事件・行政記者を量産する結果に繋がる。そのような者がキャップやデスクになり、新人記者を教育するのだ。私自身、新人のサツ回り時代、先輩から刑事訴訟法の熟読を口酸っぱく言われたが、憲法や国際人権法を勉強するよう言われたことは一度もない。「差別問題」は彼らにとって平穏な社員生活という地平に埋まった「地雷」でしかない。

2022

京都朝鮮学校襲撃事件も、初回の襲撃を即時に報じたメディアはなかった。約一〇日後に『東京新聞』が初報し、その後、数社が書いたが、いずれも刑事告訴や抗議集会にかこつけたもの。得体のしれない「右派団体」からの反発と抗議を回避したい「保身」が見えた。

第二次安倍政権誕生に後押しされるように激増したヘイトデモもそうだった。二〇一三年春から徐々に報道が始まったが、メディア自らがそれを問題として報じたのではない。京都事件の法的応戦の進展やカウンターの登場。更にはヘイトデモを問題視して院内集会を開き、国会で取り上げた議員の動きに便乗してのこと。「誰か」を主語にできる状況になったからだ。当時、新語だったヘイトスピーチに添付された訳語は「憎悪表現」だ。直訳だが、「差別」という本質を表した言葉を避けるのである。ヘイト問題を取材してきた記者たちは、「差別煽動」「差別煽動表現」などの言葉をあてるが、今もヘイト問題に関心がない、たまたま遭遇した出来事として書く記者は「憎悪表現」を使う。

そんなメディア状況を変えて来たのもまた、被害当事者たちの闘いだった。京都、徳島の両事件など初期の法的応戦の数々。「まちぐるみ」の闘いでヘイト解消法の決定打を打つばかりか、刑事罰条例まで成立させ、「川崎モデル」を全国に発信した川崎……。

これらの闘いは、記者としてその思いに応答しようとする記者たちを生み出してきた。現場でヘイトに向き合い、カウンターと共に声を上げ、「観る」のではなく「撃つ」視点でレイシストに対峙する。「差別への向き合い方に中立はない」と知る者たちの連なり。中でも特筆すべきは川崎の反ヘイト報道だった。地元だけでなく、志ある東京の記者たちが県境を跨いで共に取材し、効果的な報道をする。「味方を増やす」川崎の闘いの成果がここにもあった。

今回の報道はいわばその延長だった。当初、『朝日新聞』や『ＮＨＫ』など一部を除き、地元記者の関心は低かった。そこで気を吐いたのは『BuzzFeed』だった。被告へのインタビューを次々に活字化する機敏な報道は、各社に波及していき、「ネトウヨが起こした一地方の放火」で処理されかねない出来事が、関西圏でのニュースとなり、大阪や東京、川崎で差別問題を取材している記者たちが連なった。社によっては持ち場を越えて記者たちが連携し、被告や学識者、当局の取材を分担した。その結果が、この事件を「ヘイトとの闘い」にまで押し上げた厚みある報道の数々だった。もはや担当制が機能しない、メディアの企業体力の弱体化が背景にあるが、反戦、反差別に垣根は不要なのだ。ウトロ事件の取材は今後のモデルになるだろう。

ヘイト犯罪の類型がなく、捜査当局が動機の差別性を問わない日本の刑事司法で、メディアが被告への取材を重ね、その差別性をここまで抉ったケースは稀だ。胸が熱くなることも度々だった。ただその一方で感じたのは、動機を追及するほど、メディアが彼の媒体となるジレンマである。ウェブの記事をクリックする度に私自身、激しい胸騒ぎを覚えたことは記しておきたい。「ヘイト注意」を前置きする媒体もあるが、被告の「思い」を報じ、結果として拡散してしまうメディアの在り様に、相模原事件の悪循環を想起したのもまた事実だ。このようなジレンマをいかに克服するかも、今後の課題だろう。

2022

54 ウリハッキョで「出会う」——クルド人と朝鮮人

扇形に配置された机に着き、目の前に視線を注ぐ二〇人ほどの生徒たち。要の位置でギターを抱えて座る男性が彼彼女らに問いかけた。「クルドと聞いたことはありますか?」。沈黙に被せるように、「ではトルコは?」と訊くと、数人が頷いた。

トルコ在住のクルド人で民族音楽研究者、自らも音楽家であるセルダル・ジャーナンさん(一九八六年生)。やはりトルコで暮らすクルド人で、ジャーナリストのイルファン・アクタンさん(一九八一年生)と共に、二〇二二年六月、広島朝鮮初中高級学校を訪問した。

「国」を持たない世界最大の民族「クルド人」。その数は全世界で数千万人に上るという。苦難の歴史はおよそ一〇〇年前に始まる。彼らの故郷クルディスタンは第一次世界大戦後の植民地分割によりイラン、イラク、シリア、トルコに引き裂かれた。

クルド人は、各国でアイデンティティを否定され、時に虐殺されてきた。彼らが暮らすトルコでは、ムスリムのクルド人はトルコ人とカウントされる。クルド語、クルド文化は禁じられた。朝鮮学校のように自らの言葉や文化を継承する学び舎はあったが、政府に潰された。一度潰されたものは再建が難しい。民族抹殺、文化の否定。そして「国民化の暴力」である。

クルド民謡も攻撃対象だった。人気の高い数百曲は歌詞がトルコ語に書き換えられ、トルコの民謡とされた。略奪の極みである。クルド人は民族の歴史や生活、習俗を歌にして次代に

著者撮影

伝えてきた。その継承者、歌い手を「デングベジュ」という。彼らは私的な場でこの「民族の命」を次代に手渡してきたが、それとて伝承者の死と共に途絶えてしまう。その中でジャーナンさんはクルディスタンを回り歌を記録してきた。日帝植民地支配の時代、朝鮮語廃絶に抗し、「私たちの言葉《ウリマル》」を集めた者たちの尊い闘いを想起する。彼は「言葉集め《マルモイ》」ならぬ「歌集め《ノレモイ》」をしてきた一人なのだ。

　彼らは二〇二二年四月、京都大学の招聘で来日した。目的は蕨市や川口市に集住する在日クルド人を映像でドキュメントすることだ。

　トルコでの抑圧・弾圧を逃れ、日本に来たクルド人たち。だが彼らを待つのは更なる苦難だ。証言以外に自らの苦境を証明する術を持たないからこそ難民なのだが、日本政府は彼彼女らに挙証責任を負わせ、入管施設に収容し、裁判なき長期拘束で遇して来た。運よく「仮放免」とされても就労は禁止。移動も制限される。身柄拘束と退去強制の不安から解放されることはない。その状況は二世、三世も同様だ。世界的にも異常に低い日本の難民認定率だが、トルコ国籍のクルド人に至ってはこれまで認定された難民はゼロ*。トルコ政府への配慮とみられる。

　彼らを「最底辺の存在」にする「元凶」がこの日本の入管体制である。彼らの関心は、その暴力にさらされてきた在日朝鮮人に向かう。私自身の経験や、取材した問題群を話すと、アクタンさんから質問攻めにあう。同化政策と民族教育への弾圧に言及すると、私の目を真直ぐに見つめて彼は言った。「ぼくも七歳の時、教師に名前をトルコ風に改名されたんだ。ぼくはあなたの話や在日の状況がとてもよくわかる。それは私たちが経験してきたことだから」

ＥＵ加盟に向けたアピールで、トルコは二〇〇〇年、クルド語の解禁に踏み切ったが、公が率先してきた差別と弾圧は社会の隅々にまで浸透している。クルド語で歌った人気歌手が亡命を余儀なくされた例や、暴漢に襲われたり、殺された者もいる。街中でクルド語を話すのは緊張どころか危険を伴う行為だ。そんな彼らが講演・公演先に予定していたのが広島だった。ならばと、広島朝鮮初中高級への訪問を提案すると、身を乗り出したのだ。

幼稚班から初級、中級と授業を見学する。ジャーナンさんの夢はクルド音楽を学ぶ学校の設立だという。朝鮮人が建て、護って来た学校は彼の思いを体現する場であり、民族教育の場で屈託なく過ごす子どもたちは彼が思い描く未来でもあった。そして高級部三年との交流が始まった。ギターと声に思いを乗せて解き放つ。哀切なメロディーに高音域のビブラートを多用した独特の節回し。生徒たちの高揚が伝わってくる。若者向けに用意したアップテンポのダンス曲では手拍子が起こり、彼は男子生徒の手を取り共にステップを踏む。自らの文化や言葉を継承する自由を蹂躙された者たち。受けたい教育を受ける自由、なりたい自分になる自由を侵害される者たちが、「自由になろうとする自由」（竹中労）でつながった瞬間だった。

最後の曲は臨津江《リムジンガン》。訪問が決まった後、「彼らの歌を一緒に歌いたい」とジャーナンさんが準備してきたのだ。祖国が二つに分断された悲しみを刻んだこの歌に、二人は祖国を四つに引き裂かれた自身と同胞を重ねてもいた。生徒たちが朝鮮語で歌うリムジンガンにクルド民族音楽特有のスキャットが被さり、約三〇分の交流は瞬く間に過ぎた。

「いま『クルドを知ってますか？』と言えば『知ってます』と言ってくれるでしょう。その時は私の顔を思い浮かべてくれると思います」。円になった生徒たちが挨拶する。「今では同志のようです」。生徒の返礼にジャーナンさんが相好を崩す。「私にはこの子たちが、とても近い存在に思える」。シャイで寡黙な彼が高揚していた。傍には出会いの一部始終を逃すまいとカメラを持つアクタンさんがいた。

　翌日は市民集会だった。登壇したアクタンさんは、主催者が朝鮮学校訪問の感想を聞くと、こう言った。「ある文化を否定することは、ある民族を殺すことと同じ。外を歩いている在日が違う景色を見て、違う思いを抱いているならそれは不公正なことです。あそこでは利発そうな子どもたちが、民族の言葉や文化を学び、同じルーツをもつ仲間たちと楽しく過ごしていました」。そしてにこやかだった彼が顔を引き締め、聴衆に語り掛けた。「でもそれはあの学校の中だけなんです。彼彼女らの活き活きとした姿が学校の中でしか認められない現状についてどう思いますか？　他者の苦しみに想像力を働かせてほしい」

　自由や平等、尊厳の意味とその価値を知る者たちだからこその出会いがあったのだ。集会で歌を披露したジャーナンさんは澄んだ目で私に言った。「本当にあの子たちに会えてよかったです。日本に来て以来、あんなに気持ちが入った演奏をしたことはなかった。全身全霊を込めました。あの綺麗な目をした子どもたち、教室で僕の歌を聴いていたあの綺麗な目をした子どもたちは、かつての私なのだから」

＊トルコ国籍のクルド人が難民不認定処分の取消しを求めた裁判で、二〇二二年五月、札幌高裁は原告の訴えを認めた。国側は上告せず判決が確定。原告は七月二八日、トルコ国籍のクルド人として初めて難民と認定された。

55 歴史的病理を葬るために——入管体制（ウィシュマ裁判）

二〇二一年三月、名古屋入管で虐待死させられたウィシュマ・サンダマリさん（享年三三歳）の遺族が、国に約一億五六〇〇万円の賠償を求めて闘っている。二〇二二年七月二〇日、名古屋地裁で開かれた第二回口頭弁論を傍聴した。

収容は適法で、処遇に違法性はない。入管に非はない。一切の責任は「不法滞在」を続け、帰国を拒んだ彼女にある。これが当初から今現在に至る国側の主張だが、彼らは自分たちの「正しさ」の根拠は出さない。死に至る最後の一三日については、監視カメラによる二九五時間分の映像が存在する。真相究明には不可欠の情報であり、原告側はこの日も任意提出を求めたが、国側代理人の訟務検事は「不要」と拒否し、その後も木で鼻を括った答弁を繰り返した。

法廷の対面に座っている妹のワヨミさん、ポールニマさん、そしてスリランカで贖いを待つ母の存在などまるで意に介していない。東京から新幹線で、おそらくは出張費まで受け取って、訴訟進行の妨害に終始するのである。長引けば社会的関心も減じると踏んでいるのだろう。「仕事しろよ」「アホか」……。答弁の度に傍聴席から飛ぶ怒気を含んだヤジはやがて失笑に変わっていく。冷え冷えとした「抗議」だが、「これでいい」と開き直った役人の心には刺さらない。

私が傍聴した国賠訴訟の中でも記憶にない酷さ。高校無償化裁判でも感じた「公僕」の退廃である。命と尊厳の問題を「面倒臭そうに」扱う彼らが体現しているのは、「他者」に対する共

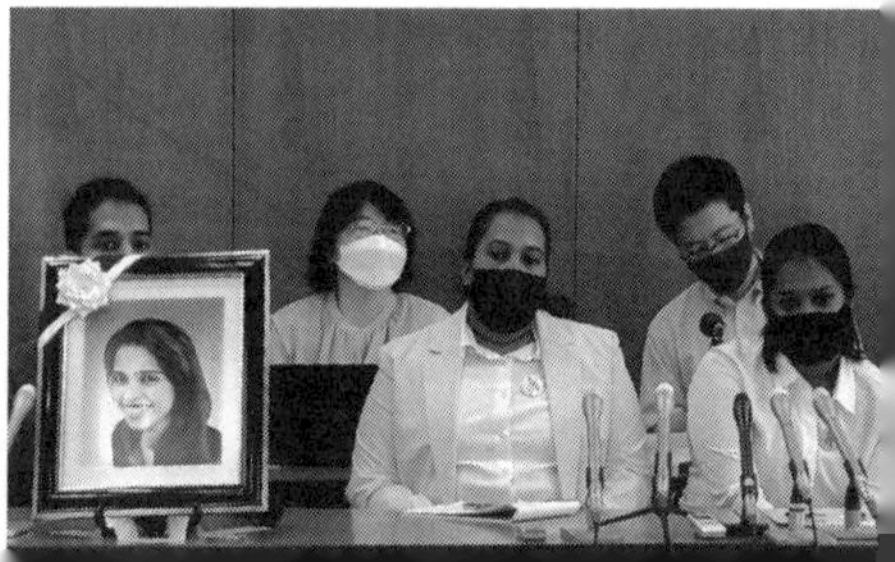

著者撮影

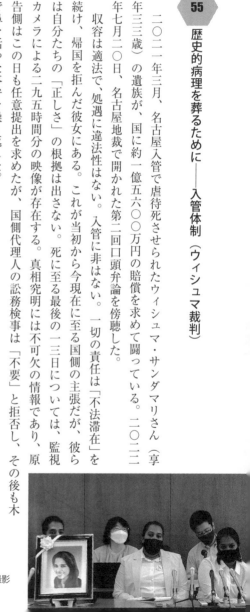

感の欠如。軍人で心理学者のデーブ・グロスマンが言う「心理的距離」である。

グロスマンによれば、この「心理的距離」は戦場で兵士が職務（殺人）を果たすために不可欠な要素で、概ね四つの「距離」が相乗して成立する。人種・民族的違いなどで相手の人間性を否定する「文化的距離」、特定の階級の者たちを人間以下と見做す「社会的距離」、自らの倫理的優越と正当性を固く信じる「倫理的距離」、機械的な緩衝物が介在することによる「機械的距離」である。前の三つはレイシズムそのものだ。

レイシズムとは「違い」を見つけ、無ければ発見、捏造して特定の人種集団を作り上げ、彼らに一定の「価値づけ」をし、不平等な取り扱いや不利益を「正当化」する発想である。行きつく先は「何をしても、どんな目に遭わせてもいい」集団の創出である。

ウィシュマさん虐待死事件を巡るネット上の言説にもこの「社会病理」が噴出している。彼女の死や、遺族と支援者の闘いがニュースサイトで報じられる度に、コメント欄には吐瀉物のような「意見」や「感想」が書き込まれる。非正規滞在者を社会秩序への脅威と見做す者や、入管の命令に応じて帰らなかった彼女が悪いと言う者。支援者や弁護団を誹謗中傷する者もいれば、入管当局を礼賛する者もいる。レイシズムは他者の痛み、命への想像力を遮断する。それは戦争や奴隷制、植民地支配の思想的資源であり、根絶すべき悪なのだ。

だがこの国では「公」が率先してレイシズムを振り撒いてきた。一九四五年一二月の参政権停止から一九五二年四月の一方的な国籍喪失まで、旧植民地出身者を対象にした管理・監視、追放と無権利化の数々はその典型だ。これが現在に至る難民鎖国、ゼノフォビア国家を形成し、

2022

「不法」と冠された者たちを人と見做さぬ認識を増幅させてきた。

そのシステムを担い、官民の間でレイシズムを循環増幅させてきたのが今回、被告席にいる「出入国在留管理庁」である。ウィシュマさん虐待死に至る経緯には、入管庁の本質が現れている。DV保護を求めた彼女を収容施設に拘束したのは二〇二〇年八月のこと。翌年一月には嘔吐が始まるが、職員は詐病と決めつけ放置。二月には歩行が困難となった。ベッドから落ちて自力で起き上がれず、計二三回、「担当さん」に救助を求めたが、三時間以上も放置されたこともある。三月一日には口に含んだカフェオレを吐き出した。呑み込めない程に衰弱していたからだが、職員はコミックソングの歌詞を重ねて、「〝鼻から牛乳〟や」と茶化した。死亡した三月六日の朝も職員は、「ねえ、クスリ決まってる?」と、動けないウィシュマさんに軽口を叩いている。入管では非正規滞在者に人権はないのだ。

その日午後二時半に救急搬送、約一時間後に死亡が確認された。体重は約二〇キロ減少していた。二月一五日の段階でも尿検査の数値は「飢餓状態」を示していたが、彼女が求めた点滴は最後まで打たれなかった。しかも死亡翌月に入管庁が公表した事件の中間報告には、彼女が再三、点滴を求めたことや、一五日の尿検査実施。診察した医師が「仮釈放（仮放免）してあげれば、良くなることが期待できる」と述べた事実の記載がなかった。野党議員や支援者、メディアからの批判を受けて八月の最終報告書には記載されたが、悪質な「隠蔽」である。死刑求刑や死刑判決の常套句に「鬼畜の所業」との文言があるが、この言葉は彼らにこそ相応しい。

入管の邪悪は代理人にも転写されている。この日の法廷で、入管の行為に「違法性はない」

と言いながら映像開示を拒む矛盾を指弾されると、彼らは「必要部分が特定されれば検討する」と嘯いた。未見の映像をどう部分特定するのか。加えて彼らは「相互保証主義」を持ち出した。外国人が日本で国賠訴訟を起こせるのは、当該国で日本人が国賠を起こせる場合に限るというのだ。原告にスリランカの法制度確認の手間を課す「嫌がらせ」である。死してなお非正規滞在者は「何をやっても、どんな目に遭わせてもいい」存在なのか。

法廷外でも妨害は続く。入管当局は八月三日、裁判出席のための滞日を「特定活動」とした、ポールニマさんの在留資格変更申請を不許可とした。「裁量の私物化」である。昨年の改定入管法案を廃案に追い込んだ原動力は、この虐待死事件を契機に広がった反対運動だった。今回の嫌がらせの数々は、「恥」をかかされた当局の陰険な意趣返しに思える。「真相究明を遅らせることは、私たち遺族を一日余計に苦しめること」。こんな遺族の声に応えるどころか、国側はその傷口を広げて恥じない。

彼らの姿に私が想起したのは、朝鮮を敵として攻撃を煽ることで宰相の座にのし上がり、植民地主義と侵略の事実を「否認」し、「開き直り」を重ね、数々の「嘘」でそれらを糊塗して来た安倍晋三だった。「隠す」「無かったことにする」「誤魔化す」「非を認めない」。法廷での訟務検事の手法はまさに安倍のそれだ。為した悪を「悔い改める」こともなく、安倍は自ら作った社会に殺され、彼の残した害悪は国葬で隠蔽、継続されつつある。ウィシュマさんの死の真相と責任の所在を問うこの闘争は、彼が体現してきた日本の歴史的病理を、私、私たちが、自らの手で葬り去る一歩でもある。

2022

56 司法に刻んだ小さいが大きな「一歩」——ウトロ放火事件（判決）

ウトロ放火事件の判決が、事件の発生からちょうど一年目の二〇二二年八月三〇日、京都地裁で言い渡された。懲役四年、執行猶予なしの実刑判決である。

言い渡しから約一時間後の記者会見。会場の弁護士会館地下に詰めかけた記者を前に、今年四月に開館したウトロ平和祈念館副館長の金秀煥さんが言った。

「正直、ほっとしました」。コースに焼け跡を含む、連日のフィールドワークで日焼けした顔に安堵を湛えて彼は続けた。「期待以上の判決とは言えないかもしれないけど、この社会は一歩一歩前に進んでいるんだということを、住民たちに伝えられる」

ポイントはこれまで書いてきた、動機としての「差別」の明記と、その悪質性を考慮した量刑加重だった。しかし判決に「差別」の文字はなかった。裁判体は「差別禁止法」がない日本の「常識」に籠城したのだ。四年の実刑は認められたが、もとより求刑自体が軽すぎた。

六月二一日の第三回公判で被告は、検察による懲役四年の求刑と、情状酌量を求める弁護士の最終意見陳述の後、自ら請うて最終意見陳述に立った。

そこでの発言は耳を疑うものだった。「戦争被害者ゆえに国民以上に支援を受けようとしている人たち」と、在日朝鮮人への歪んだ認識を披歴。「私のようにそうした方々への差別偏見、ヘイトクライムに関する感情を抱いている人は至る所に居る（……）事件を個人の身勝手な差別感情によるものと収束させようとすれば、今後、さらに凶悪な事件が起きる」と予言し、「（被告人も）考え方を変えつつある」などと述べ、執行猶予を求めた弁護士の努力を跡形もなく吹き飛ばした。認識は改まっていないし、芥子粒ほどの反省もない。傍聴席からは「求刑やり直せ！」との怒号まで飛んだ。

支援者からは批判や落胆の声が噴出した。会見で用意されたウトロ被害者側弁護団のコメントも、「裁判所が人権最後の砦として、人種差別を断罪し、参政権を持たないマイノリティの人権に配慮する職責を放棄した」と結ぶなど、激越な判決批判に終始していた。

確かにそうなのだが、その中でも金さんが到達点から話を始めたのは、ウトロで重ねた出会いと思い浮かぶ顔の数々、彼彼女らの生きられた歴史を知っていたからだ。モッコを担いでの重労働の日々、敗戦後の極貧と差別、官憲による度重なる弾圧、そして水問題に光が見えた矢先の「地上げ問題」……。植民地支配と戦争で生まれたウトロの歴史は無視され、司法は「土地問題」として立退きを命じた。それでも「諦めずに生きて来た」住民と国内外の支援がより合わさり、二〇〇〇年の最高裁決定を事実上、覆したのである。二〇一八年には公営住宅への移転が開始、ウトロ平和祈念館の建設も進んでいた。周辺地域の日本人どころか時に同胞からも蔑まれてきた集落から、日本、東アジアに「共生と平和」を発信していく。その新たな地域拠点が誕生するのだ。事件はそんな歓びの最中に起きた。

当初、「失火」とされた火事は、約三カ月後に放火と判明した。「やっぱりな」との声が辛かったと金さんは語る。被告が焼き尽くそうとしたのは、住民の「展望」に他ならなかった。

だからこそ彼は遮二無二動いた。当初は関心の薄かったメディアに働きかけ、一二月二六日

2022

には市民集会で報告した。住民への状況説明を重ね、翌年二月二四日には衆議院議員会館でも講演した。それを受けたのだろう、当初は冷淡だった宇治市の松村淳子市長も同日の市議会で、「偏見や憎悪意識に基づく犯罪で、決して許される行為ではない」と答弁した。ヘイトクライム対策の一つ「ガバメントスピーチ（選良の反ヘイト発信）」である。裁判でも金さんは住民らと共に意見陳述に立った。判決直前には被告と面会し、差別思想の囚われ人である被告に「共生と協働の場」であるウトロの歴史と意義を説き聞かせた。戻って住民に報告すると、火元の所有者は、「反省させて、助けてあげて」と金さんに訴えた。

残念ながらあと「一歩」を踏み出さなかったとはいえ、判決文には随所に、住民らの「思い」への応答が読み取れた。検察は、社会的産物である被告の差別的言動を彼個人の感情や境遇の問題に落とし込み、空き家への放火として処理しようとしたが、裁判体はその腰が引けた姿勢を飛び越え、本質を突いた。批判の通り「差別」の語を慎重に避けたものの、被告の目的を「排外的な世論を喚起したい」と指摘し、「在日韓国朝鮮人という特定の出自を持つ人々に対する偏見や嫌悪感等」を動機として犯行に及んだ、と断じたのだ。

ヘイト犯罪に対する研究蓄積のある欧米で、ヘイトクライムは憎悪よりむしろ偏見やバイアスに基づくとも言われる。今回の判決でそこまでは届いた。犯行それ自体も「民主主義社会において到底許容されるものではない」と断罪した。放置すれば社会を壊すとの指摘である。メッセージ犯罪としての特徴にも触れた上で、住民の被害を単なる物質的なものでなく、活動拠点とその象徴が燃やされた精神的なものとも認定した。「差別」の言葉こそないが、その特性と被

放火事件判決後の記者会見。「差別」の二文字を避けた判決文は弱腰の誹りを免れないが、かつて住民の生存権すら否定した司法が、彼らに応えたのもまた事実だった。ウトロ平和祈念館副館長の金秀煥さんは言った。「ホッとしました」＝京都市中京区の京都弁護士会館で 2022 年 8 月 30 日

害、害悪の幾つかに言及した。そしてこれらはこの間、住民と弁護団、支援者が訴えて来たことだ。まさに「勝ち取った」判決である。かつて彼らの歴史的正当性を否定し、「ここで生き、ここで死ぬ」権利すら認めなかった司法に、今回は声が届いたのだ。

金さんの思いは会見でのこの言葉に現れていた。「二〇〇九年（京都事件）の記憶から、こんなことは許されないとの社会的認識が当時とは比べ物にならないくらい大きく上がっている。メディアもそうだし、ウトロ平和祈念館に沢山の方が来館され、私たちを応援するメッセージを下さった。京都の事件だけでなく、全国での差別事案に身を切る思いで声を上げて来た人たちの連続性の中で今回の判決が出たと思う。一方で社会が底抜けに劣化している中で、多くの市民が人権、反差別を示し、支援の声も上がっている」。だからこそ、「そこまで行きながら、最後の砦たる司法がなぜ『差別』の一言を書かなかったのか」という彼の悔しさも伝わった。

最後に彼は語った。「在日だけでなく、マイノリティが安心して過ごせる社会に半歩でも一歩でも進んでいきたい」。次の前進に必要なのは「司法判断を積み重ねること」「新規立法を含め行政、立法を動かすこと」。だが前者は「起きてはならぬこと」の発生が前提だ。新たな「犠牲」で対策が前進するなどおかしい。取り組むべきは後者。国、自治体と各議会への働きかけだ。判決は出た。これを法廷外の武器に育てるのは私たちの役目だ。それが名乗り出て闘っている被害者への「応答」であり、先人との「約束」を果たすことだろう。

＊この翌月に起きた民団徳島脅迫事件で、徳島地裁は二〇二三年五月、判決理由に「差別」を明記した上で、被告に「相場」以上の有罪判決を言い渡した。

57 沈黙に抗して——ネットヘイト訴訟（崔江以子さん）

酷い差別を受けると、被害者は得てして言葉を失い黙り込む。これを「沈黙効果」という。米国での「ヘイトスピーチ規制」を巡る議論の中で概念化されたヘイト被害の一つで、規制反対派が主張するヘイト対策、「当事者による『対抗言論（≠反論）』」が、実際には機能しない机上の空論であり、多数者の手前勝手な妄想であると喝破したものだ（もちろんデマや歴史改竄・否認を打ち消す「対抗言論」は重要かつ必要だが、それは非当事者が担うべき義務である）。「沈黙の穴」に落ち込む大きな理由は、声を上げることで更なる攻撃を受ける恐怖である。ましてや被害を公に訴えれば、被害者の声を無効化して蔑む罵詈雑言はより苛烈となり、敵意や悪意の輪が際限なく広がっていく。サイバースペースでのヘイト書き込みはその典型である。この被害者を黙らせる構造に抗い、声を上げ続けた当事者の闘いが、差別を許さぬ社会への道のりをまた一歩、進めた。多文化交流施設「川崎市ふれあい館」館長で、実名と顔を晒してヘイト暴力の根絶を訴えて来た崔江以子さんだ。

ブログやツイッターなどで続いてきた彼女へのヘイト書込み中、三〇〇件について、彼女と弁護団は二〇二〇年一二月、法務省横浜地方法務局に削除要請を依頼した。同局は、そのうち六四％にあたる一九二件（ブログ・掲示板約九五％、ツイート約六〇％）を違法な人権侵害と認め、二〇二二年六月までに順次、プロバイダー企業に削除を要請した。

著者撮影

異常な攻撃は、「共生のまち」が勝ち取ってきた前進の価値ゆえだ。桜本がレイシストの標的になったのは二〇一五年のこと（38話など参照）。植民地支配と戦争を経た地域の在日一、二世が発した「戦争反対」の声が、対等を嫌悪する者たちには「不逞」と映ったのだ。

街ぐるみのカウンターはヘイトデモの侵入を止め、共に生きる社会を求める熱は、リベラル・左派系はもちろん、反差別法制定に反対だった右派保守派の議員をも動かし、二〇一六年の「ヘイトスピーチ解消法」を実現。さらには二〇一九年の「刑事罰条例」の制定に至った。この「法・条例制定運動」は全国各地に波及し、いまやこれは「国籍条項」や「参政権」「朝鮮学校差別」「入管問題」などと並ぶ反差別運動の一大テーマだ。一九七〇年代からの反差別闘争をリードしてきた川崎が全国に発信した、新たなうねりだった。

その一方で、闘いの先頭に立ち、顔と名前を出してメディアに出る崔さんへの攻撃は激化した。一線を越えたのは二〇一六年三月、参議院法務委員会で、川崎の被害を参考人として語ったことだ。ヘイト投稿は増え続け、地方法務局が桜本へのヘイトデモを差別と認定し、主催者を指弾した二〇一六年八月には、崔さんの名で検索すると七〇万件がヒットした。そのピークはNHKの情報番組「バリバラ」に出演した二〇二〇年春ごろ。名を入れれば約二〇〇〇万件が引っ掛かった。反差別の側に立つ書き込みも少なくなかったが、彼女にとってネットを開くことは、ガラス片だらけの砂場に裸足で踏み出すようなものだった。

当初、崔さんと彼女の弁護団が被害救済を託したのは川崎市だった。根拠は前述の刑事罰条例である。だが崔さんらが申請した三四〇件の書き込み中、市がヘイトスピーチと認定し、削除を要請したのは八件のみ。市は二〇年一一月に審査を終了した。「ヘイト解消法」に定義された「ヘイトスピーチ」は、今回、法務省が認めた「違法」よりも狭い概念だとはいえ、余りに消極的な態度だった。折れそうになる心を支えたのが、闘いで結束した、「差別のない世界」という夢を分かち持つ仲間たちだった。

翌月、法務局に削除要請を依頼した。人権擁護局内の「ヘイトスピーチ被害相談対応チーム」は痛みに向き合った。部局が違うとはいえ、死刑を所管し、外局である入管庁の収容施設では自殺、病死、虐待死が後を絶たない法務省である。そんな役所を動かしたのだ。一五年以来続く反ヘイトの闘いの蓄積が、当局の前傾姿勢を引き出したのだろう。

九月八日に開いた報告の記者会見で崔さんは言った。「法務局は、被害をなかったことにしないで、真摯に誠実に対応してくれた。救われる思いだった。被害を止め、救済のための運用をしてくれなければ苦しかった。よく生きてこられたと思う……」

憔悴した表情に一抹の安堵が滲んでいた。喜怒哀楽を共にしてきたハルモニたち、先だった一世、二世たちに、こう報告できるという思いだったのかもしれない。「今回は裏切られなかったよ、日本の公が被害を被害と認めてくれたよ」

以前、それでもヘイトと闘う原動力を聞いたことがある。十代の崔さんに本名で生きる道を拓いてくれた「ふれあい館」に職員として戻ってきたのは一九九五年のこと。以来、彼女は子どもたちに、「違いは豊かさ」「本名、民族名を名乗ろう」と語り掛けて来た。出会いの数々を述懐して彼女は言った。「そう言ってきた私に、こんな社会を放置する選択肢はないですよね」

自らの言葉を裏切りたくない、先人や仲間、次代を担う者たちと交わした約束を守りたいとの意志が、差別被害救済と施策前進の新たな回路と可能性を開いた。自らの言葉に誠実であろうとする者こそが、今とは違う社会を拓いてきたのだ。記者の質問一つ一つを受け止め、誠実に応答する崔さんを見ていて思った。この差別社会を変えたいという以前に彼女は、諦念や絶望に呑み込まれまい、社会に自分を変えられまいと闘ったのだと。

「今回の対応が川崎市や他の自治体における被害救済の後押しになると思う」。川崎市の刑事罰条例成立から間もなく三年だが、市は現在まで条例の適用には慎重だ。今も続くレイシストの攻撃や、ヘイターによる違憲訴訟提起のリスクなど、先進地ゆえの運用の難しさは推察するが、その消極姿勢は他自治体の動きをも停滞させている。川崎市の歩みの歴史性と意義について、当の川崎市自身が認識していないのではないか。全国のマイノリティ住民の展望に「待った」を掛けている罪深さを自覚すべきだろう。国よりも早い外国籍住民への公営住宅開放と児童扶養手当の支給をしたのは川崎市である。指紋押捺拒否闘争時、法務省が自治体に求めた拒否者（住民）の告発を拒んだ「不告発宣言自治体」の一番手も川崎だ。参政権のない外国籍市民の意見を反映させる有識者会議の創設や、政令指定都市初の公務員一般事務職からの国籍要件撤廃（それは一方で、職種や任用制限、即ち「五三年内閣法制局見解」の固定化という禍根を残した面もあるが）も然り。そして今回の刑事規制条例の制定。常に「住民」に向き合い、先駆的な取り組みをしてきた川崎市である。国（法務省）の後塵を拝した今回の不名誉を真摯に受け止め、条例制定後の「安全運転」をいまこそ改めて、市の気概を見せて欲しい。

58 故郷／ホームとは、創るもの——東九条マダン（朴実さん）

故郷――。出生地や、幸せな時期を過ごしたところ。国家暴力で根こぎにされる前、祖父母らが過ごした地に思いを馳せる者もいれば、大切な人が居る空間をそう呼ぶ者もいるだろう。様々な答え、解釈がある問い。加えて私にとって「故郷」とは、「創るもの」だ。

そんな思いを抱くに至ったのは、「東九条マダン」の存在が大きい。毎秋、京都市南区東九条エリアで催されてきたこの文化創造の祭りが、二〇二二年、三〇回目の節目を迎えた。コロナ禍で余儀なくされた二年連続のオンライン開催を経て、三年ぶりの対面開催である。

一〇月三〇日、会場は少子化で廃校になった地元小学校だ。開始の三〇分以上前に校門をくぐると、ステージの校庭を取り巻く形で出店が並んでいる。感染対策で、飲食はなし。朝鮮料理や下町グルメの出店がないのが寂しいが、障害のある人たちが働く作業所で制作した缶バッジや、東学農民戦争やハンセン病政策に関するパネル展、夜間中学生が書いた書画の展示もあれば、京都市内で開催されている「クイア映画祭」を紹介するコーナーもある。開会前なので設営中の店も少なくない。とはいえ次々と参加者が会場に入り、あちこちで挨拶が交わされている。交歓の場がどれだけ人々に渇望されていたかの証明だった。

京都最大の在日朝鮮人集住地域、「東九条」。形成の起源は一九世紀末にさかのぼる。明治政

府による「賤民廃止令（一般的には「解放令」だが、政府は徴税や徴兵のために被差別身分を廃止しただけで、差別解消〔≒解放〕の措置を何ら執っていない）」で部落民の土地所有が可能となり、京都駅に隣接する被差別部落の住民が、住居を求めて南側の区域（東九条）を拓いた。いわば部落が拡大した形である。肉体労働者の街で、いわゆる「労働下宿」が集中していたこの一帯は、日銭での生活が可能で、後に植民地から渡日した朝鮮人を吸収していく。一九五〇年代終盤以降、京都駅付近の木造家屋密集地で強行されたクリアランス事業で住居を追われた朝鮮人が流れ込んだこともあり、東九条の在日人口は増えていった。

「国際観光都市」の表玄関南側に、粗末な木造家屋がひしめいた。一九六四年には、地区北端を東西に走る形で新幹線が開通したが、当初は線路南側だけ衝立があった。東京五輪や大阪万博で来日し、京都に足を運ぶ外国人観光客の目から地域を隠すためだったと言われる。

周囲からの「白い眼」を意識した在日二世、三世の中には、東九条を去り、地域との関係を絶つ者も少なくなかった。彼らにとって東九条は「克服の対象」だった。そうして蔑まれてきた地域から逆に、「共生」という文化を立ち上げ、その普遍的価値を多数者に向けて発信する、それが東九条マダンである。自分達が生まれ育った地を差別し、貶めて来た者たちに対する、ある意味での「リベンジ」が、マダンの根にあった。

中心になったのが在日二世の音楽家で、日本国籍取得後、裁判で民族名を回復した朴実さん（一九四四年生）だ。国籍や民族、障害の有無……異なる者が対等な立場で語らい、文化を通じて各々の問題を可視化し、立場を交換し、よりよい地域を目指す。大阪で「民族まつり」を開催していた同胞から、「なぜ朝鮮人だけでやらないのか」と非難されたこともあるが、混じり合い、複雑さを抱えて生きているのが人間との思いを貫いた。結婚相手の親から条件として「帰化」を求められ、やむなく日本国籍を取得した朴さん自身、「所与のアイデンティティ」では括れない存在だった。民族団体で「外登証」の提示を求められ、「裏切り者」と面罵されて追放されたこともある。「行く所がないから『サークル・チェイル（在日）』をつくった。奪われた民族性を取り戻しつつ、在日として日本社会の差別と闘い、一緒に生きる日本人との連帯も進めていく」。人と出会い、学びを深め、自らを発明し、「場」を創るしかなかった。裁判で民族名を取り戻し、別の裁判では「帰化」時に採取された十指の指紋を破棄させた。自らの生き方を追求する中で育んだのが、「誰もがありのままで生きられる社会」への思いだった。

マダンの柱は朝鮮文化だ。在日集住地域とはいえ人口比では日本人が多い。地域住民の間には「色が付く」との拒絶反応もあった。公園でプンムル（農楽）を練習していた子どもたちが住民から石を投げられたこともある。当時は行政も冷淡で、後援は付かなかった。

それでも仲間たちと踏ん張った。衣装は地元のハルモニに教えて貰って作った。様々な立場の同胞も支援してくれた。朴さんが「特に思い出深い」と語っているのは、一九九三年の一回目だ。台風一過の秋晴れの下、総勢約一〇〇名の農楽隊が二手に分かれ、会場である中学校の東西二カ所の門から入場して校庭で合流した。「もう涙が溢れてどうしようもなくてね、流れないように上向いてたんやけど、僕だけじゃなかったよ。みんな、いろいろ思い出したんやね」

車いす体験や沖縄エイサーとの共演、ウトロ農楽隊と演目も多彩だった。京都市や教育委員会の後援が付いた四回目（一九九七年）には、日本の伝統芸能である和太鼓と朝鮮のサムルノリの共演に挑戦した。部落産業としての太鼓造りを意識した取り合わせだ。その後も回を重ね、今ではマダン名物「ワダサム」として確立されている。

今年は感染症対策で時間も短縮されたが、その分濃度は高かった。開幕はもちろん大プンムルだ。今年九月からこつこつと練習してきた子どもが楽器を打ち鳴らし、体を揺らす。地元の「京都朝鮮初級」と、韓国系の「京都国際学園」も舞踊や演奏を披露する。「満蒙開拓団」として中国に渡り、大陸に取り残された女性と在日一世の人生が交錯するマダン劇もあった。「残留婦人」の孫であるメンバーが、祖母をモデルに原案を書いたという。

最後はやはり「ワダサム」だった。和太鼓と四つの打楽器による音の交歓は、来場者を巻き込んで一気にフィナーレへ。校庭に集まった者たちの巨大な輪が、打楽器のリズムに合わせて伸縮を繰り返す。その輪は回転を始め、人の奔流が大小幾重もの円を描いていく。まるで心臓がポンプ運動を繰り返し、新しい血を東九条全体に循環させているようだった。

「こうやって世代を繋げていけるのは誇り。それに故郷から地区外に引っ越した人が、マダンでは戻って来てくれる。マダンは僕らが目指す社会像なんやね」。その言葉に思ったのは、アフリカ系米国人の作家、ラングストン・ヒューズ（一九〇二—一九六七年）の言葉だった。「断言するが、私にとって米国は祖国ではなかった。だがここに宣言する。いずれ必ずなると」。今居る場所を「生きるに値する場所」にする。「故郷」とは、その姿勢をも意味するのだと思う。

59 この「おめでとう」を育てるために——レイシャルハラスメント裁判（勝訴確定）

ヘイト文書の社内配布や会社ぐるみの右派教科採択運動に対し、不動産会社「フジ住宅」のパート社員で、在日韓国人三世の女性（五〇代）が、創業者会長の今井光郎氏と同社を訴えた「レイシャルハラスメント裁判」（25、32、45、48話参照）。彼とその取り巻きが固執してきた「社員教育」に対し、司法の結論が出た。最高裁小法廷は二〇二二年九月八日、原告勝訴の大阪高裁判決を全員一致で支持し、フジ住宅側の上告を棄却した。同年一一月二六日、大阪市生野区で最後の報告集会があった。

支援者を前に、挨拶に立った「元」原告はこう切り出した。「これ以上悪くなることはないとの思いで（裁判を）はじめて、その中で色んな人と出会えて、支援して頂く中で、裁判の意味が深まっていった。七年間、辛い期間だったけど、その意味では良かった」。区切りを迎えた安堵と達成感、そして今も続く緊張が伝わってきた。日常的なレイシャルハラスメントに耐えかねて、配布文書をリュックと手提げ鞄二つに詰め込み、雨の中、労働基準監督署を訪ねたのは二〇一三年秋のこと。だが労基署は「会長にも『表現の自由』がある」と彼女を門前払いした。二〇一五年一月には弁護士を立て会社に配布停止を申立てるも拒否。三月に大阪弁護士会へ人権救済の申し立てをすると、上司が「三〇〇万円で辞めるか今のままかだ」と「提案」してきた。事実上の退職勧奨である。止む無く一五年八月に提訴すると、「自発的隷従者」たちは猛反発した。「恩知らず」「金目当て」「人間性が低い」……。同僚の「感想文」が今井会長名で閲覧

2022

に供された。

二〇一九年一月には大阪弁護士会が女性への「人格権侵害」を認め、右派教科書採択運動への動員についても、「従業員の思想・良心の自由が侵害される恐れが高い」とする改善勧告を出したが、会社側は「一方的」「公平性を欠いている」などと反発を強めた。二〇二〇年七月には地裁で一一〇万円の賠償命令が出たが、会社は変わらない、むしろ個人攻撃は激化した。法や権利は企業の門前に佇む。悪しき「カイシャ文化」の究極形だ。

社員はそれでも追従した。その見本が、本人尋問の法廷を会長側で埋め尽くすため、早朝から裁判所で並んだ社員と下請け企業の者たち。そして大阪高裁に証人出廷し、結果として彼女を攻撃する側に回った男性社員二人だった。

それでも彼女はあくまで「その場」に止まり、訴訟という回路を通して声を上げ続けてきた。「ここで黙れば自分が自分でなくなる」との思い。今いるこの場を「居場所にかえていく」との意思だった。

勝ち得た判決は画期的だった。「憲法」と「人種差別撤廃条約」「ヘイトスピーチ解消法」。更には「パワハラ防止法」まで関連法規を駆使し、「差別的思想を醸成する行為が行われていない職場又はそのような差別的思想が放置されることがない職場において就労する人格的利益」を認め、その保護を使用者の義務と解することが、前述法の趣旨に合致すると判断。反すれば不法行為責任や債務不履行責任を免れないとした。

地裁の問題点だった、属性を攻撃する差別被害への認識不足を「踏襲」した他、賠償額も低いなど幾つかの課題もあるが、今回の原告のみならず、同種の事件一般にも適用可能な判示であり、多民族・多国籍化が進む日本社会において、誰もが安心、安全な職場環境を享受するための指針たりえる。一人の「覚悟と決断」が、かけがえのない司法判断を導き出したのだ。

締め括りの集会で彼女が強調したのは「繋がり」だった。「時間が掛かったからこそ得られた繋がり。その中で勝ち取れた。私だけで得たのではないし、私と先生（弁護士）だけでもない、皆さんと繋がり、それぞれの立場で力を集めたからこそ得ることができた。その意味で私は皆さんに『おめでとう』『ありがとう』と言いたいです」。雨に打たれながら労基署から帰宅した時の失望と落胆、会社での孤独。我が子に配布資料を見せて、泣きながら苦しいと訴えた自分を思い起こしていたのかもしれない。それでも順応や沈黙を拒み、声を上げて来た証が、最終的に一〇〇名に達した大弁護団であり、ＭＬだけで三五〇人近い支援者の広がりだった。

在日朝鮮人二世による反差別運動の嚆矢、一九七〇年の「日立就職差別裁判闘争」から半世紀が経った。京都朝鮮学校襲撃事件、徳島県教組事件、反ヘイトスピーチ裁判、ネットヘイトに対する法的応戦の数々……。当事者の「覚悟と決断」と、そこに連なる者たちの、国籍や民族、性差を越えた共闘で積み重ねられてきた司法判断の先を、彼女の闘いが書き継いだのだ。

日立の闘いがつくったのもまた「繋がり」だった。それは全国に反差別の連帯を広げ、一九七四年、全国各地で民族差別と闘う者たちのフォーラム「民族差別と闘う連絡協議会」（民闘連）の結成に至り、社会保障、公務員の国籍条項、戦後補償や指紋押捺、地方参政権獲得運動など、「現代の身分制」である民族、国籍差別との闘いを推し進めた。

2022

レイハラ訴訟の原告を支えた「ヘイトハラスメント裁判を支える会」事務局メンバーの多くは、その「民闘連運動」に参画し、大阪でその一翼を担ってきた者たちでもある。彼彼女らはこの裁判と並行し、外資系企業「モルガン・スタンレーMUFG証券」での不当解雇訴訟の支援にも取り組んでいる。社員の韓国人男性が上司のレイハラ被害を会社に訴えたところ、善処どころか馘首されたという事案である。支援者の思いは「フジ住宅の勝利を例外にせず、日本の常識にする」。闘いは連なり、積み重なっていくのだ。

一方でフジ住宅との闘いも続いている。敗訴判決の確定後も今井氏とその取り巻きたちは彼女に謝罪すらせず、裁判で退けられた主張も含め、HPに自分たちの言い分を乗せ続けている。賠償金を払えば終わりと思っているのだ。これが社会的存在である企業のやることか。彼女は二〇二二年九月、「日本労働組合総連合会（連合）」傘下の合同労働組合に個人加入。彼女への謝罪や人権侵害防止策の策定、社員へのレイハラ研修の実施などを求めて会社側と団体交渉を重ねている。

これからも声を上げ続けるとの覚悟を滲ませて、彼女は挨拶をこう結んだ。「無かったことにしようとしている姿勢が、この社会では許されるのかと。今回の判決でこの社会を変えることで、意味のあるものとして使っていく。微力だけどやれることはやりたい。この会は新しいスタート。この『おめでとう』をもっともっと育てていくために、今後も皆さんと繋がっていきたい」

2022

花束を受け取る元原告。レイシャルハラスメントで壊された人と社会への信頼を回復したいとの願いを込めた闘いだった。彼女の「本気」は、それを分かち持とうとする繋がりを生んだ。いつでも本気の一人が「生きるに値する社会」を拓くのだ＝大阪市生野区で 2022年9月11日

60 希望を探して——ネットヘイト訴訟（崔江以子さん）

「私はこの裁判に、希望を探しに来ています」。机上の左手をぎゅっと握りしめ、彼女は目の前のメディア記者と支援者に言った。

川崎市桜本の多文化交流施設「川崎市ふれあい館」の館長、崔江以子さん。

二〇一六年以降、ヘイトブログなどで彼女を攻撃してきた茨城県の篠内広幸氏（アカウントネーム「ハゲタカ鷲頭政彦」）を相手に民事訴訟を闘う彼女が、二〇二二年一二月八日の弁論後に報告集会で口にしたのは、「希望」だった。

彼女を形成したのはその「ふれあい館」での日々だ。出会いは通名で生活していた高校時代である。教師の熱心な誘いに根負けし、嫌々行ったそこでは、同じルーツを持つ者たちが民族名を名乗り、呼び合っていた。ここは「嘘をつかずに生きられる世界」だった。

一九九五年、同館に就職し、最初は学童保育を担当した。「学校から帰って来た子どもたちが、『金《キン》』だからバイキンとか、キムチとか苛められたって。そんな子どもたちと語り合って遊んで、朝鮮人だからラッキーなことをしようって励ました」。母親に「韓国人とは遊んじゃいけない」と命じられた友達から絶交を告げられた子どもの表情を失った顔も見た。出自を忌避して家出した中学生をその母と探した夜もあった。帰って来た彼の「家出しても日本人になれなかった。名前と一緒に消えたい」との呟きは忘れられない。柔らかい魂を苛む差別に向き合い、彼女は言ってきた。「違いは豊かさ。あなたは悪くない」

「共生」への思いを刻んだ私たちのまち、文字通りの「故郷」が二〇一五年、醜悪な差別の的になった。「正直言うと躊躇った」というカウンターに彼女が立ったのは、子どもたちとの出会いの数々と、やっと豊かな老いを生きるハルモニたちを守ろうとの思いだ。

押し寄せるレイシストと路上で対峙し、「ここは私たちの街だ」と声を枯らした。レイシストたちに「帰れ」「出ていけ」と罵られる姿を中学生だった息子に見せた痛恨や、ヘイトデモの終着点で、道路向かいに居たオモニがそれを目の当たりにした悲しみは今も胸に刺さっている。今に至るまで母娘であの時の話は出来ないという。

それでも前に出た証が「ヘイトスピーチ解消法」の成立だ。外国人対象の法といえば、管理・監視、追放を定めた「出入国管理及び難民認定法」と「外国人登録法」しかなかったこの国で、初めて外国籍住民を「不当な差別的言動（＝ヘイトスピーチ）」を受けない権利を持つ主体と定めた法律だ。先人を翻弄してきた「日本」に、継続する「差別」の存在を認めさせ、彼彼女らに「彼方が被ったのは不当な差別です」と語れる公の規範を打ち立てさせた。京都事件時には「夢」だった反差別法制定の壁を一気に突破したのだ。これは次代に継ぐ展望でもある。法施行二日後には川崎で予定されていたヘイトデモも中止に追い込んだ。

だが、結果を出す闘いの先頭である崔さんへの攻撃はさらに激化した。今回のヘイト投稿が始まったのは施行から一一日後、二〇一六年六月一四日だった。表題は、「【川崎デモ】崔江以子、お前何様のつもりだ！！」。本文には「日本国に仇なす敵国人め。さっさと祖国へ帰れ」とあった。プロバイダーへの要請で該当文書は削除されたが、加害者は逆恨みのヘイト投稿をは

2023

じめ、同調する書き込みが相次いだ。「差別の無い社会はみんなにとって優しい社会だと思い、願い、差別がない社会を求めて仕事をしてきた。それを日本の敵とされて怖かった」

警察の助言を受けて表札を外し、親子での外出を避けた。職場への手紙や脅迫、ネットでの攻撃も激増した。後に別人の犯行と分かったが、二〇二〇年一月四日の仕事始めには朝鮮人への虐殺予告の葉書も届いた（38話参照）。これは犯人の実刑が確定したものの、不特定多数からの攻撃は止まない。二〇二一年一一月には提訴に踏み切ったが書込みは続く。「武装」や「抗争」の言葉に包丁や鉈の写真を添付したツイート、脅迫電話も相次いだ。

「前が見えない、どこに行けばいいのか分からなくなった」

そんな時期に立ち帰ったのは、やはり「ふれあい館」での出会いの数々だった。「ここで本名を名乗っても、高校進学時には日本の名を作る子もいた。差別が怖いから『一五の春』に身を守ることを考える。『出自は墓場まで持っていく』と泣いた子もいた。『貴方の名前は素敵だよ』と言っても、『じゃあ差別されたら助けてくれる？』『差別されない保障は？』との問いが返って来る。だから『今すぐ社会を変えたり、差別をゼロにすることはできないけど、仲間を増やせるよう、ふれあい館で頑張るよ』って約束してきた。子どもたちや、私を応援してくれるハルモニたちに『祖国に帰れ』と言わせっ放しでいることはできない」

そこで不可欠なのが差別を指弾し、被害を認める司法の存在である。だからこそ提訴した。京都朝鮮学校襲撃事件からウトロ放火事件に至るまで、当事者と支援者の力で漸進させてきた刑事、民事の司法判断を「一ミリでも前に進めたい」という。

今回の目標は「排除型」ヘイトの違法認定だ。「ヘイト解消法」が定義するヘイトスピーチには三類型ある。文字通りの「危害告知型」、害虫などに例える「侮辱型」、そして「国へ帰れ」に代表される「排除型」だ。脅迫や侮辱、名誉毀損など、刑法にも適用類型がある前二者は法律家や多数者の「理解」を得やすいが、三つ目はハードルが高い。被害が軽いからではない。「排除型」は、ここで生きることそれ自体を否定する。その破壊力は甚大だ。さらに排除の正当化は具体的な暴力を誘発する。ウトロ地区、コリア国際学園への放火がその典型だ。文言は違うが、犯人二人は共に朝鮮人の排除を口にした。だが「排除型」の害悪はマジョリティに伝わりにくい。前二者と違ってマイノリティのみを対象にするからだ。

公の場で差別の被害を晒す痛みと、それが得てしてマジョリティには通じぬ苦しさ。訴訟での二次、三次被害……。一回一回の弁論、それ自体がサバイバルだった。「それでも裁判を続けてこられたのは、『辛ければ何時でも辞めていいよ』と言って下さる弁護団が居るから」。矢面に立ってきた苦悩が表情に滲む。記者の質問を受けて言葉を選ぶ際、繋ぎに発する「ん……」の声が呻きにも聞こえた。その中で口にしたのが、「希望」だった。

「裁判は大変で辛いけど、差別は差別、差別の被害として認められて、しっかりとした司法判断をえて、『祖国へ帰れ』っていうことが差別で、差別だから辛いんだと認めてもらうことのハードルが一つ下がる。その希望を探しに、希望を見つけに私は裁判に来ています」。目の前と両脇には、彼女が背負う「約束」を分かちあい、「希望」を求めてともに、前へ進む者たちがいた。

2023

61 報道は差別と闘う——ヘイトスラップ訴訟（石橋学さん）

「差別はいけない」との一般論には頷いても、眼前での差別を悪と断じて批判、制止することには尻込みする。残念ながらこれが日本社会における「多数者」の振る舞いだろう。

「多数派の常識」に依拠するマスメディアはそれを体現する。社会で現に起きている「差別」をそれと判断して指弾することを避け、両論併記、二項対立に逃げ込む。曰く「法規制」か「言論・表現の自由」か、「ヘイトスピーチ」か「政治的主張」か。

辛うじて差別を差別と指摘し、それに「否」と言う類の記事でも、多くの場合、批判を担うのは記者ではなく社外の学識者だ。不明なことを誰かに訊くのは取材の基本だが、私はそこにリスク回避の打算を感じてしまう。問われているのは、目の前での醜行に対する個としての「判断」であり、対抗する覚悟の有無なのだが、マスコミ記者は得てしてそれを他人に丸投げし、差別と闘う主体として自らを起ち上げる機会を擲ってしまう。

これは命、尊厳を巡る問題なのだ。「主張」として並べるなど論外だし、誰かを使った批判も不実である。この腑抜けた姿勢が、植民地帝国時代からのレイシズムを「戦後」も存続、拡大させ、共生に不可欠な「反差別」と「歴史認識」という社会規範を遠い世界の話にしてきた。「ヘイトスピーチ解消法」や川崎市の「刑事罰条例」など、反ヘイトスピーチを掲げる法的規範の実現や、ヘイト暴力を巡る法的応戦と司法判断の前進の影響だろう。レイシストの「言い分」を一つの見解のように扱ったり、明け透けな差別煽動を「意見」や「表現」の範疇で捉える類の愚劣な報道は幾分減ったようには思うが、まだ全体としてレベルが低すぎる。
『神奈川新聞』の記者、石橋学さんは、その積弊に全身でぶつかり、突破して来た。新聞業界で彼の記事は型破りである。情報を伝えることが主眼の「一般記事」はもちろん、書き手の見解が入る「解説・主張記事」でも通常は使わない語彙を地の文で駆使し、差別者を徹底批判する。「恥知らず」「札付き」「レイシスト」「デマ」……。

激越さに違和感を覚える人もいるだろう。私も当初は驚いたが、問うべきは新聞記者的常識に汚染された私自身だと気付かされた。相手は「他者の否定」を煽動する危険なレイシストなのだ。彼らの嘘・歪曲に正しく対峙せぬ態度が、あの京都朝鮮学校襲撃事件をも当初は無視したメディアと社会を生み出したのだ。彼が実践する「差別と闘う報道」は、日本の報道のみならず、差別に寛容な日本文化へのカウンターに他ならない。

その原点には彼自身の痛恨がある。初めて川崎駅前でレイシストの差別街宣を取材した二〇一三年五月、「厄介な問題」と思い記事化を躊躇したという。その後、被害当事者の怒りや悲しみ、無念に鍛えられる中で、彼自身が内面化したメディア業界の「常識」を切開し、棄て去ったのだ。彼の記事は差別に対する身体性を取り戻し、正しく向き合おうとの呼びかけでもある。差別への唯一の正当な作法、それは断固たる「否」だ。

以前、書いたように、その彼が二〇一九年二月、民事訴訟の被告となった（37話参照）。原告は同年四月の川崎市議選に立候補、落選した佐久間吾一氏である。先立つ講演会で川崎市の在日朝鮮人集住地域・池上町に言及した彼は、「旧日本鋼管の土地をコリア系が占領している」

「共産革命の橋頭堡が築かれ今も闘いが続いている」などと放言した。「選挙ヘイト」である。これを「悪意に満ちたデマによる敵視と誹謗中傷」とした記事で、名誉が毀損されたというのだ。元より無理筋のスラップ（恫喝）訴訟だ。石橋さん側の獲得目標は、日本の植民地支配で形成された池上町と住民の名誉を守り、「差別と闘う報道」の正当性を認める判決だった。

圧巻は二〇二〇年一一月の意見陳述である。彼は廷内のレイシストをなで斬りにし、差別被害に晒されるマイノリティの思いとその闘いを述べた後、廷内のメディア記者に訴えた。中立などありえない。客観報道の殻を脱ぎ捨て差別との闘いに参戦しよう、と。そこには来たるべき「公正な社会」という夢、足元の現実を変革する夢があった。

計一〇回の弁論を経て、二〇二三年一月三一日に判決を迎えた。司法は石橋さんの記事の正当性を認めた。市議を目指す者に関する事実に基づく論評なのだ、当然である。だが一方で裁判体は、彼に一五万円の賠償を命じた。佐久間氏の街頭演説を取材していた石橋さんが、それを「出鱈目」などと批判したことに対し、氏が追加提訴した部分が認定されたのだ。時に対象者との争論を伴う取材という行為への不当介入であると同時に、反ヘイト運動の抑圧すら可能にする最悪の判断である。この裁判体は市民が理非善悪を「判じる」のが癇に障るのか、差別との闘いが「罵り合い」にしか見えぬ「感性」の持ち主なのか。

閉廷後、裁判所の門前で、石橋さんを待っていた。傍には重苦しい表情の支援者と報道関係者たち。そして思わぬ判決にニヤつくレイシスト数人が居た。庁舎から彼がどんな表情で出てくるのか、最初に何をするのか、もしかすると支援者に詫びるのではないかと不安だった。そんな中で姿を現した彼は、なんと右手でガッツポーズをしたのだ。目の前の支援者、桜本の人々、共に闘ってきたメディアの仲間、そして自身に向けて。

報告集会で彼は支援者への謝辞を述べ、勢いよく語った。「この判決で私は少しも萎縮しない。(一部勝訴に喜ぶ)彼らの矢はマイノリティに向く。だから私はこれまで以上に彼らを厳しく見て、厳しく記事を書く」。そしてこの裁判は、反ヘイト運動に居場所を削られ、法律と条令で差別街宣、集会、選挙ヘイトが難しくなったレイシストが法廷を悪用したものだと強調し、こう宣言した。「批判とメディア報道の数々が彼らをどんどん追い詰めている事実、この歩みは変えられないし、止められません。止めません。私は落ち込んでないし、高裁での勝訴を信じています。今は連中、糠喜びしてますけど、高裁でしっかり逆転して、レイシストの居場所をこの地球上から無くしましょう」

一部敗訴はあったが、池上町とその住民の名誉を守り、「差別と闘う報道」を拓いた。レイシストが表現者やメディアを訴える流れがある中で、あの裁判体にも「差別者を差別者と報じる自由」を認めさせたのだ。彼が所属する新聞社はもちろん、新聞労連も早々と共闘を表明し、本気の輪も広がった。次の課題は敗訴分を覆しての完全勝訴、即ち差別を批判する市民的権利の獲得だ。石橋さんは既に控訴した。より政治に近い東京高裁で、反差別の大きな一歩を勝ち得る番である。不当判決に屈ませられた分、それをスプリングボードにして更に高くへと飛べる。そこには大きな勝利の光景が広がるはずだ。

2023

62 彼らの想定を裏切る番――入管法改悪反対運動

能にする。

「差別」は植民地主義の思想的資源だ。人を人と見做さぬ発想こそが、侵略や略奪、虐殺を可能にする。後発植民地帝国だった日本もまた、差別をその思想的支柱とした。

膨張主義の破綻は、差別の「悪」に向き合い、克服に舵を切る生き直しの機会だったが、この国は真逆の選択をした。差別を再編し、「戦後」のスタート時に埋め込んだのだ。その代表格が象徴天皇制と、外国人政策の総体「入管体制」である。戸籍制度を含む天皇制は存在それ自体が差別であり、平等や民主主義に敵対する。外国人を二級市民とし、監理・監視、追放の対象とする入管体制は、「何をしても、どんな目に遭わせても構わない存在」をつくり出し、官民の間でレイシズムを循環増幅させる。いわば「植民地主義の遺制」である。

後者を担う反社会集団・入管庁に更なる武器を与えるのが、政府が成立を目論む「改定入管法案」だ。人権蹂躙システムと言うほかない日本の入管行政を人権の視点で問い直すどころか、ひたすら強制送還の円滑化を図る前回二〇二一年の法案は、名古屋入管でのウィシュマ・サンダマリさん虐待死事件で高揚した否の声で廃案となったが、それを再上程するという。

一度出した法案は絶対に通す、人命より面子なのだ。前回の成立断念後、法務大臣が技能実習制度の「見直し」を口にしたのも、「巻き返し」に向けた地均しだったと思う。一つは改悪問題を巡りその反社会的実態を暴露されてきた入管が、市民に向けてそのイメージ改善を狙って発した姑息なアピールだ。そしてもう一つは運動圏への「意思表示」である。

移住者の人権問題に取り組む者たちの間で、入管行政と並ぶ課題が技能実習制度だ。当局はその見直しを打ち上げ、活動家や弁護士、野党議員らにこんなメッセージを送ったのではないか。〝技能実習制度は見直す。そちらの意見を聞く余地もある。なので入管法は通したい。反対運動はお手柔らかに〟と。米国国務省が出す、世界の人身売買を巡る報告書でもやり玉に挙がっているこの技能実習制度は、日本としても早晩に手を付けざるを得ない。その既定方針を勿体付けて「敵」に差し出したのではないか。あるいは一方の「改善」を仄めかすことで運動圏の力を分散させ、反対運動の高揚を抑えようとしたのかもしれない。

その下劣は、廃案後の遺族への対応にも表れた。遺族は事件当時の名古屋入管局長ら職員一三人を殺人や業務上過失致死罪などで告訴・告発したが、「法務ムラ」の家長たる検察は、検察庁の主要出向先でもある入管庁の犯罪を不起訴とした。遺族は国賠訴訟も提起。弁論の度に妹のワヨミさんとポールニマさんは陳述に立ち、「真相究明」と「再発防止」を訴えたが、当局は法廷内外で訴訟妨害に徹し、挙句は請求額が高いとまで主張。監視カメラの映像提出も拒み続けてきた。インパクトの強い映像で社会の注目度が上がり、二〇二一年の再現になるのを警戒したのだろうが、遺族への愚弄の数々には、理屈を超えた情念すら感じた。

入管には自浄能力が存在しない。NGOや弁護士会からの批判だけではない。昨年一一月には国連の自由権規約委員会が総括所見を発表した。仮放免者が就労を許されず、保険加入も出来ない状態や、難民認定率の異次元の低さに懸念を表明。収容期限の上限設定やその是非を司法が判断する仕組みの構築や、医療などの被収容者の処遇についても国際基準に沿う改善を勧

2023

告した。「仮放免者」は"Karihomensha"とローマ字表記されている。ここにも国連機関の問題意識と、他にないこの制度の異常さを示していた。

国内外の批判を受けたかは不明だが、ウィシュマさんの国賠訴訟では痺れを切らした裁判所が、「たった」とはいえ五時間分の提出を勧告。国の反対を退けて法廷での公開上映まで決めた。刑事の不起訴処分に対しては検察審査会が「不起訴不当」を議決、再捜査が決まった[*]。

その最中での法案再提出である[**]。少しは他者の目を意識する感覚や、事件への反省があるかもと思ったが、入管にはどちらも皆無だった。「全件収容主義」も、ほしいままの拘束も手つかず。あるのは彼らの権限強化のみ。難民申請中の送還停止は原則二回までとし、三回目以降は申請中でも強制送還の対象とする。難民条約の肝である「難民を（中略）生命または自由が脅威に晒される恐れのある領域の国境へ追放しまたは送還してはならない」との条項。いわゆる「ノン・ルフールマン原則」に真っ向から反する。加えて送還忌避には一年以下の懲役か二〇万円以下の罰金、あるいは双方を課す。

さらに問題なのが「監理措置制度」だ。入管が選定した民間人を監理人（当局は親族や支援者、支援団体、弁護士などを想定）として、その監督下で非正規滞在者に対して施設外での生活を認めるという。だがその対象は難民申請中か滞在を巡って訴訟中の者で、全体のごく一部だ。しかも監理人は当局の求めに応じて被監理者が「不法就労」をしていないかなどを報告する義務を負う。場合によっては家族や支援者が密告者となるのだ。陰湿な分断工作である。そして長期収容者の監理措置への移行も含め、決めるのはこれまで通りすべて入管である。例えて言えばヤクザか半グレが、警察、検察、裁判所、刑務所の役割を一手に担うのだ。おまけに業務は非公開である。人権上の改善は皆無と言うほかない。今回の「改定」案は入管行政の反社会性をさらに強めるだけだ。これは難民条約からの事実上の離脱である。

「入管は外国人を人間扱いしていない」「変えないと今後も姉のような犠牲者が『当たり前』に出る」。提出方針が報道された二〇二三年一月一二日の抗議会見で、妹二人は口々に訴えた。遺族の気持ちも、国内外の批判も無視した権限強化案に芥子粒ほどの正当性もない。すでにNPOや弁護士会などが声明を出し、反対運動を展開している。再びの廃案はもちろん、この事態を入管体制解体と、「共生社会」への一歩へと反転させなければならない。

「ウィシュマさんの事件の真相究明もなされない中で、厚顔無恥にも程がある（……）法務省・入管は日本の市民社会とメディアを舐め切っている。何をしてもすぐに忘れるだろうと。問われているのは市民社会の決意だと思う。事件を忘れ、政府のやりたい放題を許すのか、それとも方向転換をするのか、それが我々に問われている」。会見で指宿昭一弁護士が怒りも露わに語った一言は重い。法務・入管当局は私たちの人間性をその程度のものだと想定しているのだ。これ以上の侮辱、愚弄はない。予想通り底なしの愚劣を示し続ける彼らの想定を、次は私たちが裏切る番である。

＊二〇二三年九月、名古屋地検は殺人などの容疑で告訴・告発された当時の局長ら職員一三人について再び嫌疑なしの不起訴処分とし、捜査を終結させた。

＊＊与党や日本維新の会などの賛成により改悪入管法案は二〇二三年六月九日、成立した。

63 なぜ認めてくれない――徴用工問題（李春植さん）

この国はまたしても生き直しの好機を擲った。

二〇二三年三月六日、韓国の尹錫悦《ユンソギョル》政権は徴用工問題の〝解決策〟を発表した。韓国大法院判決で、二〇一八年に敗訴が確定した「日本製鉄」と「三菱重工」の賠償額を韓国政府傘下の財団が肩代わりし、原告に賠償金相当額を支払う内容だ。加害企業は謝罪も償いもせず、韓国側がそれを負担するという。何が「解決」なのか。

「日韓請求権協定で解決済み」と主張し、一切の賠償や補償をしない／させない日本の強硬姿勢が、軍事同盟を強固にしたい米国の意向と相まって、旧植民地の政権に「白旗」を挙げさせた恰好だ。日本メディアはこの動きに概ね好意的だが、被害者不在の談合は更なる不正の上塗りでしかない。この国はまたも倫理の底を抜いたのだ。

その対象となった訴訟の一つ「日本製鐵訴訟」の原告で、唯一の生存者である李春植《イチュンシク》さん（一九二四年生）を韓国・光州の市営住宅に訪ねたのは二〇二〇年二月のこと。安倍晋三らが判決履行への常軌を逸した妨害を重ねる最中だった。

ベッドから身を起こすと、李さんは「フーッ」と息を吐き切った。箪笥の上には徳用サイズの眞露がある。宅配弁当のおかずをアテに、焼酎を啜るのが唯一の愉しみという。「生きているうちに、安倍が私に謝罪しないといけない。『申し訳なかった』と言わなければいけないのに

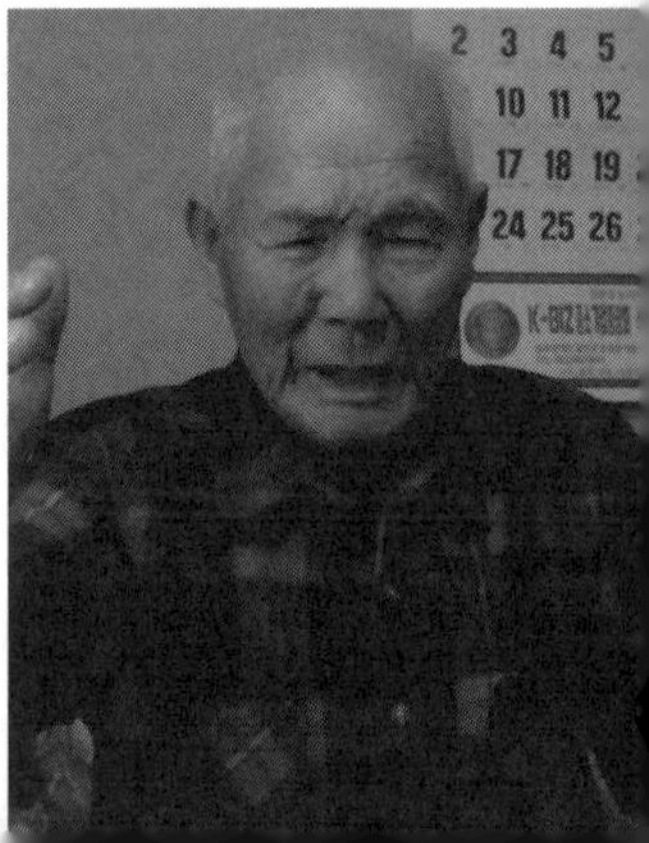

著者撮影

……」。疲れた表情でこう語ると、日本語でボソっと言った、「おもしろくない」

全羅南道羅州郡で生まれた。苦難の起点は一九四一年。朝鮮・大田市から李さんを含む中高生八〇人が「報国隊」として日本に送られた。「技術を教えると言ってたけど、技術職はみんな日本人だった。朝七時半に工場に出て、コークスを溶鉱炉にすくい上げたり、鉄筋とかを貨車に乗せる重労働でした」。まともな休憩もない。鋼材の下敷きになった者。溶鉱炉に落ちて死んだ者もいた。彼自身、労災事故で入院もした。監視役は元軍人、殴る蹴るは日常だった。

「解決策」発表を受けた会見で、岸田文雄は徴用工問題を「旧朝鮮半島出身労働者問題」と呼んだ。大法院判決に悩乱した安部晋三が使い、後に政府見解となった呼称だ。動員の時期で切り分け狭義の「徴用」（強制連行）ではないと言い募る詐術だが（28話参照）、奴隷労働の実態はあったのだ。そして度し難いのは、安倍の造語をこの場面で使った岸田の宗主国根性である。彼が外務大臣時代に交わした「慰安婦合意」が、韓国の民意に支えられた文在寅政権の「被害者第一主義」によって破綻させられたことへの意趣返しなのかもしれない。岸田は「歴代内閣の立場」を踏襲すると語ったが、彼が引き継いだのは、河野談話でも村山談話でもない。日露戦争が「植民地支配の下にあった、多くのアジアやアフリカの人を勇気づけた」と嘯き、自らの言葉による「謝罪」や「お詫び」を避けた安倍の「戦後七〇年談話」だろう。

李さんは工場が爆撃を受けて神戸に避難、そこで解放を迎えた。賃金は支払われず、やむなく四五年に故郷へ戻り、韓国では貧しさの中、五人の子どもを妻と育てた。

転機は二〇〇一年ごろだった。日本で裁判を起こした元徴用工一二人が、入手した名簿を基に連

2023

絡してきたのだ。日本での裁判が敗訴、韓国での提訴が決まると李さんも原告に参加した。葛藤もあった。日本企業で働いていた経歴は、当時の韓国では親日派扱いを招きかねない。それでも踏み切った理由は二つあった。「日本に私の苦労を知らせたかった。謝り、償ってほしかった」。もう一つはその名簿に「小山春植」と記載されていたこと。「いまだに韓国人、朝鮮人を軽んじている。まだ植民地だと思っているんだ」

二〇〇五年二月、ソウル中央地方法院に提訴したが一審、二審と請求は棄却された。韓国司法は日本の判決を追認したのだ。一方で社会は地殻変動を起こしていた。金大中政権以降の流れである。一九七七年から現在に至る死刑停止（事実上の廃止）や外国人参政権の実現、戸籍の廃止など人権施策が進み、過去清算の流れも生まれた。それが司法にも届いたのが二〇一二年五月の大法院による棄却（原告敗訴）判決の差し戻し決定だった。

その根本は憲法だ。差し戻し判決にはこうある。「（憲法前文は）『わが大韓国民は3・1独立運動により建立された大韓民国臨時政府の法統と不義に抗拒した4・19民主理念を継承し』と規定している。このような大韓民国憲法の規定に照らしてみるとき、日帝強占期の日本の韓半島支配は規範的観点から不法な強占にすぎず、日本の不法な支配による法律関係のうち、大韓民国の憲法精神と両立しえないものはその効力が排斥されると解されなければならない」。旧植民地諸国が集まり、「反帝国主義」「反植民地主義」「民族自決」を掲げた「バンドン会議」から五七年。アフリカ・中東諸国が欧米に対し、植民地支配と奴隷貿易の贖いを求めた「ダーバン会議」から一一年。植民地主義の克服という人類史的課題に韓国の司法が応答したのだ。

それは日本社会が新たな歴史を生きる好機でもあった。「道義的責任は認めるが法的責任はない」。これが欧米など旧植民地帝国の変わらぬ姿勢だ。その一つ日本が、判決に応えて被害者への贖いに乗り出すことは、安倍の戦後七〇年談話の妄想とはまるで異なる次元において、旧植民地諸国に「勇気」を与える契機たり得た。

しかし、それゆえに日本政府は真逆の態度を取った。大法院判決が出るや、韓国政府に介入を要求。事実上の経済制裁をし、一部企業の判決履行に向けた動きを制した。邪悪である。それに付き従い、「戦後最悪の日韓関係」を煽り立てたのが、戦争の推進役だった時代を「過去」に出来ていない破廉恥なメディアだった。政財官報が結託しての陰湿な妨害の挙句に結ばれたのが、彼ら卑劣漢にとっての「解決」でしかない今回の「政治決着」だった。金で頬を叩く卑劣な手法は、遺族の間に対応を巡る対立をも生んでいる。

聞き取りの最後、李さんはこう言った。「日本は戦後復興して豊かな国になった。この問題を正直に認めて和解を目指せばいいのにまだしない。私は裁判の書類を見て待っているだけ。自分が今の日本を造るためにどれだけ力を尽くし、苦労したか。それを分かって欲しい……」。そして彼は突然、立ち上がって直立不動の姿勢を取ると、かつて強いられた言葉であり、今現在も屈服を迫ってくる者たちの言葉「日本語」で、引き裂くように叫んだ。「わたくしの名前は、こやま・しゅんしょくです！　朝鮮語ではソサン・チュンシギです！」

あれから三年。市営住宅の一室で、彼は私、私たちのこれからを見つめている。

2023

64 小さい流れも合わさっていけば本流さ——大阪コリアタウン歴史資料館（金時鐘さん）

「共生」。私たちの文化だ。その「共生」という私たちの文化を発信する新たな拠点が、大阪市の旧猪飼野に誕生した。「大阪コリアタウン歴史資料館」（生野区桃谷）である。二〇二三年四月二九日に開館式典が催された。民族教育への攻撃を止められないまま迎えた七五回目の「四・二四」の五日後。国際人権に真っ向から敵対し、ゼノフォビアを更に強めた「入管法改定案」が、衆議院の法務委員会で可決された翌日のことだ。

資料館の入口には、どこか朝鮮の盛り土墓を思わせる碑がある。刻み付けられた「共生の碑」との文字に、様々な思想、立場の者が肩寄せ合い暮らして来た猪飼野の文化をここから発信し、更に成長させていくとの決意が滲む。開館式典は午前九時からだが、開始前には一〇〇人近くが詰めかけ、生活道路は人で溢れた。私が感じたのは、爽やかな中にも漂うある種の緊張感である。それは単なる「祝賀式典」にはない空気だった。

一つは取り巻く社会情勢だろう。人権、歴史認識を巡る状況は悪化の一途だ。旗振り役のひとつがここ大阪発祥の政治勢力、タレント弁護士の橋下徹氏が設立した「維新」である。朝鮮学校への補助金停止など民族教育への弾圧。「『慰安婦』制度は必要であった」発言に代表される元「慰安婦」への暴言（二〇一三年）。大阪人権博物館潰し。沖縄に派遣されていた大阪府警機動隊員が新基地建設反対派住民に浴びせた「土人」発言の擁護（二〇一六年）。民族教育を受ける権利は「ない」発言（同年、当局は発言を否定）など、「共生社会」の資源である「人

権、歴史認識」施策を徹底して切り捨て、放言を繰り返し、上からのレイシズムと歴史改竄を撒き散らしてきた。自公政権と共に、今回の入管法改悪案をゴリ押ししてきたのも彼らだ。

マイノリティが尊厳をもって生きられる空間を削り込み、社会を壊す政治屋たちの「お膝元」に、同胞らの支援と寄付で在日の歴史を伝える拠点を築いた、それ自体一つの勝利である。その意味と意義を知る者の想いが、一種独特な空気を醸し出していたのだと思う。

スタンバイしていた農楽隊が長短《チャンダン》のリズムを刻み、熱気が伝導していく。勢いに押されてか、式典はコリアンタイムとは真逆の前倒しでのスタートになった。「コサ（告祀）」が始まる。事業の成功と厄払いのため、家神に供物を捧げ、喧噪の中、茹でた豚の口に札を挟む。関係者がテープに鋏を入れ、場に催されたようなセレモニーは終わった。

レセプションで、館長の高正子《コジョンジャ》さんは語った。「私たちの両親、祖父母がこの地に踏み込んで、繰り広げた葛藤や協力関係によって築かれた足跡と息吹を少しでもこの資料館に刻み込めればと思い、手作りで最初の、最初の第一歩として作り上げました。私たちのようなオールドカマーにとっては追憶の場。若い在日にとっては自分のルーツを知る場に。日本人にとっては隣にこんな生活をしている在日がいると知る場になればと思っています。このエリアにいる日本人も含めた人たちの生き方が、私たちの未来、共生のモデルとして、この日本の歴史に刻まれることを切に願いながら頑張っていきます」

高さんらの挨拶に、私はこれまで出会ってきた在日一世、とりわけ女性の姿を鋤き返していた。植民地支配の暴風で異郷に吹き飛ばされ、差別と貧困、家父長制の中を生きた者たち。少なからぬ者は学びから疎外され、自らの苦境を歴史的、構造的に捉えることもなかった。そもそも状況を解釈しても、自分を取り巻く現実の中でそれが何の役に立っただろう。「おらせて貰っとるんやから」「私ら外人やからしゃーないし」。幾度も聞いたフレーズだ。

運営の中心は在日朝鮮人二世、三世と日本人の研究者である。彼彼女らにとってこの場の設立は、在日社会の礎となった一世への恩返しだった。「追憶の場」と高さんは言った。ここは先立った人たちを追慕する場であり、彼彼女らの正当性／正統性を伝える場、そして「公平な社会の実現」という先人との約束を確認する場なのだ。

そして何より資料館は、更に若い世代の今後に向けたものだ。個々人の記憶を記録し、歴史として誰もがアクセスできる形で残す。相も変らぬ差別社会で生きる在日四世、五世らの自己肯定や、これからを生きていく動機付けはもちろん、日本社会の多数者が在日の存在と歴史、現状を知り、巷間流布するヘイト情報に絡めとられない芯をつくる。それらの営為の積み重ねが、「共生」の大前提である「対等な関係」を生み出す。

資料館開館の翌日には京都・宇治市のウトロ平和祈念館の開館一周年行事が予定されていた。歴史資料館の壁にびっしりと並んだ一九六〇年前後のモノクロ写真を前に、私はウトロの平和祈念館の一階で、来場者に自分の歴史を語り、会話を楽しむ住民たちの姿を思い浮かべた。在日の歴史はもちろん、植民地支配や侵略の実態、民族的マイノリティの歴史を刻む資料館は全国に点在するし、今後も増えていくはずだ。施設間のネットワーク構築は、共に生きる空間の拡充に他ならないし、それは「生きるに値する社会」の実践に向けた力になる。

「共生の碑」の裏面には、この日の式典にも出席した金時鐘さんの詩が刻まれていた。植民地支配、済州四・三、南北分断、朝鮮戦争、日本共産党指導下での武装闘争、ヂンダレ論争、組織・「祖国」との訣別……。在日が厳しい政治的選択を迫られた時代の中で、「『在日』を生きる」との命題を立てたこの思想詩人は、レセプションで語った。

「日本で育ち、日本で暮らす在日、我が同胞の生き方に対して、日本国家や社会、しきたりに従属的に生きるんじゃなくて、もっと意志的に能動的に。在日であることこそ、一つ所を生きる。分断国家を持つ私たちが、同じ場を一つにできるのは、この日本に暮らす私たちだけだと言ったのが『在日を生きる』という言葉。七〇年前です。具体的にその日が来たこと。感慨というよりも、これだけの各分野、生き方、考え方、政治について思いを異にする人が一つになって創り上げたこの場……長生きできて幸いです」。そんな金さんは、アブクを吐き出すどす

2023

黒い水路のへりにひしめいていた、異臭漂う朝鮮人集落の記憶と変化を辿り、献詩にこう記した。

やはり流れは広がる海に至るものだ。
日本の果てのコリアンの町に
列をなして訪れる日本の若者たちがいる。
小さい流れも合わさっていけば本流さ。
文化を持ち寄る人人の道が
今に大きく拓かれてくる。

この言葉は、レイシズムと歴史改竄に抗い、今とは違う未来を諦めぬ者たちへの贈り物でありエールである。「共生」とは、差別と闘う営為から生まれる文化なのだ。

65 前へ。前へ。ともに――ネットヘイト訴訟（崔江以子さん）

多文化交流施設「川崎市ふれあい館」館長の崔江以子さんが、ネット上で自らを攻撃し続けて来たレイシストを訴えた「ネットヘイト訴訟」で、二〇二三年五月一八日、証人尋問があった。

「差別との闘い」は更なる危険を伴う。一つはレイシストの標的化である。矢面に立ってきた崔さんにもヘイトの暴風が吹き荒れた。ネット上での攻撃は何度か書いた（57話参照）。職場への脅迫電話や手紙はもとより、押しかけて来た者もいた。切断したゴキブリの死骸が送られてきたり、「コロナ入り」と書いた菓子箱や、延々と「死ね」と書き連ねた封書もきた。

職場で電話に出られなくなり、手紙の開封も出来なくなった。警察に相談し、家の表札を外し、電話線を抜き、日中でもカーテンを閉めた。今も外出時には防刃ベストとアームカバーを身に纏う。その中で踏み切った法的応戦だった。

刑事裁判と違い、被害者と加害者が裁判官の前で、ある意味「対等な立場」で主張をぶつけ合う民事訴訟は当事者の負担が重い。ヘイト事件はその典型だ。関門の一つは当事者尋問である。差別者の代理人はもちろん、時には加害者本人が、自らの言動に違法性はないと裁判官に訴えるため、そして被害者を更に愚弄するため、反対尋問と称する攻撃を加えてくるのだ。

弁護団を「相手役」にした「予行練習」は何度も中断した。それでも証言台の前に立った。「ふれあい館」で働いた二七年、積み重ねて来た出会いが後押しした。

主尋問が始まった。以前、確認したように、この訴訟の一大目標は、外国人差別の常套句、「国に帰れ」を不法な差別と認めさせることだ（60話参照）。嘘をつかずに生きていける場「ふれあい館」との出会い。高校三年での「本名宣言」をクラスの皆が支えてくれたこと。自らの「原点」に職員として戻って来てからの日々。そして二〇一三年、初めて川崎駅前のヘイトデモに遭遇した時の恐怖と、その後の闘いの連続を証言し、崔さんは裁判官に語った。

「私に対して『国に帰れ』と言う言葉は、命を繋いで大切に育ててくれた親の生、私が命を繋いだ子どもの生をもなかったことにする、私たちを刺す言葉です。日本人の父親と朝鮮人の母親を持つ私の子どもが、『体は半分にできないし、心と体がバラバラにされたようだ』と話しました。在日一世のハルモニたちは『これまで沢山差別をされてきたけど、〈祖国に帰れ〉と言う言葉が一番辛かった』と胸を叩いて泣きました。この言葉は、『お前はこの社会のメンバーではない、この社会には要らない人間だ』と私の存在を無効化する。更に私が出会って共に生きてきた人たちと、重ねた時間、交わした思い、重ねて来た信頼、分かち合った愛情、その全ての時間を無効化し、これから先、未来をこの日本で幸せに生きることをも奪う言葉です」

ヘイトスピーチ解消法に記された三類型の一つでありながら、多数者には伝わりにくい「排除型ヘイト」の被害と害悪。それをより根から問うこの裁判の意味が浮き彫りになった。魂が入ったのだ。そして彼女の訴えは、退去強制を強力にする入管法改悪案に対し、今この時も全国各地で取り組まれている反対運動と、この裁判を結んだ。そして最後に崔さんはこう訴えた。

「子どもが生まれた時、私は嬉しかったと同時に、『どうか、私のように差別をされませんように』と願いました。私の親も恐らく私が生まれた時そう願ったでしょう。しかし私の母親と私の願いが叶うことはありませんでした。私を大切に育ててくれた母親が、私が『祖国へ帰れ』と言われて傷ついていることを知っています。私の子どもは自分の母親が、『祖国に帰れ』と言われていることを見つめて、思春期の大切な時間を過ごしてきました」

それでも、だからこそ司法の場に希望を託した。口を衝いたのは公民権運動の偉人たちの名だった。「公共交通機関の人種隔離に反対し、バスに座り続けたローザ・パークスさん。彼女の行為はその後、人種隔離が違憲であるとの判決に繋がり、『公平な社会』を作りました。『私には夢がある』と語ったキング牧師のスピーチは皆の心に響き、自由と民主主義を勝ち取り、公民権法の実行に繋がりました。私にはこのような歴史に残るような社会を変えるような力はありません。今、この裁判所で自分の被害を語るにも震えています。ですが裁判所にはできます。裁判所だからできます」。時代と国境を越えた陳述は闘いの普遍性だった。人は自由、平等、尊厳を求める、その闘いで結束した者たちの想像力の産物「進歩」は必ず実現するのだ。

「この言葉に苦しめられてきた私自身の被害。そして多くの在日たちの被害。ハルモニたちの被害。子どもたちの被害を止めてください。私たちが生きていくことを、どうか守ってください。これまでの生きて来た時間、この先、日本に生きていく時間も守る。『祖国に帰れ』は差別だ。差別だからしてはいけないと判断をしてください。以上です」

閉廷後の会見、記者からの最初の質問は尋問を終えた今の思いだった。崔さんは机下で所在

2023

なさげに揺らしていた両足をしっかりと床に着けて答えた。「もう『国に帰れ』と言われないようにして欲しいと言ったハルモニたち。そして私が触れ合ってきた子どもたちと積み重ねて来た約束を守りたいと思いました。出会いと約束が力になりました」

その三日後、崔さんは渋谷での「入管法改悪反対デモ」の中に居た。既に衆議院を通過し、参議院での審議を控える中、国籍や民族、ジェンダーなど様々な属性を持つ者たち約七〇〇〇人が「反共生法」に渾身の否を叫んだ。終着点となった渋谷駅前で開かれた青空集会で、崔さんはスピーカーの一人として登壇した。旧植民地出身者としての責任だった。

「植民地支配の歴史的背景から渡日した在日朝鮮人オールドカマーは、保険にも加入できず、児童手当も受給できない無権利状態でした。そんな中で先人たちは後の世代を想い、人として平等に生きる地平を整え、生きやすい社会を繋ぎました。私たちの世代も子どもや後から日本に来たニューカマーの人々の、今日よりいい明日を願い生活してきました。今回の入管法改悪案はその共生社会の実現の、歴史を巻き戻すものです。でも私は絶望していません」

彼女が語ったのは、二〇一六年の「ヘイトスピーチ解消法」の制定だった。「差別のない社会」という夢を分かち持つ者たちの声は、必ず社会を動かすとの確信である。在日朝鮮人一世らが被った苦境と、時に悪法を破る捨て身の闘いの中で勝ち取られて来た「進歩」に言及した彼女は、両足を踏ん張り、声を張り上げた。「私たちはすでにともに生きています。私たちは共に生きたいです。諦めません。入管法改悪反対！　前へ。前へ。ともに！」。闘いの中から紡がれた言葉が、「私」を「私たち」にした。何があろうとも、「共生」の未来を諦めない私たちに。

66 未来を拓くハンメの言葉――アリラン　ラプソディ

文字を獲得すること、そして、書き、表現するとは人にとっていかなることだろう。人間存在の根幹に関わるこの問いに人を誘うドキュメンタリーが二〇二三年春、ついに完成した。在日朝鮮人二世の金聖雄《キムソンウン》監督が、川崎市桜本地区に暮らすハンメ（おばあさん）たちの日常を二〇年以上にわたって記録した『アリラン　ラプソディ～海を越えたハルモニたち』である。

京都市南区東九条の大学施設で六月二五日、出演したハンメのうち六人を迎えての先行上映会があり、地元京都や近畿各地から二七〇人が来場した。

上映後、舞台挨拶に立った出演者の一人で、在日朝鮮人一世の徐類順《ソユスン》さん（一九二六年生）の一言が、その場の空気の温かさを表していた。黄色いチマチョゴリを纏った彼女は、涙をこらえて言った。「こんなに集まってもらって……、胸がいっぱいです」

本作の主役は躍動するハンメたちと「共生のまち」桜本の風景。そして彼女たちの手による表現物の数々である。とりわけ印象深いのは文字作品群だ。

これらは地元に多文化交流施設「川崎市ふれあい館」がオープンした一九八八年、「せめて自分の名前を書きたい」という一世女性の願いで始まり、今も桜本で続く共同学習の場「ウリマダン（私たちの広場）」で生まれた。

一世、二世の女性たちを社会から排除してきた、いわば社会の「門番」たる文字が、今度は彼女たちに世界の意味を囁き、胸に秘して来た思いを引き受け、他人に伝え、人と人を繋いでいく。「いろいろなことがあった。よくいきてきた。にんげんはつよい」。ウリマダンで形を得た徐さんの思想であり、詩である。

映画に補記すれば、ウリマダンでは日本語としての「正しさ」は追求しない。彼女たちが学ぶのは、朝鮮を支配、収奪し、彼女たちに根こぎを強いた旧宗主国の言語である。ハンメたちの「学ぶ喜び」の裏にあるその「暴力性」に対して自覚的であろうとするスタッフの戒め。そして、学びの場で得てして生じてしまう権力関係について、議論を積み重ねた結果であり途中経過だ。スタッフを「共同学習者」と呼ぶのもその意思の表れである。「教え、教えられる」関係でなく、ともに学び、得ていくのである。

共同学習ではテーマを設けて皆で語らい、そこで喚起された「一番伝えたいこと」を文字にしていく。個性的な文字で丁寧に綴られた文章は、技巧や気取りとは無縁だ。ただ一字一句に心を込めて、自分にとって大切なことを刻んでいく。それは「祈り」である。

作文は発表され、参加者で語らう。各自の体験、生活史が紐解かれ、思いが言葉になる。泣き笑い合う中で、何の意味もないと思っていた自分の体験、ひいては人生に意味があり、価値があることに気付いていく。そのことは訪れた大学生たちに自らの体験を話した後、「よくりかいして、ふかくかんがえてくれたようです」と書いた徐類順さんが、自らの作品に付したタイトルに現れている。彼女はこう書いた。「わたしも、じだいのいちぶです」

スクリーンの中の自己解放していくハンメらの姿に、私は非識字者だった祖母と曾祖母、そしてこれまで東九条やウトロ、大阪の済州島コミュニティーの中で出会った在日一世や二世女性の姿を重ねていた。差別と極貧、家父長主義、男尊女卑、夫の遊蕩や暴力も定番だった。「もう奴隷やで、私は何のために生まれてきたんやと思たわ」と嘆いた者もいたし、過重労働と過剰飲酒が原因で早世した夫の葬儀に言及し、「でもな、私あの時な、これでもう殴られずに済むと思ったんや」と呟いた者もいた。

ハンメたちの絵も本作を彩る。故郷での記憶だろうか、咲き誇る花の下でチマチョゴリ姿の少女が舞う。白菜や芋、秋刀魚などの食材や、道端に咲くタンポポの凛とした美しさ。目で詠まれた詩が煌めく。彼女たちは自らの手で人生に色彩を還しているのだろう。

言葉を学び、世界を獲得し、世界に向けて表現し、働きかけていく。ハンメたちの譲れぬ一線は戦争への「否」だ。旧宗主国の戦争に巻き込まれ、被害だけは平等に受けた体験、解放後の祖国が戦場となった悲惨を知るゆえだ。集団的自衛権の行使を容認し、米国との軍事的一体化を進める「戦争法制」が衆議院を通過、参議院での強行採決が迫っていた二〇一五年九月、彼女たちは地元の商店街で「八〇〇メートルデモ」を企画する。皆で書いた「せんそうはんたい」の横断幕を掲げ、二〇〇人で商店街を練り歩いた。撮影開始当初、監督から「夢」を訊かれ、「早く死ぬ」と言い切ったハンメが、命への思いを込め「戦争は嫌だ」「戦争する国、絶対反対」とコールし、若い世代がそれを復唱する。完遂後、「長生きして良かったよ!」と目を輝かせるハンメ。デモ成功の「打ち上げ」では長短のリズムがいつまでも続く。

繰り返しになるが、このデモはレイシストたちの攻撃を招いた。しかし、彼女たちの表現は「あるべき世界」を目指してやまない。「さべつはゆるしません」の横断幕をつくり、川崎の

「ヘイトとの闘い」をエンパワーする。「この期に及んで……」との怒り、「子孫に安心を遺したい」との願いが原動力だ。その結果が「ヘイト解消法」であり、川崎市の「刑事罰条例」だった。本作には収められていないが、出演者の一人、趙良葉さん（一九三七年生）が、条例成立後の記者会見で吐露した一言が忘れられない。「無学な私だけど、運動は無駄じゃなかった」

上映後のトークで、石日分《ソクイルブン》さん（一九三一年生）は、植民地主義と戦争、貧困に翻弄されながら、老年に至ってささやかな日常を過ごす幸福と感謝を述べて、こう言った。「私たちは戦争、人種差別、生活苦の中で生きて来た。『戦争は絶対に反対』『人種差別は絶対に反対』を若い人に伝えるのが、私たちにできる仕事だと思っています」

一行はこの翌日、宇治市・ウトロを訪問した。二〇二二年春の「ウトロ平和祈念館」オープンを契機に再始動した「ウトロ農楽隊」が、プンムル（農楽）で一行を歓迎する。農楽隊もまた二世の女性たちの表現の場であり、自己解放の回路だった。一階の談話スペースで語らいが始まる。大雨のたびの浸水被害や濁酒づくりと摘発……。「それやそれ」「同じですよ」の声が響き合う。物理的距離など即座に消え去る。「一瞬でお互いのことが分かる」と誰かが言うと何人もが頷いた。会話はノレ（歌）となり、一階ではチャンゴが鳴り響く。川崎に出発する直前まで歌と踊りが続いた。平和と尊厳という普遍への思い、未来への展望が人を繋ぐ。

映画はこれから全国各地で上映される。「本来、こうあるべき世界」を拓く思想は、ハンメたちの言葉の中に詰まっている。彼女たちの祈りの言葉に、ぜひ出会って欲しい。

67 闘争と文学と宗教と——高史明という生き方

「死刑は『問い』を殺すのです」。高史明《コサミョン》さん（一九三二年生）の言葉である。在日朝鮮人二世の作家で親鸞の「弟子」。その彼が二〇二三年七月一五日、九一歳で死去した。一九七五年七月に自死した愛息、岡真史さん（一九六二年生）。そして昨年九月、旅立った妻、岡百合子さん（一九三一年生）を追っての穏やかな最期だったという。

私を高さんと繋いでくれたのは作家の黄英治さんだ。雑誌『世界』（岩波書店）でルポルタージュ「思想としての朝鮮籍」を連載していた二〇一六年四月、黄さんからメールが届いた。「取材計画に、高史明先生は入っていますか?」。迂闊だった。高さんの代表作『生きることの意味』には一〇代で出会い、繰り返し読んでいたが、その後、書くことで社会運動に参画する道を選んだ私にとって、宗教家の高さんは、縁遠い存在になっていた。

黄さんを通して同年六月、神奈川県大磯の自宅を訪ねた。隣室の仏壇から香の匂いが漂い、壁には武田泰淳の書

が掛かっている。古刹のような部屋で出迎えてくれた彼は、まるで水墨画の仙人のようだった。未明に窓から外を眺めていたとき、柵を超えてベランダに侵入してきた泥棒と目が合い、男は悲鳴を上げて逃げたという。幽霊だと思ったのだ。

以来、幾度か話を伺った。真史さんに手を合わせた後、岡さんと三人での語らいが始まる。

下関市の朝鮮人部落に生まれた。「『男はムショに行って一人前』なんて言われてました（笑）」。そんな集落にあって高さんは「町のダニ」と呼ばれる筋金入りのワルとなり、傷害罪で収監された少年刑務所を満期出所。編入した朝鮮人学校でも教師を殴って飛び出した。腿に自ら入れた牡丹の刺青を焼き消して上京し、共産党に入党すると、「生き直し」を急ぐように反米武装闘争の最前線を担った。デモと逮捕、警察での拷問。革命を期しての山村生活も経験した。スパイ容疑で査問された挙句、自らも仲間を査問して人格破綻に追い込んだこともあった。

党が自分のすべてだったが、祖国の戦火を見据えた朝鮮人と、左翼とはいえ、朝鮮戦争を足場に復興を果たす日本社会の一員であった日本人党員との間では、状況への切実さが違った。「騒ぐこと自体が目的化している」としか思えない「革命ごっこ」への違和感が募る。

そして身体を張って闘っていた高さんら末端は、あくまで党にとっては「駒」の一つだった。一九五五年、共産党は武装闘争路線を「極左冒険主義」などと否定。左派朝鮮人運動との関係を解消し、朝鮮人党員は組織から放逐された。彼にスパイ容疑をかけて査問した地域幹部はこう言い放ったという。「で、どうする？　辞める？　帰化する？」。共産党員として地下活動に徹していた高さんに民族団体での居場所はなかった。

文学に救いを求めた。ドストエフスキーの『罪と罰』を貪り読んだ。「文学の真髄とは『赦し』です。理論の世界で壊れた自分を文学で『回復』したかった」

「寸又峡事件」の金嬉老の支援運動などに関わりながら創作を始め、一九七一年、共産党時代の経験を基にした『夜がときの歩みを暗くするとき』(筑摩書房)で作家デビューする。二段組で二七二頁。新人では異例の分量を有するこの小説は、吐き出さずにはいられない罪責と悔恨の念に満ちた重苦しい作品だ。朝鮮人も出てくるが、主人公は被爆孤児の日本人である。雑誌『人間として』(同)の座談会で金時鐘さんと怒鳴り合ったのはその直後のことだった。「なぜ主人公が日本人なのか」と問われ激高したという。朝鮮人にしなかったのは「選択」ではない。「朝鮮語の分からない朝鮮人」である高さんには朝鮮人を「書けなかった」。その苦悶をほかでもない金さんに分かってもらえなかった彼は咆哮するしかなかった。喜怒哀楽すら日本語を介すしかない彼の民族的痛苦は、エッセイも含めた初期作品の中心テーマだった。

そして一九七四年末、『生きることの意味』を上梓した。ダブルルーツの葛藤を抱える息子に充てた「手紙」だったが、翌年七月、愛息は団地から身を投げた。「ちょうど朝鮮語を勉強していて、初級が終わったとこだった。短い本でも読むかなと。でも、あれでどうでもよくなっちゃった……」。棺に入った息子を妻と挟み、三人で川の字に横たわった。妻の嗚咽が響く部屋で、朝までひとり、天井を見つめ続けた。

後に同級生からの「苛め」も判明したが、自死の理由は結局、分からなかった。「なぜ身近な者を救えなかったのか。その苦悩に気付かなかったのか。彼が中学に入った時、私は嬉しくて

2023

ね。思わず『これから自分のことは自分で責任を取りなさい』と言ったんです。良かれと思って言ったけど、それが彼を追い込んでしまった。『生きることの意味』に置いてきた言葉を握り返すのがそれ以来の歩みです」。辿り着いたのが歎異抄だった。供養の念仏すらも否定する親鸞の言葉に困惑したが、どうしても手放せなかった。

以来、親鸞との対話を世に出し続けたが、小説は書いていない。前述した金時鐘さんとの諍いの後、高さんは朝鮮人を主人公にした短編小説を二本、書いている。あの場での批判に向き合い、作家としての応答を試み

ていたのだ。しかしそれが展開されることはなかった。「構想はあったけど」形にできなかったという。一方で自伝を幾度も出した。小説形式だけでも三度。書き直す度に、共産党時代の査問体験と宗教的思索の分量が増えた。

言葉は簡素だが難解だった。事前に歎異抄や教行信証などを読んで臨んだが、付け焼刃で太刀打ちできる次元ではない。でも私なりに食らいつこうとする中で、幾つもの普遍に出会えた。冒頭の言葉もその一つである。そして言った。

「敗戦で日本社会は自らの罪を問うべきだったのに、A級戦犯に責任を押し付けて『良し』とした。私は東条英機だって死刑にすべきではなかったと思う。罪を処罰に矮小化し、処刑で蓋をしてしまった。自らを問わない傾向は近年増々強まっている」。天皇と皇国臣民の罪を問わずに「戦後」を始めたこの国の欺瞞、そして今を招来させた病根を剔出《てきしゅつ》したのだ。

高さんは続けた。「死刑執行とは神になろうとすること。人間の領域を超えているのです」。その根底には彼が査問され軟禁状態だった時期に縊り殺された李珍宇（小松川事件）への思いがあった。だからこそ金嬉老の裁判に通い、証言台にも立ったという。「助命運動の高まりを恐れるように執行してしまいましたが、私は彼を生かして、その闇を社会全体で考えるべきだったと思います。彼の奈落を描き切った作家は今のところいない。それは私の宿題だと認識しています」。残念ながらそれは果たされなかった。高さんは逝った。現代を射抜く、私たちが引き継ぐべき多くの「問い」を遺して。

著書『歎異抄のこころ』を手に、妻・岡百合子さんと往時を振り返る高史明さん。古刹を思わせるマンションの一室で、愛息、岡真史さんの位牌に手を合わせた後、聞き取りが始まる。終了後は、いつも御馳走の数々と酒が並んだ＝神奈川県大磯町で 2016 年 6 月 21 日高い鉄柵で護られた無機質な建物に向かい、子どもたちが、壁の向こうに声を届けようと、力の限りに飛び上がりながら手を叩き、叫んでいた。「オッ、オッ、オッ、オー、ウーカンオノー」「ニュカンオノー」「ニューカンホーノー」……。言葉として聞き取れない不揃いの絶叫に、しだいに耳が追いつき、音が日本語になってくる。「入管法NO、NO、NO、入管法NO」のコールだった。

＊　＊　＊

東京MXテレビで二〇二三年六月一九日に放送された情報番組「堀潤モーニングFLAG」で、朝鮮学校に対する無償化不適用や補助金制度からの排除が取り上げられた。司会の堀潤氏が、朝鮮学校を取り巻く状況や、公的支援を求める現場教員らの声を収めた自らの取材映像を上映し、子どもの権利の観点から問題提起した。するとコメンテーターの一人、大空幸星氏は「経営が下手くそ」などと発言、公的ヘイトの中で学校を運営する困難を学校側の「経営努力の欠如」にすり替え、こう放言した。「子どもたちを盾にするっていうのが僕は一番卑怯だという気がします」。河崎環氏ら他のコメンテーターもこれに同調、司会者の堀氏も彼らの発言を訂正せず、その差別性と事実誤認は正されぬまま、番組は終わった。

結果的に番組は、朝鮮学校の歴史性や存在意義を無視し、それを一貫して潰そうとする差別者の側から学校側を誹謗中傷した。苦境の責任を被害者に擦り付け、根本原因である公的差別の数々を正当化する。文字通り「差別の煽動（ヘイトスピーチ）」である。

朝鮮学校を支援している大学教員有志が公開質問状で認識を質したが、大空氏は謝罪も撤回もせず、堀氏も後の番組で一連の発言を差別ではないなどと擁護し、自らの冠番組内で起きた差別事件にケジメを付けず、学識者らが求める話し合いも拒否した。

東京MXテレビは二〇一七年、沖縄・東村高江のヘリパット建設に反対する者たちを暴力集団などと貶め、在日朝鮮人二世の辛淑玉《シンスゴ》さんをその「黒幕」と攻撃したデマ番組『ニュース女子』を放送し、在日朝鮮人、沖縄差別を煽り立てた前歴がある。この番組に対しては辛さんが、番組を制作した「DHCテレビ（現・虎ノ門テレビ）」のほか、番組の司会者で東京新聞元論説副主幹の長谷川幸洋氏らを相手取り民事訴訟を提起した。

裁判では地裁、高裁とも、「DHCテレビ」に対して五五〇万円の賠償とウェブサイトへの謝罪文掲載を命令。今年四月、最高裁で勝訴が確定した（司会者への請求は認めず）。この問題の際、MXテレビは辛さんに謝罪したはずだが、舌の根も乾かぬうちにこれだ。

今回の番組に対し東京MXは、「自治体や国の決定した施策・判断についての正誤を判断することは致しません」としながら、無償化裁判で認定された「朝鮮総聯と朝鮮学校との密接な関係」などを持ち出し、番組内での発言を「自治体や国の決定した施策・判断の内容と相違はありません」と正当化している。公権力行使の「正誤を判断」しないと公言する「メディア」にも驚くが、更にはそれを「盾」にして、「子どもたちを盾にする」との発言を正当化したのだ。

だが、子どもを利用したのはこの者たちであり、彼らが付き従う「公」のほうだ。

2023

日々高揚する改悪反対の声に怯えるように、政府与党が入管法を強行採決して約二カ月後の八月四日、斎藤健法務大臣は、日本生まれだが在留資格がなく、退去強制処分を受けた子どもの中で、一定の条件を満たした者に「在留特別許可」を与えると発表した。

強制送還の危機に怯え、仕事も移動の自由もない立場で暮らす者にとっては朗報だが、その基準は余りに厳しい。対象は日本生まれの小中高生。昨年末で一〇〇人近くいる海外生まれの子らは対象外で、措置は今回限り。これはあくまで国が与える「恩恵」なのだ。彼らはこれまでも子への在留特別許可付与を「交換条件」にして父母らに「帰国」を迫ってきた。

親が「不法」に入国していたり、複数の前科がある場合などは対象外だ。法案審議時も、恣意的に操作し、誇張した「不法滞在者」の犯罪統計を持ち出して「脅威」を煽った当局は、今回も親の「犯歴」を持ち出して親と子を引き裂く。関東大震災直後の混乱の最中、官が「朝鮮人の脅威」を煽り、大虐殺を引き起こしてから一〇〇年目の現実である。

「私自身、悩み抜いて導き出した結論」。会見で法相は言った。以前から子どもの「保護」に関心を持って来た「私」が、入管庁内の強硬派とのせめぎ合いの末、何とか落とし込んだ「救済策」と言いたいようだが、「どの面下げて」と言うほかない。

ウィシュマ・サンダマリさんの遺族も傍聴する法案の審議で、「犯人」である入管当局作成の答弁を読み上げたのは彼である。大阪入管で「酩酊医師」が勤務していた不祥事を秘したのも彼だし、不認定ありきの審査実態が明るみに出ても法案を推進したのも彼だ。難民の命、非正規滞在者の人生に直結する法案の審議で、ヘラヘラ笑っていた姿も忘れられない。

当局が「救済措置」の発表を急いだのは、法案審議で自らの反社会性が露呈したことに危機感を抱いた入管庁の、対外向けの宣伝活動だろう。発表者として法相に「花を持たせた」のは、反社会集団のパペットに徹し、「法務ムラ」のため恥も外聞も良心も投げ捨てた彼に対する、ムラからの「ご褒美」だと思う。彼らは自分たちの失地回復に子どもを利用したのである。

法案審議でも彼らは子どもをダシにした。修正協議に応じた立憲民主党に対し与党は、立民が求める「子どもへの在留特別許可付与」を臭わせたという。「法案に賛成すれば、在留特別許可があなた方の『成果』になる。蹴れば立民のせいで在留特別許可が流れる」とのメッセージを込めて。しかし在留特別許可付与の方針は、先立つ委員会審議で、連立与党の相方である公明党議員の質問に答える形で、すでに表明されていた。既定方針を餌にして、立民に妥協を迫ったのだ。

複数メディアがこれを報じた四月二五日、SNSに一本の動画が投稿されていた。委員会での強行採決が迫り、国会前には連日数百人が集い廃案を訴えていた時期だ。投稿者のカメラは、歩道上に詰め掛けた子どもを捉えていた。改悪法が標的にしているクルド人の子どもだった。国会に向かって、彼彼女らは叫んでいた。「ニューカンホーノー、ニューカンホーノー」……。「選良」たちの駆け引きのネタにされていたのは、この子たちの権利であり、人生であり、未来だった。

朝鮮学校の高校無償化排除の撤回、補助金の再開を求めて日本各地の路上に立ち、声を上げ、通行人に呼び掛ける学生たちの姿が重なった。二つの不正は地続きだ。「子どもの未来」を人質にしてマイノリティに「屈服」を迫る。彼らこそが「卑怯」者である。

69 時の務めに向き合う——震災虐殺一〇〇年

関東大震災直後に起きた朝鮮人虐殺は、歴史改竄とレイシズムとの闘いの最前線だ。政権や東京都は事実すら認めず、社会に蠢くレイシストをエンパワーする。歴史否認者らは二〇二三年九月一日、東京・両国の横網町公園の追悼碑前で集会を申請。それを都が許可するに至った。一〇〇年の節目に、である。全国から集まった市民の抗議でヘイターは碑の前には近づけず、犠牲者への最悪の冒涜は阻止したが、事態はそこまで来ている。

歴史的犯罪は贖われぬまま傷口を広げ続けているが、「一九二三年」は年々、遠のき、今では証言を聴いた者も次々と鬼籍に入っていく。こうした中で、記憶は如何にして伝えられるのか。単なる情報の伝達ではない、人と人を繋ぎ、対話を促し、互いの内面を耕し、他者への想像力を喚起する継承の在り方は。

翌二日の午後、墨田区八広の荒川河川敷で行われた追悼式で、その可能性を示す試みがあった。在日朝鮮人と留学生、日本人の若者らでつくる団体「百年《ペンニョン》」による、証言の朗読である。

軍による虐殺があったこの地で慰霊の催しが始まったのは一九八二年のことだ。契機は、小学校教員だった絹田幸恵さん（一九三〇—二〇〇八年）

が一九七七年ごろに聴いた震災時の証言だった。「旧四ツ木橋の下手の河原では一〇人くらいずつ朝鮮人を縛って並べ、軍隊が機関銃で撃ち殺したんです。橋の下手に三カ所くらい大きな穴を掘って埋めた。酷いことをしたもんです。いまでも骨が出るんじゃないかな」

絹田さんは友人知人と「関東大震災時に虐殺された朝鮮人の遺骨を発掘し追悼する会」を立ち上げ、初の追悼式を執り行い、遺体が埋め隠された河原を重機で掘削した。だが骨は出なかった。殺害から二カ月後に警察が持ち去っていたのだ。

メンバーはその後も追悼式を続け、目撃者や生存者の証言と大量の資料を集め、ジェノサイドの痕跡が消し去られた現地の数々を歩き、そこで起きた惨劇への想像を巡らせた。

渡韓して生存者や遺族からも話を聴いた。奪われた生を想う縁《よすが》を得たかったという。会は公有地での追悼碑建立を求めたが、墨田区議会は陳情を突っぱね、区は市民が河川敷に植えたムクゲの除去すら求めてきた。感情を喚起するすべてを消そうとする、遺体持ち去りから続く歴史の隠蔽である。現場傍の私有地に二〇〇九年、ようやく追悼碑を建立した。その六年後には碑の隣に交流の場「ほうせんかの家」を設けた。次の課題は継承だった。

「家」に出入りしていた鄭優希《チョンウヒ》さん（一九九四年生）ら三人に、若者主導の一〇〇年目を提案したのは、追悼会の主催団体の一つ「ほうせんか」で理事を務める愼民子《シンミンジャ》さん（一九四九年生）だ。二〇二一年一二月に最初の集いを持ち、横に広げ、寄り合いを重ねた。

メンバーの大半は日本人である。そこに愼さんは、ヘイト蔓延の時代を生きる若者の危機感を見るという。「二〇年ほど前だと、『なんでこんな残酷なことが出来たのか』と言う人ばかり

写真提供：『月刊イオ

だったけど、この数年は、『あの状況になれば私も殺すかも』との声も聴く。加害への恐怖です。小池（都知事）の追悼文拒否を契機に来た若者も多いですよ。『このままだと繰り返されるかもしれない』と感じてるんでしょう」

一〇〇年目の追悼式には六〇〇人以上が参加した。高架下の日陰とはいえ、気温は三四度台後半だ。うだる暑さの中、荒川を背にメンバー十数人が並ぶ。鄭さんのナレーションに続いて朗読されるのは、自警団参加者、目撃者、生存者らの証言だ。

「子供も沢山いたが、子供たちは並べられて、親の見ている前で首をはねられ、そのあと親たちをはりつけにしていた。生きてる朝鮮人の腕を鋸で引いてる奴もいた」（埼玉県本庄市、元本庄署巡査、新井賢次郎）。「ひでェのは、半分焼け残った電柱に朝鮮人が縛られていて、そのかたわらに《不逞鮮人なり。なぐるなり、けるなり、どうぞ》と書いた立て札があって、コン棒まで置いてある」（文京区、瓦店経営、飯田長之助）。「下宿の一番奥深い部屋に隠れている時、前の道を金剛杖のようなものを持って通る青年たちの話が聞こえた。『神田で妊婦の腹を刺したら『アボジ、アボジ』と叫んだ。アボジってなんのことだろう』と笑いながら話していた」（文京区、画家・留学生、羅祥允《ナサンユン》）。亀戸署内では検束された朝鮮人を軍人が銃殺、妊婦が腹を割かれ、飛び出た嬰児までも刺し殺された。積み重なる死体と血の匂い、遺体が焼かれ、残暑の中で腐敗していく……。

数字ですら正確でない犠牲者たちの最期と、生存者や殺人に抗った者、匿った者たちの証言が絡み合い、「不逞鮮人」として非人格化された者たちの姿が蘇ってくる。これはいまを生きる者たちが殺された者たちの人格を取り戻す営みにも思える。

現代において追悼を続け、記憶を繋いできた者たちの証言も朗読される。一人は「ほうせんか」理事の西崎雅夫さん（一九五九年生）だ。「結局殺された人の名前のほとんどは未だにわかんないまま、だから誰を追悼していいのかわかんないままの追悼式なんですよ。それ自体が一番辛いことだろうなと、少なくとも遺族とか、同じ在日コリアンにとって辛いことだろうなと思っているんです。だからそれを忘れないことが私にとっての追悼式だろうと思っています」

今後を担う世代の証言もある。「殺す側にならないためにっていうのもそうだし（……）差別をする言論ってほんとに身近だから、そういうものに対してちゃんと向き合っていくことを学びたいし、ここに来ることで確かなものにしたい。近くにいる人たちと差別に抗う社会を作っていきたい」（浅野百衣さん、一九八九年生）。

「小池都知事の問題が出たとき、何か大切なモノが失われるんじゃないか、追悼式がなくなっちゃうんじゃないかとすごく心配で。自分としては殺された人たちが報われないから、死んだ人たちから許してもらうために頑張らなくてはいけないと思っている。まさに今に問われていることだと思う」（池允学《チユンハク》さん、一九九五年生）。

池さんの曽祖父は震災当時、荒川区周辺で人夫出しの親方をしていた。知り合いの警官に匿われて助かったが、それは運がよかったに過ぎない。自分が今、存在するからこそ犠牲者に応えるために全力を傾注しなければいけないとの思いが、彼を活動に駆り立てる。

悼み、刻み、繰り返させないと誓う三〇分弱の朗読を鄭さんはこう結んだ。

2023

「あなた」は誰ですか
あなたはどんな生活をして、何が好きで、どんな人と一緒にいますか?
あなたのことを私たちは何も知りません
「あなた」は誰ですか
一〇〇年前のあなたをこの場所から想像したい
生活の延長線上で、隣の人が殺されたり、殺したりしたこと
もしかしたらあなたが隣にいたかもしれないということ
私たちは今ここにいる
あなたも確かにこの場所にいた
名前を知らないあなたへ
「あなた」は誰ですか
来年もまたここであなたに会いたい

時の務めを掴み出し、それに向き合い、果たそうとする者たちによって、次へのスタートが切られた。

70 一人の本気が状況を変える――ヘイトスラップ訴訟控訴審（石橋学さん）

本気の一人がいれば闘える。状況は変えられる。『神奈川新聞』記者、石橋学さんの法廷闘争を取材する中で、その確信がまた深まった。

講演会での差別発言を「悪意に満ちたデマによる敵視と誹謗中傷」と報じられたことなどで名誉を毀損されたとして、元川崎市議選候補の佐久間吾一氏が石橋さんを相手どって起こした「ヘイトスラップ訴訟」。二〇二三年一〇月四日、東京高裁は石橋さんに一五万円の賠償を命じた地裁川崎支部の判決を破棄し、逆転完全勝訴を言い渡した。

「控訴人（石橋さん）の敗訴部分を取り消す」。主文が読み上げられると、石橋さんは拳を突き上げ、頷きながら傍聴席を見回した。法廷を出て一階に降り、彼の後に付いて裁判所を出ると、門の外には吉報を受け、主役の登場を持つ大勢の仲間がいた。「完全勝訴」などと書いた「旗」はなかったが、石橋さんは満面の笑みで「旗出し」の動作を繰り返した。

それ以前から筋金入りの反差別記者と認識していたが、石橋さんの「本気」を実感したのもこの門前でのこと、二〇一八年一〇月、東京高校無償化裁判の高裁判決だった（12話参照）。

控訴審での最大争点は、既に効力を有しない規程を元に、朝鮮学校を適用から除外したとする国側主張への判断だった。原告側は行政手続きを無視した「やり方」を追及し、裁判長自ら国側の矛盾を指摘するなど、審理は圧倒的な原告ペースで進んでいた。

政治に近い東京高裁で、安倍政権一丁目一番地の政策「朝鮮学校差別」に「否」を突き付け

2023

られるかと期待が膨らんだが、結果はまさかの敗訴だった。そして主文を言い渡すや裁判長は傍聴者の即時退廷を命令。言い渡し前から柵の前に立ち、傍聴席側を向いて身構えていた職員たちが横一列になり、法廷後方へ歩を進めながら、傍聴席の支援者や朝鮮学校の生徒らを立ち上がらせて法廷内から締め出した。

裁判所前の歩道端で肩を寄せあい、「不当判決糾弾！」と叫び、泣きながら抵抗歌を歌う生徒たち……。石橋さんと並んで取材していると、背後から割れた怒号が聞こえて来た。「画期的な判決が出ました！」。拉致事件を「ネタ」に差別を楽しむレイシストたちだった。裁判所を追い出され、歩道の端で不当を訴える学生たちが、背後から民間ヘイターの悪罵を浴びている。官民のヘイトに挟まれ、在日朝鮮人が尊厳をもって生きられる社会的空間が消されていく。パレスチナ人の社会学者、サリ・ハナフィが言う「スペシオサイド（空間的扼殺）」だった。

ふと気づくと石橋さんがいない。彼はその後、学校側が開いた記者会見にも遅刻してきた。原告らの思いを聞く会見は、記事には不可欠な要素だ。その冒頭を落としたのである。「どこ行ってたの？」。おそらくは詰問調で訊いた私に彼は言ったのだ。「連中を取材してました。連中の話を聞いていれば、その間だけでも子どもたちに汚い罵声を聞かせずに済むと思って」

そんな彼を形成したのは、「共生のまち」桜本での日々だった。「ヘイトとの闘い」に主体として参画し、徹底指弾の中から文章を生み出し、それをもって更に彼らを批判していく。「差別と闘う報道」である。その姿勢は「公正中立」とは異質だ。書くことは当事者になることだと私は確信するが、彼のようにそれを企業メディアで実践するのは容易ではない。背中を押したのは、差別と貧困の中を生きて来た在日一世、二世たちの言葉。そして帝国崩壊から七〇年を経ても変わらぬこの差別社会に苦しむ子どもたちとの出会いだった。

未踏の地に一歩を踏み出すことは、先ず独りになることでもある。メディア的常識を脱ぎ捨てた彼は、記者クラブに屯する同業者の中で浮き上がることもあっただろう。だが彼の本気は社の枠を超え、広がっていった。彼に触発された少なからぬ記者が「差別と闘う報道」をそれぞれの場で実践している。その中での「向こう疵」が今回のスラップ訴訟だった。

一審判決は不当の極みだった。裁判体は、新聞紙面上での批判に公共性、公益性を認めた一方、街頭で事実を捻じ曲げた演説をしていた佐久間氏に浴びせた「出鱈目」「誠実さの欠片もない」などの批判が、「名誉毀損」にあたると認定したのだ（61話参照）。

街頭でヘイターが吹聴する虚偽を指摘することが名誉毀損と認定されるなら対抗行動など成り立たない。差別と闘う権利を否定しかねない危険な判決だったが、彼は裁判所前で待っていた仲間にガッツポーズで応じ、直後の報告集会で言い切った。「カウンターと報道で居場所を削り込まれたレイシストたちが、司法制度を悪用したのが今回の裁判、絶対に萎縮せず、彼らを更に厳しく批判し切っていく。高裁で逆転勝訴します」

そして言葉通り、勝訴を勝ち取った。高裁は一審の敗訴部分を「論評の範囲」内とした。折れない心が獲得した勝利。「エアー旗出し」をする表情には安堵も滲んだ。「ひっくり返せると確信していた」とはいえ、彼や弁護団が判決を書く訳ではない。地裁判決が確定すれば、その影響は彼に続く者たち全体に及びかねない。先頭走者ゆえの重圧もあったはずだ。

会見で彼は先ず、皆に向けてガッツポーズした。約束を果たしたとの思いが滲んだ。「差別に『どっちもどっち』はあり得ないことがこの判決で改めて示された。もう一つは『表現の自由』。その萎縮も今回、地裁判決が覆ったことで防げたと思う」。そして彼はこう結んだ。「今までレイシストに痛めつけられてきた、川崎に暮らす在日コリアンをはじめとするマイノリティの市民たちが、少しでも安心して暮らせるような地域社会に一歩でも近付けたのではないか。これは弁護団と支えてくれた市民の皆さんで勝ち取った判決。差別が罷り通っていた社会から少しでも前進する、その一歩が見出せたんじゃないかと思います」

質問する記者が祝意を述べ、石橋さんや弁護団の回答に笑いや拍手が起きる。会見というより祝勝会、あるいは反差別の決起集会だった。続く報告集会でもヘイトと闘う仲間が次々と発言し、それを受けて彼は最後にこう呼びかけた。「今も被害当事者を法廷、矢面に立たせている現状がある。身を捩る思いで被害を訴え、法廷でまた被害を受ける。当事者の負担、傷は全然違います。やはり闘える多数者が前面に立つ。まずは差別禁止法を作る、差別を許さない社会にすることを目標に、これからも皆さん、ともに戦いましょう」

彼が勝ち取ったのは、「差別と闘う報道、市民的権利」の拡張だけではない。差別のない社会を想像し、行動する者の繋がりである。彼の「本気」は、スラップ訴訟をも展望を生み出す契機に変えたのだ。

東京高裁での逆転完全勝訴を果たし、支援者らと裁判所を出る石橋学さん。仲間を前に繰り返したのは「旗出し」の動作。短い文字には収まり切らない彼の思いと勝訴の意義を思えば、むしろこの場には「エアー旗出し」が相応しいと思えた＝東京都千代田区で 2023 年 10 月 4 日
写真：本人提供

2023

71 さべつはゆるしません——ネットヘイト訴訟判決（崔江以子さん）

崔江以子さんと、息子の中根寧生さん、そして師岡康子弁護士が裁判所から出てくると、門前の路上に待機していた大勢の支援者から拍手が沸き上がり、「おめでとう」の声が飛び交った。ネット上での攻撃が始まってから七年、裁判に踏み切ってから三年、やっと得た大きな区切りだ。中根さんが勝訴を報告する旗を掲げると、「さべつはゆるしません」の文字が現れた。それは差別の中を生き抜いてきた先人の思いであり、崔さんらがその身で刻んできた言葉。そして次代を担う者たちに手渡していく「思想」だった。

差別との闘いでレイシストの標的となり、ネットリンチ状態にある崔さんが、匿名で「祖国へ帰れ」などの差別書込みを続け、崔さんを攻撃し続けた茨城県在住のレイシストに三〇五万円の損害賠償を求めた民事訴訟。二〇二三年一〇月一二日、横浜地裁川崎支部（櫻井佐英裁判長）は、被告に計一九四万円の支払いを命じた。

中根さんが掲げた旗は、この判決の前日に、地元・川崎市桜本で暮らす八〇、九〇代のハルモニたちが書き上げて崔さんに託したものだ。私も作成の場に立ち会うことが出来た。ハルモニたちの多くは植民地出身の女性という複合差別状況の中で学びから疎外され、老年になって文字を得ている。鉛筆で縁取りを繰り返す人もいれば、「ここは黄色だと見えにくい」と指摘し、より「晴れの場」に相応しい色調を提案する人もいた。緑、赤、青、黄の油性絵具にたっぷり

著者撮影

と筆を浸し、震える手で一文字に思いを塗り込めていく。

ハルモニの手や肩に手を添えて微笑みかけていた崔さんに、一人が何かを語り掛けた。その文言は聞き取れなかったが、彼女の表情には、皆の思いを背負い、先頭で闘い抜いてきた三世、崔さんへの労いと、彼女の闘いが明日、勝訴で報われることへの祈りが浮かんでいた。「これまで頑張ったなあ」「ほんとうにありがとう」「でも貴女が辛い思いをするのはこれで最後にしてね」。ハルモニはこんな言葉を口にしたのだろうと想像した。

法的応戦はそれほど苛烈だった。提訴は被害の抑止には繋がらず、むしろネット上に蠢くレイシストの攻撃は激しさを増した。裁判それ自体も二次、三次被害の連続だった。身元が割れた直後は「反省」を仄めかしていた被告は、提訴されるや本性を剥き出しにし、代理人も彼女の痛みや悲しみ、培ってきた想いや時間を否定する発言を繰り返した。

「もう限界です」と会見で吐露したこともある。それでも「希望」を求め、「前へ。前へ。」と声を振り絞った。在日一世、二世を痛めつけ続ける「国へ帰れ」を司法に差別であり不法と認めさせる。「本名を名乗ろう」と呼び掛けて来た地元の子どもをこんな差別塗れの社会には放りだせない。その一心だった。

「ハルモニや子どもを思いながら」原告席に着いた判決の日、司法は願いに応えた。裁判体は、「本邦外出身者であることを理由として地域社会から排除され、また出身国等の属性に関する名誉感情等個人の尊厳を害されることなく、住居において平穏に生活する権利」は、「日本国民と同様に享受されるべきもの」とした上で、「帰れ」は排除を煽動する不当な差別的言動で、「日

2023

本の地域社会の一員として過ごして来たこれまでの人生や原告の存在自体を否定するもの」などと指弾。書き込みは人格権を侵害する違法な差別と認定した。

おそらく最も頻出する在日差別の言葉であるにもかかわらず、日本社会の多数者に、その被害と害悪の深刻さが認識されているとは言えない「国へ帰れ」が、独立した違法類型と認められたのだ。桜本でのヘイトとの闘いを巡り、ネット上のヘイト書込みに対し、息子の中根さんが起こした民事訴訟など、幾つかの法的応戦で獲得した司法判断をより確かなものにした。

さらに意義深いのはヘイト解消法の「解釈」である。同法二条に定義された「不当な差別的言動」に該当する言動は、いわば自動的に違法とした。同法は、外国人を権利の享有主体と認めたこの国初の法律である反面、「禁止・罰則規定」のない「弱さ」が課題だった。だがこの判決は実質的な「禁止規定」となる。闘いが法律に実効性、言い換えるならば「魂」を吹き込んだ。崔さんの信条「あるを尽くす」の実践が、差別と闘うための新たな武器をもたらした。加えて被告による「差別の当たり屋」「被害者ビジネス」のヘイト投稿も崔さんの名誉感情を侵害したと認めた。慰謝料は「祖国へ帰れ」が一〇〇万円、名誉感情の侵害には七〇万円を算定、弁護士費用を含めて計一九四万円の支払を命じた。日本の「相場」から言えば比較的高額となる賠償額は、裁判体がネット上でのヘイトの深刻さを理解した結果だろう。

全面勝訴を受け、裁判所前の川崎市教育文化会館で記者会見と報告集会が開かれた。毎回、この闘いの軌跡を刻んで来た場所である。いつも通り長机を前にした原告と弁護団の向かいに記者たちが並び、その周りを支援者が取り巻く。両手で丁寧にマイクを持つ崔さんの姿も同じ光景だった。違うのは会場全体を満たす歓喜だ。いつもは折れそうな心を支えるようにマイクを握っていた崔さんの両手にも、この日は喜びが滲んでいるようだった。

結果を出せた安堵を滲ませ、崔さんは言った。「今日、裁判所は想像した以上の大きな希望を示してくれました。私たちは一緒に生きる仲間なんだと判決で示してもらった。ヘイトスピーチ解消法ができて本当によかった。あの法律が出来た時の喜びを、また思いました。この川崎がヘイトデモに襲われて、桜本のまちが被害に遭った。ハルモニたちや子どもたちや私たちのまちが被害に遭った、それが立法事実の一つとなってあの法律ができました」

闘いは次の課題をも現前させた。一つはネットだ。この裁判の進展や、法務局での違法認定など、彼女の闘いを伝える報道がなされる度に、ネット配信されたニュースにはヘイトコメントが並ぶ。ブログやツイッターでの罵詈雑言も止まらない。「完勝会見」とはいえ、マイクを握る手は防刃用のアームカバーを纏っている。崔さんは言った。「ネット上のヘイトは残念ながら野放しです。この判決が立法事実の一つとなって、これ以上の被害を生まないようなネット上の差別が禁止される法規範に繋がっていったら嬉しいと思います」

判決を梃に次の課題が乗り越えられることを願いつつ、彼女は自らの闘いの区切りをこう結んだ。「法律ができることが、被害を止める機能を持つんだと。私だけでなく、『帰れ』と言われて痛めつけられてきたハルモニや、これからを生きる子どもたちも守られる。自分の被害と重ねて、裁判を見守ってくれた人たちにも希望を届けられたかと思う」。壁には「さべつはゆるしません」の旗が掛かっている。ヘイト解消法、刑事罰条例、またひとつ、誓いが果たされた。

2023

72 人間であること——ガザ

イスラエルによるジェノサイドが続いている。日本を含むグローバルノース（GN）、G7、あるいは旧植民地帝国のメディアでは二〇二四年一月の現在も、ハマースによる二〇二三年一〇月七日の「越境攻撃」を事態の起点のように語るが、因果をすり替えた曲論だ。

この虐殺は「ユダヤ至上主義国家」を創ったシオニズム（＝レイシズム）に組み込まれて来た民族浄化の「実践」であり、ハマースやパレスチナ抵抗勢力による一〇月七日の越境攻撃は、一九四七年からイスラエルが今日まで進めて来た民族浄化と占領、アパルトヘイト、封鎖に対する抵抗暴力に他ならない（奇襲直後にイスラエルが発信した、「ハマース」による残虐行為の数々は、実はフェイクニュースだったことが判明している）。

私がパレスチナを初訪問したのは二〇〇二年春である。イスラエルの戦車や軍用車両が自治区内を行き来し、道路には夥しい検問が設けられ、住民から移動の自由を剥奪する。仕事も通学も急病も関係ない。恣意的な足止めが繰り返される。理由の説明などない。抗議すれば打擲され、場合によっては射殺される。

これらの「拷問」を担うのは若い兵士たちだ。自身の父母や祖父母の世代にあたる占領下の者たちを圧倒的な力の差で「いたぶる」のだ。イスラエルは公教育で自国の加害を教えることを禁じ、ユダヤ人の受難史と建国、周辺国との戦争の数々を刷り込む。国を挙げてのシオニスト（＝レイシスト）育成の一つの「仕上げ」が、「兵役」だった。

失業も深刻だった。地場産業を潰してパレスチナを巨大な「寄せ場」につくり替え、彼らを入植地やイスラエルの底辺労働に吸収するのが占領者の政策だったが、二〇〇〇年、極右政治家、アリエル・シャロンの聖地強行訪問を契機に第二次インティファーダが起きて以降、イスラエルは労働市場からパレスチナ人を締め出した。先祖伝来の土地を奪った者に雇われ、明け透けな差別の中で恥辱に耐えて働いてきた者たちが、その職すらも失ったのだ。

占領地には恒常的に外出禁止令が敷かれ、自分たちの街を歩くパレスチナ人は射殺の対象だ。一日数時間の解除時に市民たちは外出し、生活の糧を得るのだが、市場に並ぶ青果の数々は軒並み入植地産である。奪われた土地で収穫された食物を屈辱と共に口にしなければ飢えてしまう。占領とは人を日常的に愚弄し、貶めるシステムなのだ。私はそこに、植民地朝鮮から渡日した、祖父母や曽祖父、曾祖母の姿を重ねざるを得なかった。

だがその中でも多くの者が屈従を拒んでいた。踏み潰された「我が家」の上で侵攻時の証言をしてくれた男性もいた。私が入る数日前、彼らは下着姿で後ろ手に連ねられ、街中を引き回されるなど拷問を受けている。威厳に重きを置く社会で、そんな屈辱体験を取材者に語るのも一つの闘いだった。そして多くの者が菓子や茶で精いっぱいの「もてなし」をしてくれた。占領者が自分たちを「一片のパンを奪い合う存在」にまで貶めようとするからこそ、歓待でその暴力に抗う。人間性に止まって闘うこと（アル＝ソムード）こそが、彼らの闘いだった。

その後も事態は悪化の一途を辿った。ヨルダン川西岸地区ではこの年から、「テロリスト侵入防止」をうたうアパルトヘイトウォールが建設されていった。水源や肥沃な土壌をイスラエル

FREE
GAZA
ガザに自由を!

領に取り込む形で建設された人種隔離の壁であり、パレスチナ人を囲い込むコンクリートの檻である。国際法違反であり、国際司法裁判所は二〇〇四年に建設中止と撤去を勧告したが、米国の庇護を受けたイスラエルは意に介さない。二〇〇八年以降は数年おきにイスラエル軍のガザ大規模空爆が繰り返された。一八年にはイスラエル国会が、同国は「ユダヤ人のみが自己決定権を持つ」国と明記した基本法を制定。レイシズム国家の実態に「憲法」を合わせた。初訪問以降も私は幾度かヨルダン川西岸地区やレバノンなど周辺国のパレスチナ難民キャンプを訪問したが、行く度に荒んだ眼をした若者が増えていくのが辛かった。

そのような中でも彼らは抵抗を続けて来た。世界の同胞、支援者と連携して立ち上げた二〇〇五年以降のBDS運動（ボイコット、投資引き揚げ、制裁）や、「帰還の実現」「ガザ封鎖の解除」などを求め、イスラエルがガザと自国領との間に設けた緩衝地帯に向けて歩く二〇一八年三月からの「帰還大行進」など、非暴力かつ創造的な抵抗運動もあった。だが米国やドイツでBDSは「反ユダヤ主義」に歪曲され、平和的行進に対してイスラエル軍は実弾による水平射撃を繰り返し、夥しい死傷者を出した。

あらゆる運動がイスラエルの暴力と西側の共謀で蹂躙された先に、あの越境攻撃が起きたのだ。民間人の殺害、誘拐は確かに国際法違反であり、それとして裁かれるべきだが、彼らの行為を「やりすぎ」などと訳知り顔で言う者に訊きたい。じゃあどうしろというのか？　不義不当な占領の中で、被抑圧者から「最低の方法」（目取真俊）をも奪うというのか。

「世界」から「諦めろ」と迫られながらも彼らパレスチナ人は「自由」「自決」を求め続けて

2024

「21世紀のホロコースト」への抗議行動は日本各地でも続く。京都市では毎週土曜日、市内随一の繁華街をコースにデモが行われている。訴えるのは即時停戦だけではない、占領とアパルトヘイト、植民地主義の終結だ。それは西洋の欺瞞を廃絶することでもある＝京都市中京区。2023年12月2日来た。それは奴隷貿易と植民地主義が形成した命のランク付け。そして「人権」という普遍的価値が、西側のものでしかない欺瞞への否である。彼らが殺されて来たのは、自由、自決、尊厳を諦めないから、旧植民地帝国が築いた「秩序」に亀裂を入れる存在だからだ。

「パレスチナは西洋普遍主義の剥き出しの偽善を明らかにした。長きに亘る植民地主義の現実を明らかにした。そして、植民地主義を乗り越えた未来の姿を予感させてくれた」。二〇二三年一一月、ワシントンDCで催された停戦要求集会で、在米パレスチナ人の人権弁護士、ヌーラ・エラカートはこう切り出した。続けて彼女はダルウィーシュの詩を引用し、パレスチナの同胞と世界に訴えた。「その大地の上には、生きるに値するものがある。この大地の上に私たちは未来を植える。私たちはこの土地で未来を創る」「私たちは揺るがない。私たちは動かされない。誰にも存在を否定されない。約束を胸に、ともに起ち上がろう。私たちもパレスチナも約束する。私たちはひとり残らず、自由になる」。瓦礫から掴み出した展望の言葉、人と人を繋ぐ言葉、彼女は「人間であること」とは何かを表明したのだ。

次は私たちが「人間であること」を証明する番である。「人間とは他人の痛みに共感する存在であること」「人間とは自らの自由を、他人を自由にするために使う存在であること」。そして「人間とは自由と正義を求める存在であること」。西洋の普遍主義という欺瞞を徹底廃絶し、植民地主義と奴隷制の遺制ではない「もうひとつの」、そして「あり得る世界」を描く時だ。

あとがき

文筆生活三〇年の間に私が出会った、「過ぎ去らぬ人々」すべてが、私にとって師匠であり恩師である。連載中も連載が終わった後も、何人もの恩師が旅立った。その一人が昨年二〇二三年末に急逝した徐京植さんである。本書の副題は、徐さんの著書『過ぎ去らない人々――難民の世紀の墓碑銘』のタイトルに因んだ。恩師へのオマージュである。

一九九五年、私は新聞記者として香川県に配属された。最初の担務は「サツ回り」だ。捜査当局を回り、捜査中あるいは着手前の事件の情報を入手する。他社を出し抜く常道は、「捜査当局とより近しくなること」だった。日本の刑事司法は、死刑の存置や代用監獄、別件逮捕の横行など、国際人権の場で「中世」とも批判されている。そのような刑事司法を最前線で担う者たちと「仲良くなる」ということだ。

入社前、新聞記者という仕事に思い描いた「人権・平和の担い手」とは対極、むしろそれに敵対する職務の日々に疲弊していく中で、徐さんの言葉は正気を保つ縁《よすが》だった。深夜の帰宅後や無いに等しい休日に彼のエッセイを繰り返し読み、その一部や全文をノートに書き写した。本書の文章の端々にも、徐さんの思想的断片がうかがえる。

香川に赴任して数年後には、歴史認識のバックラッシュが本格化した。全国の地方議会で中学歴史教科書からの「『慰安婦』記述」削除を求める「運動」が高揚し、私の暮らす香川県はその最前線になった。事件担当の職務を放り出して県庁に入り浸り、「削除反対」の記事を書き連ねた。職場には罵詈雑言の手紙や電話が来た。自宅に毛筆で書いた教育勅語が届いたこともある。何よりも脱力したのは、右派議員におもねるマスコミ記者たちだった。

それでも書き続けたのは徐さんの影響だった。数年後、彼が京都で講演した際に初めてお会いし、以降、その謦咳《けいがい》に触れてきた。思考の展開や芸術の「読み方」、対話の重視と、自らを問う厳しさ……。学んだことは数しれないが、私にとって最も大きい教えは、「語り抜く」ということ。表現を生業にする者の「姿勢」である。

二〇一二年一二月、民主党政権が無残に自壊し、レイシズムと歴史改竄を背骨とした安倍晋三が宰相の座に返り咲く直前の講演で徐さんはこう語っている。

「さて、詩人とはどういう存在であろうか。詩人とは、どういうときにも沈黙してはならない人のことだ。つまりこれは、勝算があるかないか、効率的かどうか、有効かどうか、という話とは違うということである。

私がなにかを述べると、ある人たちは『君は正し過ぎる、でもそれじゃ勝てないよ』とか、『君の主張を浸透させるためにはもっと優しい言い方をしたほうがいい』などと助言してくれる。ありがたいけれど、それは間違っている。それは勝算とか有効性の話だからだ。そうではなく、魯迅には遠く及ばないとしても、こう生きるのだ、これがほんとうの生き方だ、ということを示さなければならない」（『詩の力――徐京植評論集Ⅱ』高文研、二〇〇四年）。

この言葉に生涯をかけて応答していきたい。詩を書くことはできなくとも、詩人を生きることはできる。それは勝ち目があるか、展望があるか、具体的な結果が出せるか、支持を広げられるかといった話ではない。どれだけ状態が厳しくても、先行きが見えなくとも、孤立しても、人間であるとは如何なることか、人間にとって大事なことは何か、本当の生き方とは何か、人間とは本来こうあるべきではないか、今は違うが、世界はこうあるべきではないかについて書き、語ることだ。奴隷貿易と植民地主義の遺制としての世界が、ますますそのグロテスクな本性を露わにする中だからこそ、徐さんの言葉は重みを増す。本書の加筆作業中には、永住資格取り消し制度を創設する法案が可決された。在日クルド人へのヘイトも激化する。そして、SNSで全世界に伝えられながらも続くガザでのジェノサイド。このホロコーストのただ中だからこそ、私たちは詩を書かなければいけない。詩を詠まなければいけない。

時間と言葉を下さった皆様に感謝します。雑誌連載を担当して下さった『月刊イオ』の張慧純《チャンヘスン》さん。鄭愛華《チョンエファ》さんは、明日を拓く希望を育む場、ウトロの写真をあしらった素敵な装丁をデザインして下さいました。写真記者の中山和弘さん、その他の写真提供者の方々。出版の労を取って下さった三一書房の小番伊佐夫さん、高秀美さん。そして道を照らしてくれた友人の宮田仁さん。更に前に進みます。その他、様々な方々のご協力を賜り、今日に抗う、過ぎ去らぬ人々のことばを世に出すことができました。心より御礼申し上げます。

二〇二四年七月　　中村一成

◉ 著者プロフィール
中村 一成（なかむら・いるそん）
ジャーナリスト。1969年生まれ。毎日新聞記者を経て2011年からフリー。
在日朝鮮人や移住者、難民を取り巻く問題や、死刑が主なテーマ。
映画評の執筆も続けている。

著書に『声を刻む　在日無年金訴訟をめぐる人々』（インパクト出版会、2005年）、『ルポ　京都朝鮮学校襲撃事件―〈ヘイトクライム〉に抗して』（岩波書店、2014年）、『ルポ　思想としての朝鮮籍』（岩波書店、2017年）、『映画でみる移民／難民／レイシズム』（影書房、2019年）、『「共生」を求めて　在日とともに歩んだ半世紀』（編著、田中宏著、解放出版社、2019年）『ウトロ　ここで生き、ここで死ぬ』（三一書房、2022年）など。

今日に抗う　過ぎ去らぬ人々

2024年9月6日　　第1版 第1刷発行
著　者―― 中村一成 © 2024年
発行者―― 小番 伊佐夫
装丁組版― Salt Peanuts
カバーデザイン協力― 鄭愛華
写真撮影―― 中山和弘
印刷製本― 中央精版印刷
発行所―― 株式会社 三一書房
〒101-0051
東京都千代田区神田神保町3－1－6
☎ 03-6268-9714
振替 00190-3-708251
Mail: info@31shobo.com
URL: https://31shobo.com/

ISBN978-4-380-24005-8　C0036　　Printed in Japan